唐虹 著

XINZHONGGUO NONGCUN TUDI ZHIDU BIANQIAN

新中国农村土地制度变迁

四川大学马克思主义学院出版项目资助成果

西南财经大学出版社

中国·成都

图书在版编目(CIP)数据

新中国农村土地制度变迁/唐虹著.--成都:西南财经大学
出版社,2024.7. --ISBN 978-7-5504-6256-4

Ⅰ. F321. 1

中国国家版本馆 CIP 数据核字第 2024U6J666 号

新中国农村土地制度变迁

XINZHONGGUO NONGCUN TUDI ZHIDU BIANQIAN

唐　虹　著

策划编辑:陈何真璐

责任编辑:陈子豪

责任校对:李思嘉

封面设计:墨创文化

责任印制:朱曼丽

出版发行	西南财经大学出版社(四川省成都市光华村街55号)
网　　址	http://cbs. swufe. edu. cn
电子邮件	bookcj@ swufe. edu. cn
邮政编码	610074
电　　话	028-87353785
照　　排	四川胜翔数码印务设计有限公司
印　　刷	四川五洲彩印有限责任公司
成品尺寸	170 mm×240 mm
印　　张	20. 75
字　　数	450 千字
版　　次	2024 年 7 月第 1 版
印　　次	2024 年 7 月第 1 次印刷
书　　号	ISBN 978-7-5504-6256-4
定　　价	98. 80 元

前言

　　新中国成立以来，农村土地制度改革逐步走出了一条公有制下赋权于民的"中国道路"。如何解释其变迁的成功，是学界研究的重大课题。过去，学界常常将其置于"强制性/诱致性"二分法视域下，认为新中国前30年农村土地制度改革绩效不佳的主要原因是"政府主导"，而后40余年改革成功的主要原因是"政府退出"。然而，这种解释并不完全符合中国农村土地制度改革的实际情况。例如，强制性变迁不能解释为什么新中国成立初期大规模土地改革没有遭遇大规模的乡村失序；诱致性变迁不能解释改革开放后农民创造的家庭联产承包责任制为何能在短短几年内推广至全国。很显然，政府在农村土地制度变迁中起了重要作用，尤其是随着改革的深入，政府的作用不仅在于回应实践与事后总结，更在事前科学决策、前瞻规范、协调利益、减少实践代价等方面做出了巨大贡献。可见，政府并非单纯地"退出"，而是以提高治理水平为目的的"归位"。

　　然而，目前学界对政府在制度变迁中作用的研究较为薄弱，同时局限于"强制性/诱致性"二分法，对二者结合互动的分析也较为缺乏。因此，本书将对中国农村土地制度变迁的研究转向"政府"与"农民"互动的二维视角，从"自上而下"与"自下而上"的结合中去观察中国农村土地制度变迁的道路轨迹、特色表征和制度优势，去探索其变迁成功的密码，去总结其改

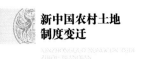

革成功的基本经验。一言以蔽之，国家与社会相协同，"有形之手"与"无形之手"相协同，是中国最突出的"特色"，如果不从这个角度去讲好农村土地制度变迁的"中国故事"，就无法深入理解其演变优势。

然而，要讲好农村土地制度变迁的"中国故事"，最大的挑战在于如何构建一个"上下结合"的制度变迁分析框架，本书从马克思主义制度变迁理论中获得重要启示，即马克思主义认为制度的本质是人与人之间的利益关系，制度的建立、调整和改变的目的就是要解决经济利益问题，各个利益方在改革中的获利预期决定了他们对待改革的态度。那么，要超越"强制性/诱致性"二分法，关键突破点在于不再局限于对制度创新预期收益和成本绝对值的比较，而是深入制度变迁及制度结构的内部，考察有限理性的微观市场主体（农民）与不完全信息的政府，在不确定环境中围绕土地利益调整所产生的互动关系对制度变迁的影响。

因此，本书围绕这个关键突破点，以马克思主义制度变迁理论为基础，批判吸收了"强制性/诱致性"二分法的合理成分，构建了中国特色的农村土地制度变迁的动态分析框架，即中央—地方—农民互动创新的分析框架。该框架的主要观点为：①中央、地方、农民围绕农村土地利益调整的互动，塑造了中国特色的农村土地制度变迁路径。②中国特色的农村土地制度变迁表现为中央决策、地方实施、农民需求相互适应的互动过程。③制度变迁的联结点是旧制度引发的利益冲突。④制度变迁是否有成效，取决于经济效率和社会公平的平衡。

同时，上述框架概括了中央—地方—农民互动创新的动态过程。第一阶段，需求涌现：农民个体产生改革需求，自发进行基层制度创新。第二阶段，地方探索：地方政府对基层制度创新提供局部政治保护。第三阶段，中央回应：中央回应农民制度需求，制定相应政策。第四阶段，地方实施：地方政府结合自身激励特征，实施改革任务。第五阶段，农民响应：农民响应改革政策。第六阶段，中央决策：从多种可能制度中择优，上升为正式制度或完成法制转化并加速推广。

接下来，本书运用该分析框架，按照所有权改革→使用权改革→转让权改革的历史逻辑顺序，深入考察了新中国成立以来农村土地制度的一系列重大改革历史，主要包括①农村土地所有权改革：土地改革（1950—1953年）和农业合作化运动（1951—1984年）；②农村土地使用权改革：家庭联产承包责任制改革（1978—1982年）、不得调地改革（1984—2018年）和三权分置改革（2013—2018年）；③农地转让权嬗变：政府垄断土地一级市场（1998—2014年）；④农村土地转让权改革："三块地"试点改革（2014—2019年）。

历史考察的结果表明：第一，中国农村土地制度变迁的成功，尤其是使用权改革的成功，得益于中央、地方、农民三者之间的有效互动。①中国共产党领导是有效互动的政治保障；中央科学决策是有效互动的基本前提；中央对人民（农民）诉求的持续性回应，是有效互动的关键。②地方政府的创新实施增加了制度对环境的适应性，是有效互动的重要环节。③农民参与改革，是有效互动的重要动力源泉。第二，中央、地方、农民三者之间的互动创新，塑造了中国特色的农村土地制度变迁轨迹。与西方国家相比可知，中国特色的制度创新是在中国共产党的领导下，中央、地方、人民广泛互动，通过实践—认识—再实践—再认识的过程推动改革，使制度创新能够较好地适应不断变化的系统和环境。而制度变迁内生于不同时期国家发展战略和社会诱致需求的整合，体现了整体利益与个体利益协同兼容的中国特色。相比之下，西方国家的制度变迁通常是代表不同利益集团的不同党派争夺制度设计权的结果，体现了不同时期各资本利益集团的对抗。第三，体现了中国农村土地制度变迁路径的特色表征和制度优势。①特色表征：包括公有制下赋权于民的双轨制路径；社会主义市场化改革方向；兼顾稳定与发展的制度变迁速度；以共同富裕为制度变迁目标。②制度优势：使政府和市场在改革中发挥协同作用，持续改善资源的配置效率，也避免了大规模的土地兼并和社

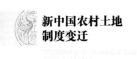

会对抗，更为重要的是，它能使政府在避免土地利用负外部性、保护生态环境、维护社会发展的整体利益和长远利益中发挥更好的作用。

在此基础上，本书总结了中国特色的农村土地制度改革成功的基本经验：①坚持中国共产党的领导；②制度创新遵从于实事求是的实践理性；③协同政府与市场"两只手"的积极作用；④坚持"自上而下"与"自下而上"的互动创新。归根到底，是通过"上下"互动创新，逐步走出了农村土地制度改革的中国道路，即"公有制下赋权于民的共同富裕之路"。

本书的创新点为：①概念创新。提出了"制度二重性"这个概念。②分析框架创新。基于马克思主义制度研究的"上下"结合的完整视角，构建了中央—地方—农民互动创新的分析框架。③观点创新。有效的制度变迁，取决于"上下"有效互动；"上下"互动创新，塑造了农村土地制度变迁的中国道路。

唐虹

2024 年 6 月

目录 _MULU_

第一章
引言

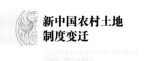
第一节　研究缘起及意义

一、研究缘起

新中国成立以来，中国农村土地制度改革走出了一条独具中国特色的变迁路径，它既没有沿着列宁提出的"国家辛迪加"模式变革，将国家所有制看作社会主义的唯一经济基础和制度，也没有按照国际所盛行的新自由经济理论的建议，将私有产权视为市场经济的基础，进行全面、大规模、快速地"休克式"私有化改革，而是通过70余年的探索，逐渐走出一条公有制下赋权于民的"中国道路"。在20世纪90年代，这条改革道路并不被西方学者看好，他们认为，计划与市场的双轨制会导致配置效率损失、寻租行为、国家机会主义的制度化问题，是比计划经济更为糟糕的制度安排。他们甚至预言，中国的转型最终将会因为改革"不彻底"、经济内部矛盾引发的种种困难而不可避免地失败。然而，历史并没有按照那些"预言"发展，改革开放40余年来，中国特色的制度变革开启了"世界历史的中国时刻"，"中国特色"的改革路径贡献了"人类发展史上最激动人心的例子"：中国农村土地制度改革不仅为中国经济增长奠定了坚实的基础，同时也为农业生产经营者提供了有效激励，极大地提高了农业生产率，促进了农业增长，并通过农业剩余劳动力的转移加速了工业化和城镇化进程，最终使得7.7亿人脱贫[1]，中国贫困发生率从1978年的97.5%降至2020年的0[2]。

令西方学者惊讶的是，"中国为何在缺乏私有制保护和完善法制等市场支

---

① 国家统计局.中国统计年鉴（2020年）[M].北京：中国统计出版社，2020：204.

② 截至2020年年底，中国现行农村贫困标准下，我国农村的绝对贫困实现了历史性消除。国家统计局.中华人民共和国2020年国民经济和社会发展统计公报[R/OL].（2021-02-28）[2023-11-19]. http://www.stats.gov.cn/sj/zxfb/202302/t20230203_1901004.html? eqid=da1e6be9000d3988000000036463b6d8.

持机制下却实现了经济高速增长?"他们称之为"中国之谜"或"中国悖论"。中国农村土地制度改革的实践证明了私有制和土地配置效率不存在严格的对应关系,在公有制前提下通过调整产权结构也能够提高土地配置效率。它不仅促进了资源配置效率的持续改善,也避免了大规模的土地兼并和社会对抗。事实上,被西方学者视为相互矛盾的对立元素在中国的农村土地制度改革中不仅并存共处,而且戏剧性地发挥着互补的作用。很显然,这个不符合西方经济学理论逻辑的制度变革是一个发生在我国的"本土故事",必须通过已有理论的本土化改造才能深入理解其变迁规律。

目前,学界关于中国农村土地制度变迁的研究,采用的主流分析框架是"强制性/诱致性"二分法,前者强调制度变迁是"自上而下"的强制性建构,后者强调是"自下而上"的诱致性演化,并认为前30年农村土地制度改革绩效不佳的主要原因是"政府主导",而后40余年改革成功的主要原因是"政府退出"。然而,这种解释并不完全符合中国农村土地制度改革的实际情况。例如,学界普遍将新中国成立初期的土地改革视为强制性变迁的结果。然而,单纯从强制性变迁来看,无法很好地解释它是如何取得成功的。土地改革的实质是把财产从一部分人的手中夺过来交到另一部分人手中,这通常会导致激烈的利益冲突和乡村失序。而中国共产党领导的土地改革,作为中国历史上规模最大、范围最广、涉及人口最多的土地改革——"要在约有三亿一千万人口的地区进行土改,推翻整个地主阶级","却只伴随着最少的暴力和无序,农业产量、生产能力、生活水平都没有发生明显降低"。正如外国学者所感叹:"无论是与革命前的中国、同时期的发展中国家(如印度)还是老牌社会主义国家苏联相比,中国土地改革所取得的成就都是令人震惊的"[①]。很显然,国家强制性制度变革要以回应诱致性需求为前提,否则变革所遭遇的阻力都是难以想象的。

又例如,学界普遍将家庭联产承包责任制视为诱致性变迁的典范,认为

---

① VIVIENNE S. Peasant chinain transition: the dynamics of development toward socialism, 1949—1956 [M]. Berkeley: Unibersity of Calofornia Press, 1980: 2.

这项改革是农民自发演进形成的，特别是在"最初没有得到中央承认"，甚至是中央"明令禁止"的条件下实现的（骆友生，张红宇，1995；周其仁，2004；林毅夫，2008）。然而，从实践上看，"包产到户"并非 20 世纪 70 年代末的农民创新，而是在 20 世纪 50 年代早已有之，并且经历了"三起三落"。为何之前搞"包产到户"的农民创新没有成功，而小岗村的创新却成功了？很显然，政府在制度变迁中起了重要作用：在改革之前，政治家释放了积极的改革信号；在改革初期，中央设置软规则给予探索空间和地方分权形成局部保护；在改革中期，政府与农民互动，协调冲突努力达成"改革共识"；在改革后期，从多种可能的制度安排中进行"择优"，进而"上升"为正式制度并"加速"推广，从而形成有效的制度变迁。

很显然，"强制性/诱致性"二分法不能较好地解释中国农村土地制度改革现象的原因在于，它或忽视了社会在制度变革中的作用，或忽视了国家在制度变迁中的作用，在理论分析中将国家与社会相割裂，将"有形之手"与"无形之手"相割裂，将正式制度与非正式约束相割裂。但实际上，制度变迁通常是"自上而下"与"自下而上"相结合的产物。

事实上，不少学者已经指出：政府在中国农村土地制度改革中起了重要作用（杜润生，2005；陈锡文 等，2008；科斯，王宁，2013），并且国家与农民的"上下"互动是其典型特征，"基层创新+顶层支持"的诱致性变迁与强制性变迁相结合是改革成功的关键（姚洋，2008；张红宇，2014；刘守英，2017）。

但仅仅指出中国农村土地制度改革产生于国家与农民互动、"自上而下"与"自下而上"相结合这一现象是不够的，关键是要解释"上下"是如何互动的？要探寻"上下"互动为什么形成了中国特色的变迁路径？要反思"上下"如何互动才能形成有效的制度变迁？要总结中国"上下"互动有哪些政治保障和政治优势？对于以上问题，已有研究尚存不足。具体而言，这些不足体现在：一是对政府在制度变迁中的作用的研究较为薄弱，通常强调政府退出农村控制的效果和对制度追认上升和加速推广的作用，但是随着改革进入攻坚阶段，尤其是 2014 年"三块地"试点改革以来，中央科学决策在提前协调各方利益，尽量减少实践检验代价等方面发挥着重要作用，可见政府并非单纯地"退出"，而是以提高治理水平为目的的"归位"。二是局限于"强制性/诱致性"二分法，缺乏对二者的互动分析。三是研究方法本质上的静态性，缺乏连贯的动态分析，侧重关注变迁结果而忽视了更重要的变迁过程。

因此，本书试图在马克思主义制度经济学的基础上，吸收"强制性/诱致性"分析的合理成分，在认真观察中国农村土地改革实践的基础上，采用了虽更受限制但更易处理的方法，构建了中央—地方—农民互动创新的制度变迁分析框架，对中国特色的农村土地制度变迁规律进行了探讨。本书重点关注了以下四个问题：一是中国特色的农村土地制度变迁的基本规律是什么？二是"自上而下"与"自下而上"的互动创新是如何进行的？尤其是中央决策是如何做出的？三是有效的制度变迁是如何形成的？四是"自上而下"与"自下而上"的互动创新如何形塑了中国特色的变迁路径？

二、研究意义

（一）理论意义

弗里德曼曾说："谁能正确解释中国经济的改革和发展，谁就能得诺贝尔经济学奖。"这也许是一句玩笑话，但也充分说明了中国的改革成就引起了国内外学界的重视，具有重要的研究价值。长期以来，西方经济学的分析范式主导着制度变迁/改革的解释和研究，中国农村土地制度的变迁/改革研究就是一个典型的例子，西方学者也常常以"强制性/诱致性"二分法为分析工具，以"私有保护"为衡量制度变迁效率的标准，主导着学术话语的阐述，但实则是为资本主义服务的。然而，这种国家与社会相割裂、"有形之手"与"无形之手"相割裂、整体利益与个体利益相割裂的分析范式，既无法较好地解释中国特色的农村土地制度改革现象，也无法理解中国特色的制度创新优势。因此，如何突破"强制性/诱致性"二分法分析范式，将国家和社会、政府与市场、整体利益与个人利益的协同机制放入一个分析框架，使其既能在更大程度上反映中国农村土地制度变迁的真实过程，又能帮助我们理解中国

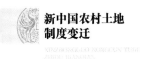
特色的制度创新所具有的优势，值得进行深入的理论研究。

（二）现实意义

新中国成立以来，中国农村土地制度沿着"两权分离"的思路，逐渐找到一条公有制下赋权于民的改革道路，并伴随着一系列具体制度的更替和演进，农业经济迅速发展，稳中向好。然而，随着改革进入深水区，现行农村土地制度的缺陷和改革难点进一步凸显出来。例如，如何解决农村集体土地所有权主体虚位、客体不明、权能不健全的难题；如何化解稳定承包关系与人口自然增减带来的调整承包地需求之间的矛盾；如何化解城镇化过程中人口转移带来的土地物权属性与身份属性之间的矛盾；以及在"三块地"试点改革中，集体经营性建设用地入市的同地同权同责问题、土地增值收益分配不明确问题，宅基地使用制度的限制流转问题、退出补偿问题，征地制度的征地范围、程序、补偿问题。

这些问题的背后，涉及更深层次的土地利益格局的调整，如何协同整体利益和个人利益，进而形成改革合力，在不确定环境中推动农地制度创新是深化改革的真正难题和挑战。然而，西方经济学理论和西方制度模式并不能为解决这些难题提供直接的答案，因为其本质是崇尚"个体利益"，主张"去管制"和"私有化"，缺乏整合社会利益的理论基础和政治力量。因此，必须要深入研究中国农村土地制度变迁的真实过程，观察中央作为正式制度的制定者，地方政府作为制度的实施者，农民作为最重要和关键的参与者，他们在农村土地制度变迁过程中围绕土地利益调整的互动起到了什么作用？考察"自上而下"与"自下而上"在什么条件下形成方向一致的变动？如果能理解这些问题，可以帮助我们进一步探索改革难题的解决方案，因而具有重要的现实意义。

第二节　研究思路与方法

一、研究思路

本书以问题为导向，聚焦以下六个问题，层层深入渐次展开。

（一）理论准备：怎么解释"制度变迁"？

第一部分的任务是对"制度变迁"进行理论解释。马克思主义制度经济学、旧制度经济学、新制度经济学、演化经济学、公共选择理论等众多学说都对"制度变迁"进行了较为系统的解释。如果没有研究范式的比较，就不能理解马克思主义研究范式的优势。本书通过梳理以上大量的制度变迁理论的核心特征发现，经济学史上解释制度变迁的主要框架，或采用需求侧分析范式，强调制度的自发演进；或采用供给侧分析范式，强调制度的理性构建。很显然，无论是供给侧分析还是需求侧分析，都只解释了制度变迁的一个侧面，并非完整的制度变迁理论。

然而，马克思主义的制度经济学中采用了更加完整的研究视角，强调制度变迁是生产力—生产关系和经济基础—上层建筑两对矛盾运动的结果，为了清楚地阐释马克思主义关于"制度"研究的完整视角，这一部分创新性地提出了"制度二重性"的概念，说明了马克思将生产效率与利益冲突纳入了分析框架，整合了制度演化与制度设计两个方向，能辩证地解释制度的稳定与变化、量变与质变以及好制度与坏制度的存在。但不足的是，由于缺乏微观分析，不能很好地解释制度变迁的速率、动态过程、制度的统一性与多样性等。因此，制度变迁的理论整合工作远未完成，需要在马克思主义制度经济学基础上融合多个领域的前沿研究进行更加深入的研究。

为了对整合工作做准备，这一部分还进一步考察了前沿研究中就制度变迁理论的整合及其所采用的工具，归纳了目前的新进展，包括动态演化博弈模型、机制设计理论和认知理论及行为经济学。然而，到目前为止，学界依

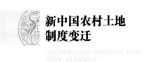

然没有一个完整的制度变迁理论能够全面而准确地整合"自上而下"和"自下而上"两个方向的制度变迁。整合工作才刚刚开始，因此必须谨记诺思的忠告：现阶段还不可能提出一个"与一般均衡理论相媲美的动态变迁理论"，但是如果更加务实一些，认真观察制度变迁的实践，那么"采用更受限制但更易处理的方法"来构建动态变迁的分析框架是可行的①。

按照以上逻辑，第一部分的研究思路是经典理论回顾→研究范式比较→研究范式整合，研究目的是为构建分析框架做理论准备。

（二）框架构建：怎么解释中国农村土地制度变迁？

第二部分的任务是构建"中国农村土地制度变迁"的分析框架。中国特色的农村土地制度改革的典型特征是政府与农民的"上下"互动。然而，要讲好农村土地制度变迁的"中国故事"，其最大的挑战在于如何构建一个"上下结合"的制度变迁分析框架，本书从马克思主义制度变迁理论中获得重要启示，即马克思主义认为制度的本质是人与人之间的利益关系，制度的建立、调整和改变的目的是要解决经济利益问题，各个利益方在改革中的获利预期决定了他们对待改革的态度。那么，不再局限于对制度改革的预期收益和成本绝对值的比较，而进一步深入制度变迁以及制度结构的内部，考察有限理性的微观市场主体（农民）与不完全信息的政府之间的互动关系对制度变迁的影响，是突破传统"强制性/诱致性"二分法，构建解释"中国改革故事"分析框架的一个关键。

首先，围绕该突破点，第二部分的主要任务是在马克思主义制度经济学的基础上，批判吸收其他理论和前沿研究的有益成分，结合中国农村土地制度改革的实践，构建制度变迁的动态分析框架（见图1.1）。该分析框架的主要观点如下：①中央政府、地方政府与农民个体围绕农村土地利益调整的互动决定了中国农村土地制度变迁的动态过程。②中央作为政策决策者，其认知与制度共生演化。③制度变迁表现为制度决策—制度实施—制度需求相互

---

① NORTH D C. Understanding the process of economic change [M]. Princeton：Princeton University Press，2005：6-47，126.

适应的互动过程。④地方政府的创新实施和变通实施行为，可能增加了制度
对环境和需求的适应性；而冒进实施和变通实施行为，可能为改革累积了风险。
⑤制度变迁的联结点是旧制度引发的利益冲突。⑥制度变迁是否成功，取决于
制度改革的目的；而制度变迁是否有效，取决于经济效率和社会公平的衡量。

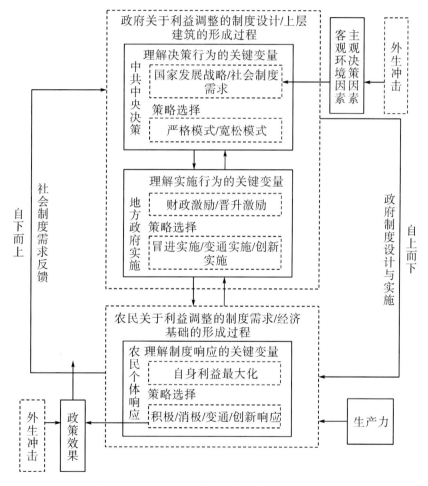

图 1.1　中国农村土地制度变迁的动态分析框架

其次，基于以上观点，描述中国农村土地制度变迁的动态过程。第一阶
段，需求涌现：农民个体为了获取现有制度条件下无法获得的外部利益，产
生了制度改革的需求，自发进行基层制度创新。第二阶段，地方探索：在地

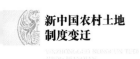
方分权情形下，地方政府根据自身激励特征，对底层制度进行创新，以提供局部政治保护或依据现有规则抑制其发展。第三阶段，中央回应：中央回应农民制度需求，结合国家发展战略调整土地利益格局，制定相应的农村土地改革政策。然而，信息不完全的中央决策者总是处于不同程度的不确定环境中，因此，中央对政策可行集的设置策略分为严格模式和宽松模式两种。第四阶段，地方实施：地方政府解读中央改革要求，并结合自身激励特征，实施改革任务。主要的实施行为有冒进实施、变通实施和创新实施三种。第五阶段，个体响应：农民个体在自身利益最大化假设下响应改革政策，主要的响应方式为积极响应、消极响应、变通响应或创新响应四种。第六阶段，中央决策：从多种可能的制度安排中"择优"，同时协调利益、调试政策、促成共识，进而上升和固化为正式制度并"加速"推广。

按照以上逻辑，第二部分的研究思路是提出分析框架的主要观点→描述制度变迁的动态过程→解释中央、地方和农民的行为目标和策略选择。研究目的是为考察中国农村土地改革故事提供一个"本土化解释"的分析框架。

（三）历史考察：中国农村土地制度变迁的动态过程是什么？

第三部分的主要任务是对中国农村土地制度变迁过程进行历史考察并总结其规律。

第一，根据已构建的分析框架，深入考察新中国成立以来一系列重大的农村土地制度改革历史，主要包括①农村土地所有权改革：土地改革（1950—1953年）和农业合作化运动（1951—1984年）；②农村土地使用权改革：家庭联产承包责任制改革（1978—1982年）、不得调地改革（1984—2018年）和三权分置改革（2013—2018年）；③农地转让权嬗变：政府垄断土地一级市场（1998—2014年）；④农村土地转让权改革："三块地"试点改革（2014—2019年）。深入观察和分析改革过程中中央、地方、农民三者围绕土地利益调整的互动行为对制度变迁的影响，包括中央的决策具体是怎样做出的？中央在制度变迁中起了什么作用？地方政府是如何实施中央决策的？其实施行为对制度变迁的影响？农民是如何进行制度响应的？农民在制度变迁中起了什么作用？"自上而下"与"自下而上"在什么条件下形成了方向一致的制度变迁？

第二，在历史考察的基础上，进一步对中国农村土地制度变迁动态过程进行总结。经归纳总结认为，中国农地制度变迁的动态过程是一系列"变化的组件"相互适应、共同演进的结果。这些变化包括国家发展战略转变引致中央对土地利益调整的需求变化、地方政府激励特征转变引致地方对土地利益调整的需求变化、现存制度的外部土地利益变化引致农民对土地利益调整的需求变化。

具体而言，我国农村土地收益分配格局的演变过程为：农民利益倾向（以地均利）→国家利益倾向（以地控利）→农用地农民利益倾向（以地还利）→非农用地地方利益倾向（以地分利）→国家、地方与农民三者之间地利共享（非农用地）。我国农村土地产权制度的演变表现为一系列赋权和限权的过程：农地土地私有制（以地均利、赋权于农）→集体土地所有制（以地控利、限权于农）→家庭联产承包责任制（以地还利、赋权于农）→1998 年《中华人民共和国土地管理法》修改后的农地转让权残缺至最大限度（以地分利、限权于农）→三块地试点改革（地利共享、赋权于农）。中央与农民互动程度的变化为政府主导：国家战略与农民需求方向一致（土地改革）→政府主导：国家战略与农民需求相冲突（农业合作化运动）→农民发起+政府领导：国家战略与农民需求方向一致（家庭联产承包责任制）→政府主导：国家战略与农民需求方相冲突（1998 年《中华人民共和国土地管理法》修改）→农民发起+政府领导：国家战略与农民需求方向一致（"三块地"改革）。地方政府的政策实施行为变化过程：以政治忠诚为考核内容的晋升激励+创新实施（土地改革）→规避政治惩罚+激进实施（农业合作化运动）→以政治忠诚为考核内容的晋升激励+变通实施（家庭联产承包责任制改革）→财政激励和以 GDP 为主要考核内容晋升激励+激进实施（1998 年《中华人民共和国土地管理法》修改）→财政激励和以 GDP 为主要考核内容晋升激励+创新实施。

按照以上逻辑，第三部分的研究思路是对中国农村土地制度变迁动态过程进行历史考察→总结其动态过程。研究目的是为解释中国特色的农村土地制度变迁路径特征和总结改革经验提供支撑。

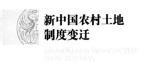
（四）路径特征：中国农村土地制度变迁路径的特色表征是什么？

第四部分的主要任务是总结中国农村土地制度变迁路径的特色表征。中国农村土地制度改革走出了一条独具中国特色的路径，它没有按照主流经济学的理论逻辑将私有产权视为市场经济的基础，进行全面、大规模、快速地"休克式"私有化改革，而是通过 70 余年的探索，逐渐走出了一条具有中国特色的农村土地制度改革道路。其具有以下显著特征：①公有制下赋权于民的双轨制路径；②渐进的社会主义市场化改革方向；③兼顾稳定与发展的制度变迁速度；④以走向共同富裕为制度变迁目标。总体来说，这条道路是成功的，它不仅为中国经济增长奠定了坚实的基础，同时它为农业生产经营者提供了有效激励，极大地提高了农业生产率，促进了农业增长，并通过农业剩余劳动力的转移加速了工业化和城镇化进程，最终使得 7.7 亿人脱贫[①]，中国贫困率从 1978 年的 97.5% 降至 2020 年的 0[②]。

按照以上逻辑，第四部分的研究任务是对中国农村土地改革路径的特色表征进行分析。研究目的是为总结中国的改革经验提供着力点。

（五）经验总结：农村土地制度改革的中国道路贡献了哪些经验？

第五部分的主要任务是从互动创新的角度，总结中国农村土地制度的改革经验。其主要包括坚持中国共产党的领导，遵从实践理性的改革创新，协同政府与市场两只手的积极作用，坚持"自上而下"与"自下而上"的持续互动创新。总结起来，农村土地制度改革成功最根本的经验是逐步形成了农村土地制度改革的中国道路。这条道路是围绕什么是社会主义、怎样建设社会主义这个基本问题形成和发展起来的[③]，其含义是走公有制下赋权于民的改革道路。它的逻辑是在公有财产之上，重建个体对公有财产进行独立支配的权力体系，从而通过市场机制使公有财产得以物尽其用。它的优势是政府和

① 国家统计局.中国统计年鉴（2020 年）［M］.北京：中国统计出版社，2020：204.

② 截至 2020 年年底，中国现行农村贫困标准下，我国农村的绝对贫困实现了历史性消除。国家统计局.中华人民共和国 2020 年国民经济和社会发展统计公报［R/OL］.（2021-02-28）［2023-11-19］.http://www.stats.gov.cn/sj/zxfb/202302/t20230203_1901004.html? eqid=da1e6be9000d3988000000036463b6d8.

③ 习近平.在纪念邓小平同志诞辰 110 周年座谈会上的讲话［N］.人民日报，2014-08-21（1）.

市场在改革中发挥了协同作用，不仅提供了持续改善的激励和资源配置，也避免了大规模的土地兼并和社会对抗，更为重要的是，它使政府能在避免土地利用负外部性、保护生态环境、维护人类发展的整体利益和长远利益中发挥更好的作用。

按照以上逻辑，第五部分的研究思路是从互动创新的角度，总结中国农村土地制度的改革经验。

（六）政策建议：应该如何坚持走农村土地制度改革的中国道路？

第六部分的主要任务是概括研究结论和提出政策建议。首先，以分析框架为线索，总结中国农村土地制度变迁的规律、特征、经验。其结论认为，中国农村土地制度变迁最显著的特征和最大的优势是逐渐形成了农村土地制度改革的中国道路，而这条道路的形成既是中国共产党的创新，也是中国人民（农民）的创新，是党的创新与人民（农民）的创新有机结合在一起，"自上而下"与"自下而上"的互动创新。其次，本书主张，我们应不断增强道路自信、理论自信、制度自信，沿着农村土地制度改革的"中国道路"持续深化：①完善"上下"互动的制度创新方法；②坚守农村土地制度的改革底线；③不忘共同富裕的改革初心；④保持社会主义市场化改革方向；⑤把握农村土地制度改革的速度。

按照以上逻辑，本书除引言外，一共分为八章。第二章是理论基础和框架构建。第三章到第七章，对新中国成立70余年来的农村土地制度动态变迁过程进行了历史考察，以观察中央、地方和农民在制度变迁中起的作用，包括：①"以地均利"的农村土地"所有权"改革：土地改革；②"以地控利"的农村土地"所有权"改革：农业合作化运动；③"以地还利"的农村土地"使用权"改革：从"两权分离"到"三权分置"；④"以地分利"的农村土地"转让权"嬗变：政府垄断土地一级市场；⑤"地利共享"的农村土地"转让权"改革："三块地"试点改革。第八章为中国特色的农村土地制度的变迁规律、路径特征与改革经验。第九章是本书的研究结论。

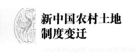

二、研究方法

（一）马克思主义的制度分析方法

马克思以其辩证的和历史的唯物主义方法论，建立了对经济关系和经济制度研究的独特体系和方法，深刻地揭示了经济制度产生、发展的客观规律，被认为是"对长期制度变革的最有力的论述"[①]。马克思主义运用制度分析的方法，以"生产关系"为研究对象，从生产的社会性假设出发，研究目的是回答应该建立什么样的经济制度才能处理好人们相互之间的经济关系。从利益的矛盾性假设出发，研究实质是寻找能够协调和解决社会利益矛盾和冲突的经济制度。这与西方经济学研究对象、目的、方法有着本质上的不同，西方经济学主要运用数量分析的方法，将"资源配置"作为研究对象，从"经济人"假设出发，即人是自私理性的，个人在追求自身利益最大化的过程中，会无意识地、有效地增进社会公共利益，其研究目的是考察人们如何在资源稀缺的条件下，面对一系列的经济问题做出自己的选择，实现自身利益最大化。也就是说，西方经济学的研究方法在本质上并非是为实现社会利益的整合与协调而服务的。然而，本书的研究目的是探索在中国什么样的土地制度改革和创新有助于处理好人与人之间的土地利益关系，以及有助于协调和解决社会整体利益和个体利益的矛盾。因此，本书必须立足于马克思主义的制度分析方法，以"农村土地制度"为研究对象，通过考察新中国成立以来农村土地制度变迁，观察中央、地方、农民围绕着土地利益调整的互动行为对土地制度创新的内在影响，来实现本书的研究目的。

（二）综合运用多学科研究方法

综合运用多学科研究方法是解决现实经济问题和处理复杂经济关系的客观需要。中国农村土地制度变迁这一选题涉及马克思主义制度经济学、新制度经济学、行为经济学、认知理论等诸多领域，所以本书综合运用多学科的研究方法。这一方法主要体现在构建文章的分析框架时，本书在马克思主义制度经济学的基础上，吸收了其他制度研究中的需求侧分析范式和供给侧分

---

① 诺思.经济史中的结构与变迁［M］.陈郁，译.上海：上海人民出版社，1994：61-63.

析范式的有益成分，提出了基于中央—地方—农民之间互动创新的分析框架。在研究土地制度改革的每一个阶段时，分析了中央基于怎样的认知和需求提出了制度改革的大政方针，地方政府在财政激励和晋升激励下如何选择实施策略，农民在个体报酬最大化下如何响应中央和地方政府的政策。

（三）其他研究方法

1. 历史唯物主义的研究方法

中国农村土地制度的变迁是一个在我国改革实践不断深化的基础上动态发展的历史过程，它在每一个阶段都表现出不同的改革目标和对象、不同利益主体之间的利益冲突和协调；而从整个变迁过程来看，中国农村土地制度的改革体现了经济基础与上层建筑的矛盾运动、量变与质变的发展过程。因此，要辩证地看待中国农村土地制度形成和变迁的过程。

2. 逻辑与历史相统一的方法

由于制度创新研究的特殊性，新制度的萌芽往往孕育在旧制度时期，各项重大改革并非按照单一的线性时间顺序展开，因此，本书在历史阶段的划分上，按照农村土地制度的所有权改革→使用权改革→转让权改革的历史逻辑顺序展开。同时，在每个阶段内部，将大量历史事实和观点按照基于中央—地方—农民之间互动创新的分析框架进行逻辑缀连，进而分析中国农村土地制度变迁的内在逻辑，以揭示其发展规律和趋势。

3. 归纳法

归纳法就是从个别事例中总结出一般规律，是从个体性提取一般性的逻辑思维方法。本书深入分析了中国土地制度变迁每一个阶段的制度环境、中央的制度决策、地方的政策实施以及农民的个体响应，同时还探讨了每一个阶段特殊的农村土地制度形成和演变的原因；在此基础之上，归纳出了中国农村土地收益分配格局的演变规律、中国农村土地制度变迁的路径特征、中国农村土地制度创新的基本经验，以及目前农村土地制度待深化改革的难点、原因和改革思路。

4. 案例分析法

本书在研究每一个阶段制度形成和变迁的原因以及互动创新过程时采用了大量的历史案例证据，使其能够说明所要阐述的问题。

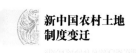

第三节　研究创新点与不足

一、研究创新点

（一）分析概念的创新

为了清楚地阐释马克思主义"制度"研究的完整视角，本书创新性地提出了"制度二重性"的分析概念，为本书构建制度变迁分析框架提供了理论启示，并为解释中国特色的农村土地制度"从制度需求产生到最终制度变迁完成的全过程"做好了理论准备。

过去，学界对马克思主义"制度"概念的阐释主要区分了"制度实质"（社会生产关系）和"制度形式"（法律），其目的是强调对"制度"的认识不应仅停留在形式层面，而应深入其实质层面[①]。在此基础上，本书从考察制度形成方向的视角出发，认为在马克思主义制度分析中，制度具有"二重性"，它既是经由生产力进步的需求端内生演化出来的，涉及人与人之间的复杂互动关系（制度实质），也是经由立法者的供给侧"精心设计"出来的，涉及法律等正式规则的具体表现形式（制度形式），此"二重性"统一于马克思主义对"制度"的解释。提出这个概念的目的，是为了更加清楚地说明马克思主义对"制度"的考察是基于"自上而下"与"自下而上"相结合的完整视角。这对制度"二重性"的理解至关重要，它更加明显地突出了马克思主义在解决制度研究难题上的优势，既解释了为什么虽然"坏制度"长期存在，但"好制度"是人类长远发展的趋势。这是以新古典范式为代表的"制度变迁的需求侧分析"，以及以公共选择理论为代表的"制度变迁的供给

---

① 马克思于 1865 年 1 月 24 日至约·巴·施韦泽的信中写道：政治经济学"不是从法律的表现上来考察财产关系的总和，即意志关系的总和，而是从实际形式来考察财产关系的总和，即生产关系的总和"。参见：中共中央马克思恩格斯列宁斯大林著作编译局. 马克思恩格斯选集：第三卷[M]. 北京：人民出版社，1995：12-21.

侧分析"所不能达到的。

（二）分析框架的创新

为了突破目前学术界关于制度变迁的主流分析范式——"强制性/诱致性"二分法，本书采用了"上下"结合的研究视角，在马克思主义制度经济学基础上，吸收其他制度理论的合理成分，创新性地提出了"中央—地方—农民互动创新"的分析框架。

首先，该分析框架提出了以下观点：①中央、地方与农民围绕农村土地利益调整的互动，塑造了中国特色的农村土地制度变迁路径。②中国特色的农地制度变迁表现为中央制度决策—地方制度实施—农民需求相互适应的互动过程。③制度变迁的联结点是旧制度引发的利益冲突。④制度变迁是否成功，取决于改革的目的；而制度变迁是否有效，取决于效率和公平的平衡。

其次，该分析框架描述了中央—地方—农民互动创新的动态过程。第一阶段，需求涌现：农民个体产生改革需求，自发进行基层制度创新。第二阶段，地方探索：地方政府对底层制度创新提供局部政治保护。第三阶段，中央决策：中央回应农民制度需求，制定相应政策。第四阶段，地方实施：地方政府结合自身激励特征实施改革任务。第五阶段，个体响应：农民个体响应改革政策。第六阶段，中央决策：从多种可能制度安排中"择优"，上升为正式制度并加速推广。

接下来，本书按照中国农村土地制度的所有权改革→使用权改革→转让权改革的逻辑顺序，通过考察新中国成立以来农村土地制度的一系列重大改革历史，为以上分析框架创新提供实践证明。

（三）研究观点的创新

第一，有效的农村土地制度变迁取决于中央—地方—农民之间的有效互动。基于中国农村土地制度变迁的历史考察，本书发现"自上而下"与"自下而上"保持方向一致的变动，是有效制度变迁的规律性特征之一。即有效的中国农村土地制度变迁，总是取决于中央决策—地方实施—农民需求之间的有效互动。①中央的科学决策是有效互动的基本前提。②中央对农民诉求的强回应性，是有效互动的关键。③地方政府根据实际情况的创新性实施增

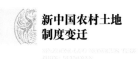
加了制度适应环境和需求的灵活性，是有效互动的重要环节。④农民参与创新的过程，是有效互动的动力源泉。

第二，中央—地方—农民的互动创新，逐步形成了农村土地制度变迁的中国道路。本书认为，我国农村土地制度历经 70 余年的独立探索，逐步走出了农村土地制度改革的中国道路，即公有制下赋权于民走向共同富裕的改革之路。这条道路是在中国共产党的带领下，与地方和农民广泛互动，通过实践—认识—再实践—再认识的过程实现制度创新，不仅协同了社会整体利益和个体利益，还增加了农村土地制度对不断变化的生产力和外部环境的适应性。

二、研究的不足

第一，分析框架需要进一步完善。到目前为止，学术界仍然没有一个完整的制度变迁理论能够全面而准确地整合"自上而下"和"自下而上"两个方向的制度变迁。本书认为制度创新是"自上而下"与"自下而上"相结合的产物，正式制度是基层创新的实践经验"上升"而来，但是"上升"的条件是什么还有待深化研究。

第二，为了便于分析，本书对政府行为目标的分析做了高度简化。例如，本书在讨论中央行为目标的时候，仅考虑了"国家发展战略"和"社会制度需求"两个最显著的因素。讨论地方政府实施行为的目标函数时，仅考虑了晋升激励和财政激励。

第三，对分析框架的论证大部分采用的是历史经验证据，缺乏量化数据。

第四节 文献综述

长期以来，国内外关于中国农村土地制度变迁的研究采用的主流分析框架是"强制性/诱致性"二分法，或强调制度变迁是"自上而下的强制性建构"，或强调制度变迁是"自下而上的诱致性演化"。本书从诱致性分析、强制性分析和其他视角三个方面，对国内外研究进行综述。

一、中国农村土地制度变迁研究的主流分析框架

（一）诱致性制度变迁分析框架

诱致性制度变迁是指一种自下而上的自发性制度变迁，由基层主体自发倡导和组织实施，它是人们为争取由现有制度不均衡引致的获利机会的结果。这种分析框架认为，制度选择集合、技术、要素和产品相对价格等因素的变化将产生现有制度外的获利机会，为人们带来了好处，新的制度安排将被基层群众自下而上的创造出来[①]。该框架在中国农村土地制度变迁分析中的应用主要为解释以下四个现象：

一是村干部在农村土地制度变迁中的作用。姚洋指出，人民公社建立之后村干部作为一个利益主体参与到了农村土地制度变迁的过程中[②]。他认为，对于村干部来说存在两种决策结构：当作为国家行政官员时，他们必须按照符合国家利益的方式办事；当作为村民选举产生的地方官员时，他们在国家利益不那么明显时必须考虑村民的利益。因此，在村干部参与到农村土地制度变迁博弈中时，最终产生的制度变迁的博弈均衡并不一定符合经济理性。但村干部作为村集体经济的代表，他们的力量不断增强必然会诱致权力结构

---

① LIN J Y. An economic theory of institutional change：induced and imposed change ［J］. Cato journal，1989，9（1）：1-33.

② 姚洋. 自由、公正和制度变迁 ［M］. 郑州：河南人民出版社，2002：176-177.

产生具体的影响，并引导农村土地制度变迁的方向。谭秋成则将村干部分为公社干部和大队干部，公社干部属于国家行政序列，而大队干部属于集体干部。大队干部的收入来源于当地社会，并且他们与农民同吃同住同劳动，这使得他们一方面不愿意因为国家政策而与农民发生冲突，另一方面若不按照国家意志行事，他们可能在政治运动中遭到斗争。因此，为了改变这种两难困境，大队干部有强烈的动机改革人民公社体制①。李慧中通过一个双重代理模型分析了村主任在征地活动中的作用，他发现被征地的村民对村主任存在有限约束，并且村主任与用地集团存在串谋的倾向，因此在村主任代理被征地村民参与征地议价的背景下，被征地村民的利益极大地依赖村主任个人的偏好与行为②。

　　二是家庭联产承包责任制的形成。王国敏③、杨德才④指出，20 世纪 50 年代我国农地制度由"耕者有其田"向人民公社化农地制度的变迁是一个无效的演进过程；而家庭联产承包责任制的确立是一个自下而上的诱致性变迁过程，是在农民极度希望改变当前生活和生产现状的需求下产生的；家庭联产承包责任制激发了农民的生产积极性，明显提高了农业生产效率，因此这是一个有效率的制度变迁，且这种制度变迁也使得外部利润在政府和农民之间进行重新分配。孙圣民（2007）⑤ 指出，农村干部的态度影响"包产到户"制度的创新成本和游说成本，是制度创新是否成功的关键因素。在农村干部的支持之下，农民游说农村干部组成了创新团队，并导致 1978 年前后的中国农村土地产权制度在地方性政策支持下发生变迁，并最终上升为国家的正式

---

① 谭秋成.集体农业解体和土地所有权重建：中国与中东欧的比较［J］.中国农村观察，2001（3）：2-12，80.

② 李慧中.征地利益论［M］.上海：复旦大学出版社，2011：160-195.

③ 王国敏.中国农村经济制度的变迁与创新［J］.四川大学学报（哲学社会科学版），1999（3）：38-42.

④ 杨德才.我国农地制度变迁的历史考察及绩效分析［J］.南京大学学报（哲学.人文科学.社会科学版），2002（4）：60-67.

⑤ 孙圣民.游说、权力分配与制度变迁：以1978年中国农村土地产权制度变迁为例［J］.南开经济研究，2007（6）：17-32.

制度，即家庭联产承包责任制。周其仁[①]、林毅夫[②]以及科斯和王宁[③]也指出，中国的家庭联产承包责任制是一个典型的诱致性制度变迁，尤其是在早期搞"包产到户"时，小岗村的 18 户村民并没有得到政府的允许，甚至是在中央"明令禁止"的情况下自发形成的，家庭联产承包责任制的改革的成功，是由于"政府退出"。ZHANG Y J[④]以前景理论为基础，建立了一个行为政治经济学框架来解释中国市场改革过程中诱导和强制的制度变迁。他们认为，诱导性制度变迁与确定的经济收益有关，是个人或群体为了利润最大化而引起的诱导性制度变迁，但中央只采取那些经过市场检验的、对中央造成有限意识形态损失的诱发性制度变迁；强制性制度变迁与更多不确定的经济收益相关，即当中央主导一项政治上可接受的制度变迁时，很难判断它在市场上是否有利。因此，国家是一个具有损失偏好倾向的非理性经济人，当经济或政治损失严重时，中央倾向于实施寻求强制性改革；当存在潜在的经济收益前景且政治损失有限时，中央倾向于接受诱致性制度变迁。在这种情况下，家庭联产承包责任制是一个诱致性制度变迁，这是因为家庭联产承包责任制能够带来巨大的经济收益；而对于中央来说这仅仅只是给予了农民土地的使用权而已，土地的所有权依然在集体手中，这并没有给公有制的意识形态带来多大的冲击，同时惠及农民的经济收益还可能会增强农民对现有政治制度的支持。

三是中国农村土地制度的区域性差异及其多样性创新。姚洋认为，在国家将农村土地制度建设的权利转移至农村集体经济组织后，由下至上的诱致性制度创新就取代了之前的强制性制度安排；诱致性的制度创新来自基层人民的自发创新，它必定与基层人民的获利机会相关，而这种获利机会又是与地区自然、经济、社会等外部环境相关的函数。因此，在地区外部环境存在

---

① 周其仁. 产权与制度变迁：中国改革的经验研究（增订本）[M]. 北京：北京大学出版社，2004：51-55.
② 林毅夫. 制度、技术与中国农业发展 [M]. 上海：格致出版社，2008：44-48.
③ 科斯，王宁. 变革中国：市场经济的中国之路 [M]. 北京：中信出版社，2013：61-65.
④ ZHANG Y J. A view from behavioral poltical economy on china's institutional change [J]. China economic review，2012，23（4）：991-1002.

差异，且地权存在多样性的条件下，中国的东中西部分别形成了"大稳定、小调整""两田制""苏南模式""湄潭模式""温州模式"以及"土地股份制"六种主要的农地制度类型①。陈志刚和曲福田指出，中国农地制度存在区域性差异和多样性创新的原因在于：不同经济发展水平区域的农民对农地权力的需求存在差异。也就是说，在经济发达的地区，农民主要从事非农工作，其收入也主要来自非农领域，导致大量农民的承包地闲置，而希望从事农业生产的农民处于无地种的状态。在这种情况下，这类地区的农民更希望获得转让权，让土地流转起来；反之，在经济欠发达的地区，农民更愿意独享农地的收益权和稳定的使用权②。

四是土地调整的制度演进。姚洋认为，调地是一种风险分担机制，即土地对于农民而言是一种保障生存的必需品，调地可以减少那些拥有较少土地的农民所面临的生存危机；但是经常调地会给农民带来谈判成本，以及打击农民的投资热情进而降低其生产效率，因此是否调地是农民在权衡这两种影响之后做出的决策。同时，这两种影响又受到地区的自然、经济、社会条件的影响，因此土地调整决策具有诱导性的特征③。BRANDT L 等提出了土地调整制度形成的"干部寻租"假说，他认为村干部的寻租行为是导致农村土地调整的主要原因，若要强化地权的稳定性就要改变对村干部的寻租行为④。另外，龚启圣和周飞舟⑤以及 KUNG J K S 和 BAI Y⑥认为，土地调整制度是由地区资源禀赋及其衍生技术、交易费用决定的。

---

① 姚洋. 中国农地制度：一个分析框架 [J]. 中国社会科学，2000（2）：54-65，206.
② 陈志刚，曲福田. 农地产权制度变迁的绩效分析：对转型期中国农地制度多样化创新的解释 [J]. 中国农村观察，2003（2）：2-9，13-80.
③ 姚洋. 集体决策下的诱导性制度变迁：中国农村地权稳定性演化的实证分析 [J]. 中国农村观察，2000（2）：11-19，80.
④ BRANDT L, ROZELLE S, TURNER M. Local government behavior and property right formation in rural China [J]. Journal of institutional and theoretical economics, 2004, 160（1）：627-662.
⑤ 龚启圣，周飞舟. 当前中国农村土地调整制度个案分析 [J]. 二十一世纪，1999（10）：136-146.
⑥ KUNG J K S, BAI Y. Induced institutional change or transaction costs? The economic logic of land realloca-tions in Chinese agriculture [J]. Journal of development studies, 2011, 47（10）：1510-1528.

（二）强制性制度变迁分析框架

强制性制度变迁是指政府通过行政命令或颁布法律，自上而下强制性推行某种顶层设计的制度。强制性制度变迁只有在政府强制推行某种制度安排的预期边际收益等于预期边际费用时才会发生；否则，政府将继续维持原来的制度安排，即使原制度安排是无效的。当前强制性制度变迁分析框架对中国的研究主要集中在以下两方面：

第一，对改革开放之前的农村土地制度变迁的研究。林毅夫指出，国家主导了中国农村的农业合作化运动。在运动初期，政府按照"自愿互利"的原则积极引导农民加入互助组，政府的作用只是引导、说服和教育，而不能强制剥夺农民的土地，农民拥有参与合作社的决定权和退出权。然而，1958年至1960年的"大跃进"运动使得合作社冒进为人民公社，公社成员的资格变成了强制性的，从合作社退出的权利被剥夺。正是退社自由权利的被剥夺，导致了中国1959年至1961年出现了农业危机。这主要是因为，当存在退社自由权利时，若农民发现其他成员不能遵守承诺提供一定的产量时，他们就可以退出合作社；然而，当退社自由权利被剥夺后，农民就存在"搭便车"的行为，即通过违约也可以获得与守约一样多的利益，那么农民就都不会再努力劳动，进而导致农业生产率下降①。胡元坤指出，在土地革命时期，利益主体是中央、地主、富中农和贫雇农。为了能够争取到最广大人民群众的支持，中央在革命区采取了废除封建土地所有制以及耕者有其田的政策，使得大量的贫雇农与中央的利益一致；同时，为了减小改革的阻力以及社会动荡，中央实行了"给地主以出路、中立富农、保护中农和小土地出租者"的政策。在合作化运动时期，利益主体是中央、富中农、贫农。中央确定了"依靠贫农，团结中农，限制富农"的方针，并通过意识形态斗争以统一思想、统一行动，最终完成了社会主义改造，以及实现了初级社向高级社的变迁②。改革开放之前的中国农村土地制度变迁是在中央主导下的强制性制度变迁。

---

① 林毅夫. 制度、技术与中国农业发展 [M]. 上海：格致出版社，2008：44-48.
② 胡元坤. 中国农村土地制度变迁的动力机制 [D]. 南京：南京农业大学，2003：147.

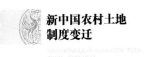
第二，地方政府在制度变迁中的作用。1994 年，在中央与地方实现财税分权体制后，土地出让收入划归地方政府，使得地方政府争取高收入的意识变得强烈，并且地方政府对地方事务的决策权力得到大幅度提升①，这使得地方政府也成为土地制度变迁的主要参与者。地方政府对制度变迁的主要影响来自其在坚持国家大政方针和国家发展战略的基础之上进行地方性探索和创新。但这种创新受到地方政府官员的政治利益的极大影响。从中国经济发展实践来看，在以经济建设为中心的条件下，中央对地方 GDP 的重视不言而喻，地方 GDP 是地方官员晋升的重要砝码。周黎安指出，地方 GDP 也是地方政府之间"政治锦标赛"的主要考核指标②。为了能够在与同级地方政府的地方 GDP 竞赛中获得优势，进而获得政治晋升的机会，地方政府官员就要努力提高地区经济发展，实现政绩最大化。因此，若地方政府通过制度创新改善了农民生活、增加了财政收入、促进了经济发展，从而实现了政绩最大化，那么便为自己的政治晋升做好了准备。朱木斌（2008）、朱新华（2011）和丰雷等（2019）分别从集体非农建设用地流转制度变迁、农村宅基地制度创新和中国农村土地制度 70 余年变迁史等角度论证了地方政府在制度变迁中的作用。

另外，洪名勇（2012）利用马克思的制度变迁模型探讨了国家在制度变迁中的作用。他指出，收益最大化是国家推动制度变迁的动力，国家以规章和法律的形式给予适宜本国或区域的由惯例等形成的制度安排，并通过移植其他国家制度的方法来推动本国制度的变迁。

（三）诱致性制度变迁与强制性制度变迁相结合的分析框架

科斯等（2013）指出，中国的改革还具有"草根发起＋政府领导"的"二元结果"。这实质上表明，中国的制度变迁兼具诱致性和强制性变迁的特征。针对这一分析框架，目前的研究主要在以下三个方面：

① 马贤磊，曲福田. 农地非农化过程中收益分配制度变迁：博弈论视角的分析 [J]. 制度经济学研究，2009（2）：143-156.
② 周黎安. 中国地方官员的晋升锦标赛模式研究 [J]. 经济研究，2007（7）：36-50.

第一，构建理论模型和分析框架。①理论模型的构建。张勇进（2012）以及张勇进和王梅（2014）分别将演化博弈论和行为经济学引入政治经济学，构建了制度变迁的动态模型。他们指出，中央是一个制度的理智设计者，其以经济增长为导向，并因此将威权治理的调节作用纳入制度变迁的演进分析；丰雷等在前景理论的基础之上整合了诱致性和强制性制度变迁，构建了一个中央与地方互动的制度变迁动态模型①。中央制定的中期政策目标，可以作为地方政府的参考点；地方政府是否以及在多大程度上遵守某一政策目标，取决于其当前相对于参考点的政策遵从程度；中央的关键是要设定一个基准参考点，让所有地方政府都在有效区域内且有动力去遵守；要实现这一目标，中央在制定政策目标时，必须要考虑到地方的自然禀赋和政策遵从程度。因此，通过中央和地方政府之间的相互作用，诱导和强加的体制改革得到整合。丰雷等还将权威决策和个体认知纳入动态演化博弈模型，指出个体认知、权威决策、变迁成本三者共同决定了制度变迁方向、效率和速度②。②分析框架的构建。丰雷等构建了一个中央—地方—个体互动共演的动态变迁分析框架③。中央的作用是依据社会需求、主观意识等制定国家发展和改革的大政方针，并适当的故意保持政策的模糊性，以给予地方政府创新的空间；地方政府一方面要遵守中央制定的发展和改革的大方向，另一方面也要结合地方资源禀赋实施创新；基层个体应对自上而下制度创新的态度分为积极响应和消极响应两种。三者互动过程可表示为中央制度改革大方向→地方政府探索创新→个体响应→个体和地方政府反馈→中央甄别择优，并上升为正式规则。在此过程中，强制性与诱致性变迁相互作用，且变迁方向保持一致。

第二，从经济史的角度分析诱致性变迁与强制性变迁的互动。丰雷等对

① FENG L, BAO H, JIANG Y. Land reallocation reform in rural China: a behavioral economics perspective [J]. Land use policy, 2014, 41 (41): 246-259.
② 丰雷, 张明辉, 韩松. 个体认知、权威决策与中国农地制度变迁: 一个动态演化博弈模型的构建及检验 [J]. 政治经济学评论, 2020, 11 (2): 156-180.
③ 丰雷, 郑文博, 张明辉. 中国农村土地制度变迁70年: 中央—地方—个体的互动与共演 [J]. 管理世界, 2019 (9): 36-54.

家庭联产承包责任制改革的研究应用了强制性变迁与诱致性变迁互动的分析框架①。他们认为，虽然家庭联产承包责任制改革是底层农民的自发创新，但绝非是底层农民"静悄悄"的创新成功的，实质上在小岗村开始探索"包产到户"时得到了中央和地方的领导的默许和支持；随着中央意识形态的弱化以及发展战略的转变，中央大多数领导人进一步肯定和支持了这一改革，并向全国推广"包产到户"这一非正式制度，进而逐步以法律的形式固化为正式的家庭联产承包责任制。他们进一步认为，国家对农民诱致性的需求的积极回应，是制度创新成功的关键。骆友生和张红宇（1995）、陈锡文等（2008）也持有相似的观点。郑淋议和张应良（2019）以及杜焱强等（2020）分别从新中国农村土地产权制度变迁史、中国宅基地制度变迁史等角度分析了中央制度大政方针、地方创新实施、基层个体响应和需求反馈的互动过程。

第三，实证研究验证诱致性变迁和强制性变迁互动的假设。丰雷等采用中国 17 个省份 2005—2010 年的数据分析了中国土地调整制度的变迁，他们发现中国土地调整制度是诱致性变迁和强制性变迁的互动过程，并且中国土地调整的决策和频率受到地方自然禀赋和中央政策的双重影响②。也就是说，"不得调地"政策的逐步实施，是中国各地土地调整政策多样化的原因；这并不是说中央的政策无效，也不是说地方政府忽视了中央的政策；相反，不同阶段法规的灵活性给了地方政府足够的空间来调整地方政策，而这个空间可以让他们根据当地的自然资源禀赋和经济发展状况来解读和遵从中央的政策。丰雷等基于中国 17 个省份 1990—2010 年数据的实证研究也得出了相似的结论，并发现中央的正式规则决定了制度变迁的方向③。

---

① 丰雷，任芷仪，张清勇. 家庭联产承包责任制改革：诱致性变迁还是强制性变迁 [J]. 农业经济问题，2019（1）：32-45.

② FENG L, BAO H, JIANG Y. Land reallocation reform in rural China: a behavioral economics perspective [J]. Land use policy, 2014, 41 (41): 246-259.

③ 丰雷，蒋研，叶剑平. 诱致性制度变迁还是强制性制度变迁？：中国农村土地调整的制度演进及地区差异研究 [J]. 经济研究，2013, 48 (6): 4-18, 57.

二、中国农村土地制度变迁的其他研究视角

(一)从宏观视角研究制度变迁

从宏观视角对农村土地制度变迁的研究主要是从经济史的角度分析农村土地制度变迁的历史逻辑。温铁军从宏观环境制约的角度探讨了旧中国和新中国两个时期农村土地制度的形成与变迁①。他指出,旧中国农村形成"两田制"和"两权分离"基本经济制度的原因是人口过快增长导致人地关系紧张,同时土地集中于少数有势力的人手中,为了稳定农业生产,土地使用权只能向生产能力强的自耕农集中,同时将"公田"收益用于负担农村基层村社内部的公共品开支。而导致"两田制"和"两权分离"制度瓦解的主要原因是工业资本和金融资本对农村的过量剥削。新中国成立以后,尤其是朝鲜战争之后一直紧张的周边地缘政治环境,以及在意识形态主导之下西方资本主义国家对中国的"经济封锁",这使得国家的发展道路由"新民主主义"转向以重工业为主的工业化发展道路。一个国家发展工业只可能有三条道路可走:一是依靠外部市场;二是依靠内部市场实现工农两大部类的不平等交换;三是对外掠夺殖民地。中国作为一个社会主义国家,经历了长达近100年的半殖民地半封建社会,深知作为殖民地被掠夺的痛苦,所以不会通过殖民的方式来积累资本,同时由于资本主义国家对中国的封锁,中国也不可能依靠外部市场实现工业化。因此,在相当长的一个时期内,中国只能要求农民为工业化发展多提供一点积累。但是,前期的合作社规模不足以向工业部门提供充足的原料和资本,为了能够完成国家工业化的目标,需要大规模的农业发展,所以国家发动了农业集体化运动。虽然农业集体化制度确实推动了国家工业化的高速发展,但是农业"过密化"和源于集体经济组织内部分配机制带来的"出工不出力"问题所引起的有效劳动降低,以及集体经济组织内部为激励劳动者投入劳动而进行监督的成本太高,导致农村集体经济发展极度缓慢甚至停滞。面对农民极端贫困以及农业生产力极度低下,同时考虑到国

---

① 温铁军. 三农问题与制度变迁 [M]. 北京:中国经济出版社,2009:5-30.

家工业化依然需要农业提供大量的资金和原材料，中央放松了在意识形态方面的约束，肯定了农民自主创新发展起来的"大包干"制度，并最终上升为国家正式的"家庭联产承包责任制"，这也意味着农业集体化制度退出了历史舞台。

钟怀宇从公有制与私有制形态交替演变的角度探讨了从前秦时期至1978年中国土地制度的变革逻辑①。高海燕纵向梳理了百年来土地所有、土地立法、土地监察和土地保护等方面的制度变迁②。探讨了不同时期国家对于土地制度改革和变迁的作用和影响；她进一步指出已有制度会在既得利益约束等宏微观因素下产生路径依赖，而新制度的形成则是不同利益集团博弈的结果。

（二）从内外部环境的视角分析农村土地制度变迁

从内外部环境的视角研究农村土地制度变迁主要集中在两个方面：第一，从农民和政府的认知角度探讨农村土地制度的变迁；第二，从要素相对价格、城乡二元结构、国际环境等外部环境角度探讨农村土地制度的变迁。

从主体认知影响农村土地制度变迁的分析角度来看：第一，农户认知对农地制度变迁的影响。陈胜祥③、汤谨铭和朱俊峰④认为，不同农户类型对农村土地制度具有不同的认知，而认知差异则使农户存在不同的改革意愿。但当前改革并没有从根本上协调不同农户之间的认知，使其改革意愿趋于一致，这就成为制约农村土地制度变迁的最大瓶颈。而要达到这一目标不仅要进行法制教育，还要对抗那些影响农民构建认知的外部干扰，以引导农民形成合理预期。还有部分学者进一步将农户的认知进行细化，罗必良等将农户的认知细化为对交易费用的认知，他们指出农户对谈判成本的认知与农村土地流

---

① 钟怀宇.中国土地制度变革的历史与逻辑 [M].成都：西南财经大学出版社，2014：210-222.
② 高海燕.二十世纪中国土地制度变迁 [M].北京：法律出版社，2015：11-15.
③ 陈胜祥.农民土地所有权认知与农地制度创新：基于1995—2008年实证研究文献的统计分析 [J].中国土地科学，2009，23（11）：21-26.
④ 汤谨铭，朱俊峰.农户认知对农地制度变迁的影响及作用机制：基于重庆市的实证研究 [J].农业经济问题，2013，34（7）：71-77，111-112.

转负相关，而农户对农村土地流转合约租金的认知与农村土地流转正相关①。丰雷等则将农户认知由一维拓展到三维，包括农户对政策的理解、确权作用的预期和确权难易的评价，并分析了三维认知对制度变迁的影响②。第二，政府认知对农村土地制度的影响。郑佳佳和何炼成认为，由于中央在管理国家事务中具有绝对的权威，同时拥有制定法律和政策的权力，所以中央的认知在农村土地制度变迁过程中发挥着决定性的作用③。第三，农户认知和政府认知共同影响农村土地制度变迁。徐美银和钱忠好认为中国土地制度变迁最本质的特点就是中央充分尊重了农民的主观认知④。在封建社会农民最大的愿望就是改变土地所有制，而中国共产党顺应了农民的意愿进行了土地革命使农民获得了土地，因此获得了农民的支持。新中国的"包干制"改革是自下而上的诱致性改革，但是在改革早期党反对这种形式的改革，随着农业集体化出现了农业生产效率低下等问题后，党逐步改变了对"包干制"的认知，最终使得"包干制"这种非正式制度上升为国家的正式制度。反之，人民公社时期的土地制度违背了农民的主观意愿，导致出现了大量"出工不出力"的现象，最终引起了粮食危机。这些事实都说明了中央对农民认知的重视，以及不断调整自身的认知是农村土地制度变迁的关键。

从外部环境影响农村土地制度变迁的分析角度来看：钱忠好（1999）、钱忠好和牟燕（2013）认为，土地制度的变迁是利益主体在一定的外部环境约束下围绕外部利润相互博弈的结果。朱木斌（2008）和朱新华（2011）分别研究了导致集体非农建设用地流转制度变迁和农村宅基地制度变迁的动力，他们将外部利润与博弈论相结合提出了一个解释制度变迁的分析框架。他们认为，中国农村社会经济发展、土地要素相对价格等外部条件的变化改变了

① 罗必良，汪沙，李尚蒲.交易费用、农户认知与农地流转：来自广东省的农户问卷调查［J］.农业技术经济，2012（1）：11-21.
② 丰雷，江丽，郑文博.农户认知、农地确权与农地制度变迁：基于中国5省758农户调查的实证分析［J］.公共管理学报，2019，16（1）：124-137，174-175.
③ 郑佳佳，何炼成.政府认知视角下我国农地制度的历史变迁［J］.贵州财经学院学报，2009（4）：81-85.
④ 徐美银，钱忠好.农民认知与我国农地制度变迁研究［J］.社会科学，2009（5）：62-69，188.

各博弈主体的外部利润，进而激励理性的博弈主体进行制度的边际创新以将外部利润内部化，但制度创新改变了各博弈主体的利益结构和决策集，由此引发各博弈主体的博弈，从而导致制度发生变迁。郭强从实证的角度证明了要素的相对价格变化会引起制度的创新[①]。

（三）从产权的视角分析农村土地制度变迁

郑淋议和张应良（2019）、许庆等（2019）分析了农村土地制度从"两权合一"到"两权分离"再到"三权分离"的历史逻辑，他们认为中央在1950—1955 年采用"两权合一"的农村土地改革策略一方面是为了巩固新生的政权，另一方面是为了能够恢复国民经济；1956—1978 年中央采用"两权分离"的农村土地集体所有制的主要考虑是将农业剩余转向工业部门，实现工业化的原始资本积累；1979—2013 年中央采用"土地集体所有、家庭承包经营制"的土地所有制的主要考虑是农业集体化制度给农业生产带来了较低的效率，同时导致农民极端贫困甚至威胁到了他们的生存，制约了国家工业化和经济的发展。因此，以小岗村为代表的基层组织找到了激起农民生产激情的"包干到户"制度，并在中央的支持下"包干到户"这个非正式制度最终上升成为国家的正式制度，即"家庭承包经营制"。2014 年至今中央采取了"三权分置"的农村土地改革，这一方面是由于城镇化发展导致大量的农民离乡务工，农村出现了"人地分离"的情况，为了保证农业生产的稳定有序，将大量分散的小块农村土地整合起来实现适度规模经营以提高农业生产效率势在必行；另一方面，经济发展进入新常态，农民收入增长放缓严重制约了全面小康的实现。因此，适度规模经营的需要以及经济新常态的倒逼使得"三权分置"成为可能。总体上来看，改革开放之前的农村土地产权制度的变迁既有意识形态和理想主义的影响，也有现实因素的制约；对于改革开放之后的农村土地产权制度的变迁，中央更加注重将自身的目标与农民的目标相融合。李江和孙京洲构建了一个包含产权结构、行为选择、经济绩效的

---

① 郭强. 要素相对价格变动与制度变迁：基于中国农村土地制度变迁的实证 [J]. 农村经济，2014（1）：87-90.

分析框架探讨了农村土地制度的变迁①。他认为不同产权配置形成了不同的产权结构，不同产权结构对产权主体具有不同的经济激励，而理性个体是以自身利益最大化来做出行动决策，不同的行动决策最终会影响农村土地制度的经济绩效。通过对农村土地制度变迁的考察，他认为产权制度影响了农户的努力水平和协作程度，并通过对技术效率的影响进而引起了经济绩效的变化，这是引起农村土地制度变迁的主要传导机制。另外，以周其仁（2004）和刘守英等（2012）为代表的学者认为，农村土地使用权改革会朝着市场化和产权清晰化的方向前进。袁铖则认为，产权制度改革不仅要明晰产权，还要对制度环境进行相应的配套改革②。

（四）从意识形态的视角分析农村土地制度变迁

张悦（2010）、郭哲和曹静（2020）从意识形态的角度分析了我国农村土地制度的变迁史。他们将意识形态细分为"内生"和"外生"两种。其中内生意识形态来自中国的传统文化，例如平均地权等；而外生意识形态主要是历史和制度情境强加的意识形态。他们认为土地革命时期，在土地封建所有制的条件下，地主阶级占据了大量的土地，农民被迫与土地生产资料相分离，他们只能接受被剥削的命运；中国共产党以"耕者有其田"的口号通过革命的方式实现了土地由地主封建所有制向农民土地私有制的变迁，此时内外生意识形态是一致的，都表现为"平均地权"；这样的意识形态符合广大农民阶级的思想观念和诉求，有利于获得农民阶级的支持，节省了大量的交易成本和革命成本。新中国成立初期，面对紧张的地缘政治以及西方资本主义国家的敌视和经济封锁，为了巩固和稳定新生的红色政权，国家制定了以重工业为主的工业化发展战略，而土地革命时期形成的分散的小农经济既不利于提高农业生产率，又不利于国家提取农业剩余向工业部分转移。同时，农民土地私有制导致在农村出现了新富农，出现了新的两极分化。所以，在这样的

---

① 李江，孙京洲. 新中国农地制度的变迁分析与启示 [J]. 求是学刊，2016，43（2）：69-78.
② 袁铖. 中国农村土地制度变迁：一个产权的视角 [J]. 中南财经政法大学学报，2006（5）：18-22，109，142：81-84.

历史和制度情境下"建设社会主义"和"均贫富"成为主流的意识形态；在这样意识形态主导之下中国的农村土地制度出现了由农民私有制向集体所有制的变迁。改革开放之后，土地集体所有制带来的负面影响不仅严重挫伤农民的生产积极性，还威胁到了农民的生存，导致农民有强烈的分田地自己单干的利益诉求，从农村基层组织来说内生的意识形态重新占据了主导。同时，土地集体所有制带来的生产效率低下和农民处于长期贫困的问题引发了严重的经济危机和合法性危机，这使得国家的意识形态由"以阶级斗争为纲"向"以经济建设为中心"转变。在意识形态转变的过程中，中央对"包产到户"和"包干到户"这种由农民基层组织自发创新而来的制度的态度由开始的"反对"到"不反对"再到后来的"支持"，意识形态的更新促使非正式制度上升为正式制度。21世纪以后，农村土地制度由"两权分离"向"三权分置"变迁，这是在"和谐社会""全面建成小康社会"等一系列国家发展型意识形态的指导下，在经济进入新常态和农村土地"细碎化"和"分散化"等问题的历史和制度情境制约下的必然选择。王敬尧和魏来构建了一个"黏性生成—黏性稀释"分析框架来解释中国农村土地制度变迁逻辑①。他们认为，制度环境决定了制度的形成，而路径依赖使得制度黏性得以强化。非正式制度的出现对正式制度造成了冲击，同时使正式制度的黏性被部分稀释，而意识形态的作用就是加强这种稀释，为正式制度的形成提供解释、辩护和社会整合的功能。但是，也要注意到意识形态的作用是复杂的，既可能促进制度的变迁，也可能阻碍制度的变迁。

（五）从利益冲突的视角分析农村土地制度变迁

马克思、恩格斯在《共产党宣言》里开宗明义地写道："至今一切社会的历史都是阶级斗争的历史。"②他们清楚地说明了当旧的生产关系不再满足某个利益集团的物质需要和利益时，代表新生产力的利益集团就会通过阶级斗争的方式来实现新的生产关系，以争取自己的物质利益。因此，利益集团之

---

① 王敬尧，魏来. 当代中国农地制度的存续与变迁［J］. 中国社会科学，2016（3）：73-92，206.
② 中共中央马克思恩格斯列宁斯大林著作编译局. 马克思恩格斯选集：第一卷［M］. 北京：人民出版社，1995：272.

间的利益冲突，以及由此产生的博弈是制度变迁的内在逻辑和根本动力。柳新元也指出，制度变迁是由于利益冲突引起的，也只有制度创新主体的利益要求得到满足时才能发生[①]。LIN J Y[②]、刘守英[③]、姚洋[④]等学者也持有相似的观点。李慧中从公共利益、效率与公平等角度探讨了我国土地制度改革过程中出现利益冲突的原因[⑤]。她指出，在征地过程中，如果仅仅强调公共利益而忽视个体利益，那么被征地农民的正当权益很容易被侵犯，进而加深人民内部矛盾；从效率与公平来看，在快速征地的过程中，很多农民在用地单位入驻施工之时才得知土地已被征占，这导致在征地过程中相关利益主体冲突频发。

部分学者将利益冲突引入博弈理论，将制度变迁过程作为一个博弈过程来理解。刘棕会从博弈主体之间谈判力变化的角度分析了农村土地制度的变迁[⑥]。他认为，博弈主体的谈判力来源于资源禀赋、要素所有者在制度安排中所处的地位、要素所有者的正合力以及威胁点及其可信度，并进一步指出1949—2015 年政府的谈判力逐渐减弱，而农民的谈判力逐渐增强。在谈判力变化的过程中，中国出现了两次较为重要的制度变迁，一次是1961 年恢复自留地以及实行"三级所有、队为基础"政策，另一次是1978 年实行家庭联产承包责任制。这两次变迁都是在政府和农民拥有非常接近的谈判力时发生的。因此，他认为制度变迁是相关博弈主体谈判力接近均势并在博弈中形成制度均衡的结果。

马贤磊和曲福田将管理和财政体制、土地产权制度作为影响各博弈主体利益结构和行动决策集的内外生参数，并结合青木昌彦的动态演化博弈模型分析了农村土地非农化过程中收益分配制度变迁[⑦]。他认为，当这些内外生参

---

①　柳新元. 利益冲突与制度变迁 [D]. 武汉：武汉大学，2000：177.

②　LIN J Y. An economic theory of institutional change：induced and imposed change [J]. Cato journal，1989，9 (1)：1-33.

③　刘守英. 土地制度与中国发展 [M]. 北京：中国人民大学出版社，2018：85-96.

④　姚洋. 自由、公正和制度变迁 [M]. 郑州：河南人民出版社，2002：208-215.

⑤　李慧中. 征地利益论 [M]. 上海：复旦大学出版社，2011：117-139.

⑥　刘棕会. 制度变迁、利益主体与农村土地制度改革 [D]. 广州：中山大学，2009：105.

⑦　马贤磊，曲福田. 农地非农化过程中收益分配制度变迁：博弈论视角的分析 [J]. 制度经济学研究，2009 (2)：143-156.

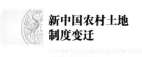

数发生变化时，例如对土地发展权价值认识加深、土地发展权价值凸显、土地实现有偿使用制度、对地方政府监督成本增加、地方政府对政治权力认识加深、中央下放财权和决策权等，都会使得农民和地方政府的行动决策集扩展，中央的行动决策集收缩，进而形成新的收益分配制度。

三、文献评述

长期以来，国内外关于中国农村土地制度变迁的研究，采用的主流分析框架是"强制性/诱致性"二分法，或强调制度变迁是"自上而下"的强制性建构，或强调制度变迁是"自下而上"的诱致性演化。然而，"强制性/诱致性"二分法无法绕开的固有缺陷是其或忽视社会在制度变革中的作用，或忽视国家在制度变迁中的作用，尤其是较为极端的诱致性分析，甚至大力鼓吹"私有化改革"和"政府退出论"。很显然，正是由于这种将国家与社会相割裂，"有形之手"与"无形之手"相割裂，正式制度与非正式约束相割裂的理论分析，才无法较好地解释中国农村土地制度改革的特色现象。例如，学界普遍将新中国成立初期的土地改革视为强制性变迁的结果。然而，单纯从强制性变迁的角度来看，无法很好地解释它是如何取得成功的。因为土地改革的实质是把财产从一部分人的手中夺过来，交到另一部分人手中，通常来说，这意味着激烈的利益冲突和乡村失序。而中国共产党领导的土地改革，作为中国历史上规模最大、范围最广、涉及人口最多的土地改革，要在约有三亿一千万人口的地区进行土地改革，推翻整个地主阶级，却只伴随着最少的暴力和无序，农业产量、生产能力、生活水平都没有发生明显降低。很显然，单方向的国家强制性变革论缺乏说服力，因为强制性变革若不以回应诱致性需求为前提，它遭遇的阻力是难以想象的。又例如，学界普遍将家庭联产承包责任制视为诱致性变迁的典范，认为这项改革是农民自发演进、自下而上形成的，特别是在最初没有得到中央承认，甚至是在中央明令禁止的条件下实现的。然而，单纯从诱致性变迁来看，无法很好地解释为什么1978年之前农民兴起的三次"包产到户"制度创新风潮均以失败告终。很显然，单方向的诱致性变革论缺乏说服力，因为离开政府的作用，农民制度创新要在短短几年内推广至全国，是不可想象的。

因此，中国特色的农村土地制度变迁是"自上而下"与"自下而上"相结合的产物。事实上，国内不少学者，例如杜润生、姚洋、林毅夫、陈锡文、张红宇、刘守英等已经正确地指出，政府在中国农村土地制度改革中起了重要作用，并且国家与农民的"上下"互动是其典型特征，"底层创新+顶层支持"的诱致性变迁与强制变迁相结合是改革成功的关键。但问题在于，仅仅指出中国特色的农村土地制度改革产生于国家与农民互动这一现象是不够的，其关键是要解释"上下"是如何互动的，要探寻"上下"互动为什么形成了中国特色的变迁路径，要反思"上下"如何互动才能形成有效的制度变迁，要总结中国"上下"互动的政治保障和政治优势。

对以上问题，已有研究尚存不足，具体表现在两个方面。一是对政府在制度变迁中的作用研究较为薄弱，通常强调政府退出农村控制的效果和对制度追认上升和加速推广的作用，但是随着改革进入攻坚阶段，尤其是自 2014 年的"三块地"改革以来，中央科学决策在提前协调各方利益、尽量减少实践检验代价等方面发挥着重要作用，可见政府并非单纯地"退出"，而是以提高治理水平为目的的"归位"。二是局限于"强制性/诱致性"二分法，对制度变迁自发演进和理性建构两方面的分析是割裂、分离的，缺乏对二者的互动分析。三是因为研究方法本质上的静态性，缺乏连贯的动态分析，侧重关注变迁结果而忽视了更重要的变迁过程。因此，为了弥补以上研究的不足，较好地解释农村土地制度变迁的"中国故事"，就要突破"强制性/诱致性"二分法，构建一个"自上而下"与"自下而上"相结合的制度变迁分析框架。

第二章
理论基础与分析框架

马克思主义制度经济学、旧制度经济学、新制度经济学、演化经济学、公共选择理论等众多学说都对"制度变迁"进行了较为系统的解释。如果没有研究范式的比较，就不能理解马克思主义研究范式的优势。本章旨在对经济学史上解释制度变迁的几个主要框架的核心特征进行比较研究，以突出马克思主义研究范式的优势。并在马克思主义制度变迁理论的基础上，吸收其他分析框架的有益成分，从而为构建一个能解释农村土地制度变迁"中国故事"的分析框架做好理论准备。

第一节　经典理论回顾：解释制度变迁的几个主要框架

一、马克思主义的制度变迁理论

马克思是第一个对人类社会制度发展和变迁的一般规律做出系统阐述的思想家①。马克思主义关于制度变迁的理论，最显著的特征是以历史唯物主义的基本观点和方法来揭示社会制度变迁的原因，阐述制度变迁与经济发展之间的内在联系，形成了马克思主义的制度变迁理论②。马克思主义制度变迁理论中有诸多精彩的科学洞见，对本书的研究具有重大启发，是本书构建分析框架的基础。

（一）马克思主义对制度的理解

什么是制度？如何理解制度？我们能不能把制度等同于法律条文或政策规定？马克思主义认为，制度是社会经济关系的法律规范③。而制度的实体内

---

① 顾钰民.马克思主义与西方新制度经济经济理论比较研究［M］.上海：复旦大学出版社，2014：17.
② 顾钰民.马克思主义与西方新制度经济经济理论比较研究［M］.上海：复旦大学出版社，2014：342.
③ 马克思于1865年1月24日至约·巴·施韦泽的信中写道：政治经济学"不是从法律的表现上来考察财产关系的总和，即意志关系的总和，而是从实际形式来考察财产关系的总和，即生产关系的总和"。参见：中共中央马克思恩格斯列宁斯大林著作编译局.马克思恩格斯选集：第三卷［M］.北京：人民出版社，1995：12-21.

容是社会生产过程和经济活动中各参与者相互之间的生产关系，即反映的是不同的人、集团和阶级之间的经济利益关系。因此，只是把制度看作是一种法律关系是不够的，因为这并没有涉及制度的实质。对于制度的理解主要涉及两大方面：一是制度的实质，最基本的是社会生产关系，这是属于经济基础的范畴；二是制度的形式，最基本的是法律表现，这是属于上层建筑的范畴[①]。

由此，本书认为，在马克思主义的制度分析中，制度具有"二重性"，它既是经由生产力进步的需求端"内生演化"出来的，涉及人与人之间的复杂互动关系，也是经由统治者的供给侧"精心设计"出来的，是法律等正式规则的具体表现形式。从制度"二重性"的视角观察制度具有重大的启发性。为了清楚地说明这个问题，可以先思考诺思留给我们的问题："既然制度对经济绩效如此重要，那为什么其他国家不能学习和采用在经济绩效较好的国家中运用的最佳制度呢？"[②] 从制度"二重性"的角度出发，这个问题不难回答，因为其他国家的最佳制度，不只是政府设计的产物，更有可能是他国政府对其本国实际生产关系的适当概括，制度的形式可以移植，但制度的实质却不能，所以借鉴来的制度可能无法实施或难以奏效。回到对中国农村土地制度变迁的观察，"为什么借鉴苏联集体农庄的人民公社运动绩效不佳？又为什么坚持走中国特色的家庭联产承包责任制创造了经济奇迹？"马克思主义的制度观提供了很好的观察视角，因此，制度的"二重性"将作为本书构建分析框架的重要基础。

（二）马克思主义对制度变迁的原因分析

1. 制度变迁根本原因：生产力的发展

制度变迁的根本原因是什么？从以上对制度的理解出发，马克思主义认为，制度变迁实际是两对矛盾运动的结果，即生产力与生产关系、经济基础与上层建筑的矛盾运动的结果。这两对矛盾运动涉及生产力、生产关系、上层建筑三大方面。其中，生产力的发展是制度变迁最根本的原因，生产力的

---

① 顾钰民. 马克思主义与西方新制度经济经济理论比较研究 [M]. 上海：复旦大学出版社，2014：376-377.

② 诺思. 制度、制度变迁与经济绩效 [M]. 杭行，译. 上海：格致出版社，2008：144-157.

发展决定了生产关系的变化，生产关系的变化就是社会经济制度的变化，当这种社会经济制度的变化在法律上得到确认，并以法律的强制性在社会范围内实施，就表现为制度的变迁。例如，马克思指出，"我们总是能在生产条件的所有者同直接生产者的直接关系当中，为整个社会结构发现最隐蔽的秘密。"① 马克思在这里说的"最隐蔽的秘密"，指的就是社会的生产力水平。总之，制度变迁是生产力与生产关系、经济基础与上层建筑这两对矛盾运动的结果，这是马克思从历史唯物主义的观点出发，观察到人类社会历史发展中各个社会基本制度（生产关系）变迁所表现出的一般规律。

2. 制度变迁的直接原因：人与人之间围绕物质利益调整的复杂互动

需要强调的是，虽然社会生产力的发展是社会基本制度变迁的根本原因是马克思主义的基本观点，但是马克思主义并没有否定在社会基本制度变迁过程中其他因素的重要影响和作用，也就是说，马克思主义是持"生产力决定论"，但不是"唯生产力决定论"。马克思和恩格斯在《共产党宣言》里强调："至今一切社会的历史都是阶级斗争的历史。"② 因为不同的阶级必然会为各自的利益而产生矛盾和斗争，物质利益的对立是阶级斗争的根源，历史上各个社会形态的更替，都是通过阶级斗争实现的。也就是说，马克思主义认为，获得物质利益是人们进行制度创新的主观原因。这意味着，人与人之间围绕物质利益调整的复杂互动可能是制度变迁的直接原因。

因此，值得进一步研究的是"人"在制度变迁中起了什么作用，毕竟制度创新体现为人的主观行为，而具有主观观念模型的人们如何才能设计出正好适应生产力的制度？个体与组织之间、个体与制度之间、社会秩序构建者与社会个体之间的互动对制度创新又产生了什么影响？马克思主义的"生产力决定论"揭示的是影响制度变迁的根本性变量，因此要在"物"的客观领域去寻找答案。但是，要观察什么因素形塑了制度变迁的具体动态过程，还

---

① 中共中央马克思恩格斯列宁斯大林著作编译局. 马克思恩格斯全集：第四十六卷 [M]. 北京：人民出版社，2003：914.

② 中共中央马克思恩格斯列宁斯大林著作编译局. 马克思恩格斯选集：第一卷 [M]. 北京：人民出版社，1995：308.

需要从"人"的主观领域去寻找。从某种程度上，本书认为，生产力变量可以理解为一个客观变量，其他跟"人"的主观行为有关的变量可理解为主观变量。制度变迁既由客观变量决定，也由主观变量决定，客观变量影响了制度变迁的基本趋势，而主观变量的影响会随着时间的推移逐渐收敛于客观变量的影响。

青木昌彦在《比较制度分析》中提出了具有启发的一问：为什么即使同一生产力水平下，可以观察到制度的多样化？例如，朝鲜和日本共享相似的生态条件，乡村小农种植的生产力水平也相差无异，但在乡村规范方面却发展出各不相同的制度演化路径①。事实上，回到对中国农村土地制度变迁的观察，同在小农经济技术时期，中国走出了与日韩等国家截然不同的发展道路。即使在中国内部，各个地区制度实践的多样性也是普遍存在的。这些制度的多样性，证明了制度不可能被生产力等"物"的客观变量所完全描述，同时也揭示了制度中"人为设计"的一面。因此，后面本书对分析框架的构建，结合了马克思主义关于制度变迁的根本原因和直接原因。

（三）马克思主义对制度变迁机制的分析

马克思主义认为，机器的出现和自动化水平的提高使得曾经复杂的生产过程被简化并分解为各个组成部分，这种分工劳动形式的出现必然会改变旧的协同劳动方式，劳动组织形式的转变（劳动分工与劳动合作）则会形成新的生产关系，进而最终引起政治和法律等上层建筑的变化。

以马克思分析机器大工业的出现会导致工场手工业制度向工厂制度的变化为例，在手工业活动中，从不同手工业的许多异质性来看，可以将工人分成更为细小的部分，并安排专业的工人从事每一个细小部分的工作，即工人按照他们的特长分开、分类和分组以手工工具从事更为专业化的工作。因此，在工场手工业制度中，手工业是基础，分工过程也适应了工人的特长。在工场手工业制度中产生的劳动专业化的基础之上，机器逐步占领了那些生产领域排除了手工业生产和工场手工业生产的部门；同时，机械使分工过程客观

---

① 青木昌彦. 比较制度分析 [M]. 周黎安, 译. 上海：上海远东出版社，2016：18.

地按照其本身性质分解为各个组成阶段，这也使工人会主动适应这个分工过程。从工场手工业制度发展的结果来看，以机器大生产为标志的生产力成为生产的主流形式，这就从生产力这一基础为工厂制度的产生创造了物质条件。只有当生产力水平发展到以机器大生产的阶段，工厂制度的建立才具有了现实基础。为了更好地适应机器大生产的发展要求，必须在生产组织制度上实现变革，用一种新的生产组织制度来取代工场手工业制度，这就是在工场手工业制基础上发展起来的工厂制度。工厂制度的功能是在一个生产组织里，按照大机器生产的要求和运用科学技术来实现生产过程中的分工和合作，这与工场手工业中只是按照生产经验的主观原则进行分工和合作是有根本区别的。工厂制度是以使用机器生产为起点的，而不是以手工工具生产为起点的，这两种生产组织制度在生产力基础上的不同，决定了工厂制度取代工场手工业制度的客观性。

（四）马克思主义对制度变迁效率的分析

关于制度变迁效率的分析，马克思主义制度经济学的分析主要是从有利于生产力发展的角度来说明这一问题的。具体体现在宏观和微观两个层面。着眼于宏观层面来分析制度效率，主要是看新的制度安排能否解放和发展生产力，如果能解放和发展生产力，则说明这一制度变迁就是有效率的，至于这一制度的效率究竟有多高，这不是理论经济学要解决的问题。理论经济学要回答的问题是这一新的制度安排为什么能够提高生产效率，以及从哪几个方面提高了生产效率。着眼于微观层面来分析制度效率，主要是从这一新的制度安排如何适应生产力的发展要求来进行分析。例如，如何按照生产力发展的客观要求来设计企业制度，使企业制度的运行能够符合社会化大生产的要求。同样，对微观领域制度变迁的效率分析，重点也是从理论上说明这一新的制度安排为什么能够提高生产效率，从哪几个方面提高了生产效率。例如，对企业制度的变迁如何提高了效率的分析，就是对工厂制度这一新的制度安排如何促进了分工的发展进而提高了企业生产的效率进行具体分析。公司制度这一新的制度安排与工厂制度相比，如何更有利于生产社会化的发展而提高了企业运行的效率，从而体现一种新的制度比原有制度具有更高的效率。

马克思主义制度经济学对制度变迁的效率分析，是以是否有利于生产力发展为标准的，这一标准是对具体的量的标准的抽象。尽管这一标准不是具体的，但是可以把握的，因为从理论上回答这一问题，其关键是要分析并说明该制度是否提高了效率。这也就是马克思主义制度经济学所遵循的生产力标准的原则[①]。

二、经济学说史上解释制度变迁的几个主要框架

（一）旧制度经济学的分析框架

旧制度经济学形成于19世纪末20世纪初，凡勃伦与康芒斯是该学派的创始人，他们分别从不同的角度来理解制度和制度变迁。凡勃伦在其1899年出版的《有闲阶级论》中将制度理解为社会习俗、惯例以及规范，并且他从社会达尔文主义的进化哲学来解释制度的变迁，即人类社会的发展和制度的演进是源自人类的生活习惯、思想和行为模式的惯例，规范的淘汰，适应环境的变化的一个自然过程[②]。而人的生活习惯、思想和行为模式的塑造受到物质和技术环境的限制，因此当物质和技术环境改变时，新旧两种不同的生活习惯、思想和行为模式相互竞争，最终只有那些适应环境变化的生活习惯、思想和行为模式才能固化为未来的制度；同时，他还认为，除了受到物质和技术环境等外部力量的影响外，制度的变迁还具有路径依赖的特征。

康芒斯在其1934年出版的《制度经济学》中从集体行动和交易的角度来理解制度和制度变迁[③]。他认为，制度是由无数次交易构成的，交易是研究制度的最小单位。而"交易"的过程中必然伴随着利益冲突，那么新制度的产生就是在协调利益冲突的过程中逐步建立起来的。但是康芒斯并不是从个人的角度出发研究制度，而是从集体的角度出发研究集体行为对个人行为的控制。集体约束使个人利益符合社会利益，能防止发生无政府状态，集体约束

---

① 顾钰民. 马克思主义与西方新制度经济经济理论比较研究［M］. 上海：复旦大学出版社，2014：381.

② 凡勃伦. 有闲阶级论［M］. 凌复华，译. 上海：上海译文出版社，2019：3-19.

③ 康芒斯. 制度经济学［M］. 于树生，译. 北京：华夏出版社，2017：1-16.

的结果便是制度安排。

（二）新制度经济学的分析框架

在新制度经济学中，解释制度变迁的两个关键概念是"产权"和"交易成本"。新制度经济学认为，制度变迁是不断明晰产权从而降低资源配置的交易成本的过程，它含蓄地暗示着制度变迁的过程总是资源配置效率和社会总体福利改善的过程。科斯和诺思是新制度经济学的代表人物。科斯最先提出了交易费用的概念，并通过提出"科斯定理"将产权制度问题纳入经济学分析之中。在科斯的交易费用基础之上，大量的学者从产权制度（Demsetz，1967；Alchian & Demsetz，1973）、法律（Posner，1973）以及组织内部的委托代理（Jensen & William，1976）以及交易费用（Williamson，1980）等方面研究了在市场经济环境下某一具体环境如何降低交易费用，以实现有效制度创新。

诺思在前人的研究基础上，以历史经济发展为研究对象，构建了一个由产权理论、国家理论与意识形态理论三大理论构成的制度变迁的一般分析框架[①]。第一，产权理论。有效的产权制度对经济增长起促进作用。因为在资源稀缺的经济体中，明确界定产权是提高资源配置效率和赋予经济系统高激励性的制度基础。第二，国家理论。国家是一个具有暴力比较优势的组织体系。诺思认为国家的统治者能够按照他们自己的利益设计和行使产权。而国家作为"经济人"存在着两种基本的目的：一是建立一套有效的产权制度，并为其顺利实施保驾护航，以降低交易成本，实现社会产出和福利的最大化；二是界定一套产权制度使自己的"垄断租金"最大化，但不关心这个产权制度是否有助于降低交易成本以及对社会整体福利的影响。上述两个目的的矛盾使国家既可能是经济增长的根源又可能是经济衰退的根源。对于如何确保国家成为扶持之手，而不是掠夺之手，诺思提出了暴力潜能分配论，他认为只有暴力潜能在公民之间平等分配，才能产生契约型国家，使国家成为经济增

---

① 诺思. 经济史中的结构与变迁 ［M］. 上海：上海人民出版社，1994：40-53；诺思. 制度、制度变迁与经济绩效 ［M］. 杭行，译. 上海：格致出版社，2008：120-125.

长的扶持之手；反之，则会使国家成为掠夺性国家。第三，意识形态理论。制度是理性经济人有意识的集体行动的表达，但是集体行动必然会面临"搭便车"的行为，即每个人都不愿意付出成本而希望坐享其成。因此，诺思提出了"意识形态理论"，他认为意识形态为人们提供了一种行为处事的方式，这种方式受到一定习惯和准则的规范和协调，从而使其行为处事更加经济和公正，而不再简单地受到自利性的支配。

（三）演化经济学的分析框架

演化经济学从自然选择的角度分析了制度的变迁，认为新制度代替旧制度是制度优胜劣汰的结果，其代表人物有哈耶克①和熊彼特②。前者研究的重点是企业制度和行业演变，而后者的研究重点在于对一般社会秩序演化的分析。例如，哈耶克认为，制度是在社会成员之间的互动过程中逐步形成的，这是因为人类社会是由有限理性的分散个体所组成，在个体认知和知识水平存在差异的情况下，人类社会形成了一种错综复杂的互动关系。当个人的一些意见和想法无法被其他人所理解或不符合他人预期时，被大家共同遵守的知识就无法形成；反之，若个人的意见和想法对其他人也有利时，就会形成共同知识。这些共同知识会以正式或非正式方式成为制度，并协调社会成员在以后交往过程中的活动和行为决策。熊彼特从互动的角度分析了制度的演化，他认为人们通常会通过某种一般规则对他人形成合理预期，但是当环境改变时，人们也会改变过去一贯遵守的规则，并采取新的策略行动，如果该新策略获得成功，那么就会获得竞争优势，同时也会吸引其他人会模仿，使该策略广泛传播并上升为一般规则。总之，在他们看来，制度是人们交换过程中自发产生的，且制度的变迁是人与人之间互动博弈的自发演化。

（四）公共选择理论的分析框架

公共选择理论主张将制度研究的重点转向政治决策过程，即通过某种集体选择行为来决定公共商品（政策）的供给。但是公共选择理论依然没有抛

---

① 哈耶克.通往奴役之路［M］.王明毅，冯兴元，译.北京：中国社会科学出版社，1997：10-17.
② 熊彼特.经济发展理论［M］.何畏，易家详，张军扩，等译.北京：商务印书馆，1997：52-57.

弃新古典主义的内核，仍将政府视为理性经济人，纳入经济学分析。其代表人物有布坎南、塔洛克以及奥尔森。

布坎南和塔洛克以个体投票人作为分析基础，在理性经济人的假设下对决策成本和外部成本进行分析，并进一步比较不同的投票规则与是否开放选票交易等因素对决策成本和外部成本的影响，以阐明不同决策规则会形成不同的政治制度，且制度的演变总是沿着决策成本和外部成本的综合成本最小化的方向演进①。总体来说，布坎南和塔洛克的分析框架侧重于强调制度变迁中"人为理性设计"的一面。奥尔森以集体行动困境为逻辑起点分析了制度的性质以及制度变迁的效率问题②。奥尔森提出了"集体行为的逻辑"：在理性经济人的假设下，个人都存在不付成本而坐享他人之利的"搭便车"的行为。为了解决这个困境，集团必须通过惩罚或提供超常规的经济利益的方法驱动成员参与集体行动。在此基础上，奥尔森进一步分析了利益集团在社会变迁中的作用。他指出，各个利益集团在博弈过程中会逐渐分化出"强势"与"弱势"利益集团。强势利益集团在社会中拥有更大的话语权，他们既寻求利润最大化，又寻求"垄断租金"最大化。当强势利益集团选择"垄断租金"最大化时，那些看起来对全社会更有利但对强势利益集团不利的制度，就不会被选择；强势利益集团可以利用自己手中的权力强迫弱势利益集团就范，进而形成一种低效甚至无效的制度，并且当强势集团和弱势集团的权力没有发生根本性变革时，低效的或无效的制度会长期存在。而当强势利益集团寻求利润最大化时，这时所选择的制度一定是效率最优的。因此，一个国家公共政策的演变很大程度上受到利益集团的影响。

---

① 布坎南，塔洛克.同意的计算：立宪民主的逻辑基础［M］.陈兴金，译.上海：上海人民出版社，2017：128-143.
② 奥尔森.集体行动的逻辑［M］.陈郁，郭宇峰，李崇新，译.上海：格致出版社，2014：20-40.

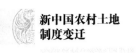

第二节　研究范式比较：制度变迁的"需求侧"和"供给侧"分析

如果没有研究范式的比较，就不能理解马克思主义研究范式的优势。本书通过梳理以上大量的制度变迁理论的核心特征发现，国外经济思想史上解释制度变迁的几个主要框架，或采用需求侧分析范式，强调制度的自发演进；或采用供给侧分析范式，强调制度的理性构建。很显然，无论是需求侧分析还是供给侧分析，都只解释了制度变迁的一个侧面，并非完整的制度变迁理论。然而，马克思主义的制度变迁理论却从一开始就采用了更加完整的研究视角，对制度变迁现象形成了较为客观的解释，是本书研究方法的基础。在此基础上，吸收国外"需求侧"分析范式和"供给侧"分析范式的有益成分。

一、制度变迁的需求侧分析范式及其批判

"制度是理性建构的还是自发演进的"这一问题可以说是制度研究的一个永恒主题。一些流派强调制度变迁的需求侧分析，认为制度是基于自利的个体，为满足某一特定社会需求或增进个人福利而进行合作与协调的结果。他们认为制度是"自发"产生的，制度变迁是自下而上演进的。这样一来，制度变迁的需求侧分析含蓄地否认了"政府顶层设计"和"利益分配冲突"在制度变迁中的作用。其代表有早期新制度经济学的新古典分析范式和奥地利学派。

第一，早期新制度经济学派。以科斯交易成本理论奠基发展起来的早期新制度经济学，基本上沿袭了新古典的静态分析思想，认为特定的制度安排是为了满足解决信息不对称、降低交易成本、纠正市场失灵等特定社会需求而产生的。在制度变迁过程中，市场扮演着重要角色，交易成本、相对价格变化等是制度变迁的影响因素。例如，科斯认为，公司制度的出现根源于降低交易成本的需求[1]。德姆塞茨认为，"私有或国有产权的出现根源于技术变

---

① COASE R H. The nature of the firm [J]. Econnmica, 1937, 4 (16)：386-405.

革和相对价格的变化"①。类似地，"诱致性制度变迁假说"认为资源相对价格或相对稀缺程度的变化是制度变迁的源泉②。总之，制度是改善社会福利的自我实施的均衡。根据这种制度变迁背后的效率动机，制度变迁或多或少是一个直接通向帕累托边界的运动。很显然，这并不符合真实世界，其无法很好地的解释无效率制度为何长期存在。

第二，奥地利学派。奥地利学派认为，社会秩序以及塑造社会秩序的制度起源于自利个体在没有中央计划者有意规划情况下的互动。这种观念最早可以追溯到休谟对自由社会的论述、斯密对市场的论述以及门格尔对货币的论述。基于门格尔提出的"有机成因现象"，哈耶克认为，制度是在社会成员之间的互动过程中逐步形成的，这是因为人类社会是由有限理性的分散个体所组成，在个体认知和知识水平存在差异的情况下，人类社会形成了一种错综复杂的互动关系。当个人的一些意见和想法无法被其他人所理解或不符合他人预期时，被大家共同遵守的知识就无法形成；反之，若个人的意见和想法对其他人也有利时，就会形成共同知识。这些共同知识会以正式或非正式方式成为制度，并协调社会成员在以后交往过程中的活动和行为决策。熊彼特进一步从互动的角度分析了制度的演化，他认为个人通过遵守一定的规则来预期其他人的行为策略。但当特定环境变化时，个人必须采用新的行动策略加以应对，如果这种新的行动策略获得竞争优势，那么其他人会模仿该策略以增加自身竞争力，使该策略广泛传播并上升为一般规则。总之，在他们看来，制度是人们交换过程中自发产生的，且制度的变迁是人与人之间互动博弈的自发演化。

总体来说，早期的新制度经济学和奥地利学派的共同缺陷在于它们作为较为极端的需求侧分析，均不是一个完整的制度变迁理论，不能刻画从制度需求产生到最终制度变迁完成的全过程。需求侧分析把制度变迁视作达致集

---

① DEMSETZ H. Toward a theory of property rights ［J］. American economic review, 1967, 57 （2）: 347-359.

② NORTH D C, THOMAS R P. The rise of the western world: A new economic history ［M］. Cambridge: Cambridge University Press, 1973: 4.

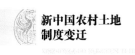

体利益（改善社会福利）的过程，能很好地解释好制度（有效制度）为什么存在，但它不能解释坏制度（低效的或无效的制度）为什么存在，并且与其自称的行为人是自利的这一微观基础相矛盾。

二、制度变迁的供给侧分析范式及其批判

侧重于制度变迁供给分析的理论，认为制度是"有意设计"的结果，即是立法者、政治企业家或从事机制设计的经济学家等为了实现某种既定社会目标而明确设计的结果。制度变迁的本质是一个占据主导地位的行为体将其政治意志强加给其他行为体的过程，权力和国家在制度变迁中起着重要作用。因此，供给侧分析范式可以轻易地解释为什么某些制度安排不必是帕累托更优/最优状态。其代表有旧制度经济学、国家理论和公共选择理论。

第一，旧制度经济学。凡勃伦、康芒斯所引领的旧制度经济学侧重于权力在制度变迁中的作用，他们主张从一开始就把权力看作任何社会秩序固有的和本质的要素。凡勃伦对制度变迁的理解内嵌于对阶级分析与批判之中，富裕阶级不断增强有利于自身利益的社会规范，维持其既得利益。由于富裕阶级对制度的操纵以及不确定性因素的存在，制度变迁并不一定会朝着有效率和最优结果的方向演进[①]。因此，凡勃伦在《有闲阶级论》中严厉地批评了统治阶级那种象征地位的、"炫耀性消费"的文化或习惯。康芒斯将制度定义为集体行动控制个体行动的一系列行为准则或标准，他认为制度变迁是"人为选择"的，其目的是从冲突中创造秩序。康芒斯在《资本主义的法律基础》中，揭示了美国法院体制如何为美国资本主义体系系统地奠定基础。

第二，国家理论。诺思认为国家的统治者能够按照他们自己的利益设计和行使产权。而国家作为"经济人"本身就存在着两种基本的目的：一是建立一套有效的产权制度，并为其顺利实施保驾护航，以降低交易成本，实现社会产出和福利的最大化；二是界定一套产权制度使自己的"垄断租金"最

---

① 郑文博，丰雷. 制度变迁中的冲突与协调：理论发展回顾与探讨 [J]. 经济学动态，2020（7）：85-99.

大化，但不关心这个产权制度是否有助于降低交易成本以及对社会整体福利的影响。正是由于国家存在使"垄断租金"最大化这一行为目标，所以无效率的产权制度普遍且长期存在。

第三，公共选择理论。公共选择理论基于理性经济人假设，采用新古典经济学的研究范式和工具，解释了政治制度的形成及演化。奥尔森从利益集团的角度分析了社会制度的变迁，他认为，在利益博弈过程中最终会形成强势利益集团和弱势利益集团。相较于弱势利益集团，强势利益集团在社会中的话语权更大，他们一方面寻求利润最大化，另一方面又寻求"垄断租金"最大化。但当强势利益集团选择后者时，社会形成一种低效甚至无效的制度，并且当强势集团和弱势集团的权力没有发生根本的变革时，低效的或无效的制度会长期存在。

总体来说，制度变迁的供给侧分析范式将权力斗争、政治过程、利益冲突引入了分析框架，这虽然能很好地解释"坏制度"为什么存在，但是它不能解释为什么"好制度"是人类发展的趋势，即回避了"自从人类作为一个物种从非洲丛林起源以来，人类社会已经取得了长足进步，尽管进步是不均匀并且常常是曲折的"这一基本事实①。

三、范式整合：马克思主义"制度二重性"的理论启示

马克思主义关于制度变迁的理论为我们呈现了一个较为完整的分析视角，尤其是马克思主义关于"制度"二重性的解释为理论整合工作提供了重大启示，为解释"从诱致性需求产生到最终制度变迁完成的全过程"奠定了理论基础。

（一）制度的二重性

马克思认为，制度是社会生产关系在法律层面上的反映②。也就是说，制

---

① KREMER M. Population growth and technological change：one million B. C to 1990 ［J］. Quarterly journal of economics，1993，108（3）：681-716.

② 马克思于 1865 年 1 月 24 日至约·巴·施韦泽的信中写道：政治经济学"不是从法律的表现上来考察财产关系的总和，即意志关系的总和，而是从实际形式来考察财产关系的总和，即生产关系的总和"。参见：中共中央马克思恩格斯列宁斯大林著作编译局. 马克思恩格斯选集：第三卷［M］. 北京：人民出版社，1995：12-21.

度具有二重性：第一重性质基于自下而上的观察视角，为制度的实质，即社会生产关系，这是属于经济基础的范畴。马克思从人类与自然界的矛盾出发，从生产力的发展导出"制度实质"的来源，指出社会生产关系的形成过程是自下而上的①。第二重性质基于自上而下的观察视角，为制度的形式，即法律表现，这是属于上层建筑的范畴。马克思从社会关系中不同集团和阶级的利益矛盾和冲突出发，从社会生产关系中导出"制度形式"（包括政治、法律、道德规范等等在内的上层建筑）的形成过程，这一过程是自上而下的②。制度的第二重性质以第一重性质为基础。当上层建筑（制度形式）适应生产关系（制度实质），生产关系（制度实质）适应生产力（内生需求）时，即当自上而下的过程与自下而上的过程保持动态一致时，那么制度是有效率的，可以促进生产力发展。反之，那些脱离了生产力的生产关系（制度实质）或脱离了生产关系（制度实质）的上层建筑（制度形式），注定是无效率的空制度。

制度的"二重性"的理论优势在于它解决了制度经济学的一大难题，即解释了为什么虽然"坏制度"长期存在，但"好制度"才是人类发展的趋势。以新古典范式为代表的"制度变迁的需求侧分析"把制度变迁视作达致集体利益（改善社会福利）的过程，这样能很好地解释"好制度"为什么存在，但不能解释"坏制度"为什么存在。并且与其自称的行为人是自利的这一微观基础相矛盾。以公共选择理论为代表的"制度变迁的供给侧分析"将权力斗争、利益冲突引入了分析框架，虽然能很好地解释"坏制度"为什么存在，但不能解释为什么"好制度"是人类发展的趋势，即回避了"自从人类作为一个物种从非洲丛林起源以来，人类社会已经取得了长足进步，尽管进步是不均匀并且常常是曲折的"这一基本事实③。然而，马克思主义对制度的"二重性"理解，对解决这一难题具有重大启发性，一方面，作为上层建

① 林刚，张宇. 马克思主义与制度分析 ［M］. 北京：经济科学出版社，2001：262.
② 顾钰民. 马克思主义与西方新制度经济经理论比较研究 ［M］. 上海：复旦大学出版社，2014：376－377.
③ KREMER M. Population growth and technological change：one million B. C to 1990 ［J］. Quarterly journal of economics，1993，108（3）：681－716.

筑的制度形式（即制度的第二重性质），不同集团和阶级的利益矛盾和冲突是自上而下形成的，因此其结果为好制度或坏制度都是有可能的，这与代表先进生产力的阶级是否取得制度决策权，以及其拥有的决策知识有关。这样一来，马克思主义既承认了人的自利性，也承认了人类知识的不完备性，使理论建立在更坚实的事实基础之上。另一方面，制度的第二重性质是以第一重性质为基础的。也就是说，虽然上层建筑（制度形式）是在社会经济中占优势的集团或阶级自身利益而建立起来的，并且要求社会其他的集团和阶级按照这一制度的要求从事生产活动，以从中得到利益。但是，它无法摆脱由生产力决定的经济基础（制度实质），制度实质对制度形式构成了自下而上约束。换句话说，真实世界中由生产力决定的经济基础（制度实质）不会因为上层建筑（制度形式）的改变而改变，由于制度决策者代表的利益不同，决策者知识水平也各异，制度的形式只有是适应生产力水平的，对真实经济基础的概要表征进行科学凝练的，才能促进生产力的发展；反之，则会阻碍其发展。如果占有社会优势地位的统治阶级（集团）导致生产力长期停滞甚至倒退，那么其统治地位可能陷入合法性危机，最终被代表先进生产力的阶级通过阶级斗争取而代之。

（二）制度（经济基础）的形成是自下而上的

以对制度起源的分析为例，马克思主义认为，制度不是起源于人们的主观安排，而是人们在为维持生存的生产活动中自发形成的，即制度的起源在于人类维持生存的需要①。制度的起源可追溯至原始社会时期，也就是马克思所说的人类历史的第一个社会形态。在这一时期，人类的社会生产力极端低下，其主要的劳动工具是石器工具。因此，原始人类改造自然的能力较弱，单个人不可能仅依靠自己的劳动获得生存资料，他们必须形成原始部落，依靠简单的协作形成共同劳动，进而从自然界直接获取生存资料。原始人类的这种劳动特点形成了一种被称为"原始共产主义"的社会，其经济制度或生

---

① 顾钰民. 马克思主义与西方新制度经济经济理论比较研究［M］. 上海：复旦大学出版社，2014：37-38.

产关系的特征就是生产资料和劳动产品归原始部落全体成员共有，达到一定年龄的男性必须参与劳动，且劳动成果平均分配。在这种经济制度下，单个人并没有个人利益，而只有整个部落的利益，因为在平均分配这一条件下，通过共同劳动获得的劳动产品越多，个人分配的劳动产品也越多；单个人也没有"搭便车"的可能，因为没有参与劳动的个体不会被分配到劳动产品。总之，原始社会经济制度的特点表明，制度的起源不是人们主观作出安排的结果，而是人们在社会生产活动中为维持生存需要而自发形成的①。

（三）制度（上层建筑）的形成是自上而下的

随着原始社会的发展，原始人类在与自然的斗争中掌握了越来越多的劳动技巧和技术，在此过程中改造自然的能力也逐步增强，进而社会生产也得到了进一步发展。社会生产力提高的主要表现就是在获得满足基本生存资料的基础之上，原始社会出现了超过基本生存需求的剩余产品。这也为瓦解"原始共产主义"社会的经济制度提供了条件。这是因为此时单个人有了个人利益，那些在劳动过程中付出更多的个人希望更多的获得这些剩余产品；而"原始共产主义"社会的经济制度并没有规定这些剩余产品应该归谁所有，因此对这些剩余产品的争夺就导致了新的经济制度的产生。那些身体更强壮、具有更大暴力潜能的个体在争夺剩余产品的过程中占据了主导地位。在他们获得剩余产品后，为了维护自己的既得利益，就凭借在资源占有和支配上具有的优势，通过国家这样的政权组织，建立起符合自己需要的生产关系或经济制度。总之，当在社会经济活动中，一部分在资源占有和支配上具有优势的人按照自己的意志建立起一种制度安排，并在上层建筑上得到认可和确立，这样的制度安排就会取代原有的制度，表现为制度的发展和变迁。

（四）制度变迁是两对矛盾运动的结果

很显然，从对制度的二重性解释出发，制度变迁实际是两对矛盾运动的结果，即生产力与生产关系、经济基础与上层建筑的矛盾运动的结果。这两对矛盾运动涉及生产力、生产关系、上层建筑三大方面。①生产力的发展是

---

① 顾钰民. 马克思主义与西方新制度经济经济理论比较研究 ［M］. 上海：复旦大学出版社，2014：37-38.

制度变迁最根本的动因，生产力的发展决定了生产关系的变化。从生产力出发寻找制度变迁的原因，是对制度变迁自下而上的需求侧分析。②当这生产关系的变化在法律上得到确认，并以法律的强制性在社会范围内实施，就表现为制度的变迁。从法律制定和实施出发观察制度变迁的原因，这涉及对制度变迁自上而下的供给侧分析。③马克思辩证地分析了制度的变迁对生产力和经济发展的作用。当上层建筑（制度形式）适应生产关系（制度实质），生产关系（制度实质）适应生产力（内生需求），即当自上而下的过程与自下而上的过程保持动态一致时，那么制度是有效率的，表现为促进生产力发展。反之，那些脱离了生产力的生产关系（制度实质）或脱离了生产关系（制度实质）的上层建筑（制度形式），注定是无效率的空制度。

综上所述，马克思主义制度变迁理论，将生产效率与利益冲突纳入了分析框架，整合了制度演化与制度设计，能辩证地解释制度的稳定与变化、量变与质变（渐进效应与刻点效应）以及好制度与坏制度为什么存在。但不足的是，由于微观分析的缺乏，不能很好地解释制度变迁的速率、动态过程、制度的统一性与多样性等。因此，制度变迁的理论整合工作远未完成，想要进行更加深入的研究还需要在马克思主义制度经济学基础上融合多个领域的前沿研究。

四、范式整合：前沿研究中关于制度变迁理论的融合工具

就制度变迁理论的整合及其所采用的工具而言，目前的新进展可大致归纳为三种。一是动态演化博弈模型。青木昌彦将制度视为博弈规则①。他从博弈的角度分析了制度的起源和自我维持，即环境变化带来获利机会时，当事人需要调整决策以寻求利益最大化的决策，但是这个决策是在与其他人互动博弈的过程中逐渐形成的。也就是说，即使刚开始当事人相互之间并不知道对方的决策规则，但是在重复博弈的过程中，他们可以逐渐了解对方决策规则的显著特征；在未来进一步的博弈中，各当事人依靠对这个特征的主观认知（信念）来决定行动的策略。当各博弈当事人对彼此决策规则的预期不再

---

① 青木昌彦. 比较制度分析 [M]. 周黎安，译. 上海：上海远东出版社，2016：1-31.

变化且可维持时，那部分可被预期的决策规则就会成为共同信念。由此可见，制度就是在重复博弈的过程中形成且自我维持的。青木昌彦还将制度的多重性、人的主动学习、路径依赖以及局部制度变迁与整体制度变迁整合在一个统一的博弈模型中，揭示了制度内生形成于人的意识中，具有人为设计的一面。鲍尔斯（Bowels）构建了个体偏好和制度的共生演化模型，具有异质性偏好的个体与制度互动形成共生演化①。这两个模型都从博弈的角度探讨了制度的形成，认为在纳什均衡时形成的信念和行动规则就是制度，但纳什均衡可能存在多个均衡结果，这意味着可能存在多个内生制度。因此，他们在分析制度的演变时着重从当事人的背景、相关规则以及历史等角度分析了各备选制度之间的竞争。不过，这类模型并没有将政治过程纳入博弈模型中，因此也就无法分析政治权力在多重制度的收敛过程所起到的作用。

二是机制设计理论。机制设计理论起源于赫尔维茨（Hurwicz）的开创性工作②，并由迈尔森（Myerson）③和马斯金（Masjin）④等发展起来的。机制设计是指企业或政府等组织设定一个经济或社会目标，人们按照博弈论所假设的方式行事，那么在自由市场经济、信息异质以及分散决策等环境中，是否可以设计以及如何设计出一套制度，在个人最大化自身利益的同时使最终的博弈结果达到组织设定的目标。激励相容、显示原理和实施理论是机制设计理论的核心。尽管机制设计理论的重点不在于制度变迁，但其可以作为一个比较和研究各种制度优劣的统一框架，为分析制度动态演化以及为研究多重制度的收敛提供一个研究工具。

三是认知理论及行为经济学。动态演化博弈模型着重分析了内生制度

① BOWELS S. Microeconomics: behavior, institutions and evolution [M]. Princeton: Princeton University Press, 2004: 363-470.

② HURWICZ L. On informationally decentralized systems [M] // RADNER R, MCGUIRE C B. Decision and organization: a volume in honor of jacob marschak. Amsterdam: North-Holland, 1972: 297-336.

③ MYERSON R. B. Incentive compatibility and the bargaining problem [J]. Econometrica, 1979, 47 (1): 61-73.

④ MASJIN E S. Nash equilibrium and welfare optimality [J]. The review of economic studies, 1999, 66 (1): 23-38.

（非正式规则）的形成以及自我维持过程；机制设计理论更偏向于分析政策制度者所理性设计的规则（正式规则）如何协调个人利益和社会目标，但二者都未回答内生形成的"非正式规则"如何上升为"正式规则"。诺思放弃了理性经济人的假设，将心智结构引入到制度变迁的分析中，他认为心智结构表现为个体的信仰结构，决定了认知主体对客观环境的看法或解释①。他认为共同的文化遗产或知识能够缩减不同个体之间心智模式的差异形成了社会共识，因此具有主观认知模型的组织与非正式规则、正式规则之间复杂的互动是理解制度变迁的关键②。诺思将心智结构引入到制度变迁分析中，分析了人的主观心理特征在制度变迁中的作用，而行为经济学正是将心理学和经济学相结合分析了在不确定的情况下人的判断和决策的问题。因此，有学者将行为经济学中的前景理论引入到制度经济学中形成了"行为经济制度分析"③，例如，张勇进采用前景理论对林毅夫的诱致性—强制性框架进行了新阐述，但仍然采用了"强制性/诱致性"二分法④。丰雷等在前景理论的基础之上整合了诱致性和强制性制度变迁，构建了一个中央与地方互动的制度变迁动态模型⑤。中央制定的中期政策目标，可以作为地方政府的参考点；地方政府是否以及在多大程度上遵守某一政策目标，取决于其当前对于参考点的政策遵从程度；中央要设定一个基准参考点，让所有地方政府都在有效区域内且有动力去遵守；要实现这一目标，中央在制定政策目标时，必须要考虑到地方的自然禀赋和政策遵从程度。因此，通过中央—地方政府的这种相互作用，诱导或强制的体制改革得到整合。总的来说，至今为止对"行为经济制度分析"领域的研究还只是刚刚开始。

———————————

① 诺思. 制度、制度变迁与经济绩效 [M]. 杭行，译. 上海：格致出版社，2008：10-125.

② NORTH D C. Understanding the process of economic change [M]. Princeton：Princeton University Press，2005：6-47，126.

③ DELLA V S. Psychology and economics：evidence from the field [J]. Journal of economic literature，2009，47（2）：315-372.

④ Zhang Y J. China's evolution toward an authoritarian market economy—a predator—prey evolutionary model with intelligent design [J]. Public choice，2012，151（1）：271-287.

⑤ Feng L, BAO H, JIANG Y. Land reallocation reform in rural China：a behavioral economics perspective [J]. Land use policy，2014，41（41）：246-259.

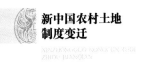

第三节　分析框架构建：基于中央—地方—农民的互动创新

主流经济学关注的是尘埃落定后的世界看上去会怎样，而尘埃是如何落定的也值得深入研究。然而，到目前为止，学界仍然没有一个完整的制度变迁理论能够全面而准确地整合"自上而下"和"自下而上"两个方向的制度变迁。在制度变迁分析中仍然采用"强制性/诱致性"二分法，或强调"自上而下"的强制性制度变迁，或强调"自下而上"的诱致性制度变迁，理论整合工作远未完成。因此，若要更加真实地反映现实世界的制度变迁过程，需要构建动态变迁分析框架，整合"自上而下"与"自下而上"两个方向的制度变迁。

事实上，中国共产党在领导中国革命、建设、改革的过程中制定的系列路线、方针、政策都体现了"自上而下"与"自下而上"的持续互动关系。尤其是马克思主义中国化的基本途径就是坚持"自上而下"与"自下而上"相结合，即马克思主义在指导中国革命、建设和改革的实践中实现具体化，又把中国革命、建设和改革的实践经验和历史经验上升为马克思主义理论。既重视"自上而下"，又重视"自下而上"，这是中国共产党在推动制度创新的真实历史过程中得出的宝贵经验。中国农村土地制度变迁也不例外。首先，中国农村土地制度的改革是"无意演进"的结果[1]，包含"人为设计"的成分，政府在制度创新中起到了积极作用[2]。其次，中国改革具有"草根发起+政府领导"的二元结构[3]。例如农业合作化运动，虽然出于政府顶层设计，但

① 周其仁.中国农村改革：国家和所有权关系的变化（上）：一个经济制度变迁史的回顾［J］.管理世界，1995（3）：178-189.
② YANG D. Remaking the Chinese leviathan：market transition and the politics of governance in China ［M］. Stanford：Stanford University Press，2004：1-432.
③ 科斯，王宁.变革中国：市场经济的中国之路 ［M］.北京：中信出版社，2013：70-79.

它是草根发起的。河北省饶阳县五公村的耿长锁农业合作组成立于 1944 年的抗日战争时期，是为应对土地分散化，满足农村生产力发展内生需求的产物。家庭联产承包责任制虽然是农民自发创新的，却离不开政府意愿的转变、保护、倡导和推动，否则制度创新要在更大范围推行是不可想象的（杜润生，2005；骆友生，张红宇，2005）。农村"三块地"改革，无一不是在中央推动、地方试验和农民自发创新紧密结合的基础上深入推进的。最后，政府和农民之间的良性互动共同决定了中国农村土地制度改革的成功，但目前关于二者的分析却是分离的断裂的。例如人们通常将农业合作化运动视为强制性变迁的产物①，又将家庭联产承包责任制视为诱致性变迁的产物②。

本书在马克思主义的制度变迁理论中得到了重要启示，即马克思主义认为制度的本质是人与人之间的利益关系，制度的建立、调整和改变的目的是要解决经济利益问题，经济利益问题直接影响到人们在经济活动中的动力，进而影响到经济活动的效率。可见，在马克思主义制度分析中，人与人之间围绕着利益调整的互动是一个关键。那么，就中国特色的农村土地制度变迁研究而言，要超越"强制性/诱致性"二分法，整合"上下"的关键突破点就在于：不再局限于对制度创新预期收益和成本绝对值的比较，而是进一步深入制度变迁以及制度结构的内部，考察有限理性的微观市场主体（农民）与不完全信息的政府在不确定环境中围绕着土地利益调整的互动关系对制度变迁的影响。

围绕以上关键突破点，本书以马克思主义为指导，综合吸收了制度变迁的供给侧分析和需求侧分析中的有益成分，在认真观察我国农村土地制度变迁实践的基础上，采用了虽然更受限制但更容易处理的方法，构建了中国特色农村土地制度变迁的动态分析框架——中央—地方—农民互动创新的分析

---

① 周其仁. 中国农村改革：国家和所有权关系的变化（上）：一个经济制度变迁史的回顾 [J]. 管理世界，1995（3）：178-189.

② Zhang Y J. A View from behavioral political economy on China's institutional change [J]. China economic review，2012，23（4）：991-1002.

框架。该分析框架既要关注自下而上"农村制度需求反馈",也要关注自上而下"政府制度设计与实施""农村制度需求反馈"与"政府制度设计与实施"共生演化(见图2.1)。政府制度设计的本质,是对利益调整的设计,从而产生不同的激励效应,以提高制度效率。农村制度需求的本质,是对利益调整的需求,从而内化外部激励,以提高制度效率。影响制度自下而上变迁的关键变量是"农民个体(集体)需求",理解农民个体(集体)需求的关键在于"生产—交换"的制度效率需求和"权利—分配"的制度公平需求。其中"生产—交换"的制度效率需求可以解释为,隐晦地代表了生产力在资源禀赋以及外部制度环境约束下的发展要求。"权利—分配"的制度公平需求可以解释为,隐晦地代表了农民个体公平感在实际政治权力约束下的实现程度。影响制度自上而下变迁的关键变量是"政府行为",主要包括中央的"决策行为"和地方政府的"实施行为"。理解中央制度决策行为的关键变量在于"国家发展战略"和"农村制度需求"。其中,"国家发展战略"的形成隐晦地取决于客观环境因素、主观决策因素和外生冲击因素的共同结果。①客观环境因素。隐晦地包括了当期国内生产力状态、国家资源禀赋、社会主要矛盾以及制度环境(包括国内旧制度遗产和国外制度经验)等因素,以及中央对各因素赋予的权重。②主观决策因素。隐晦地包括了中央决策者偏好、决策者知识、适应性学习或带有路径依赖的经验、对其他参与人行为预期等因素,以及对各因素赋予的权重。③外生冲击因素。主要包括一些不可控的外来影响,例如自然灾害、战争威胁、国际局势等。理解地方政府实施行为的关键变量在于中央对地方政府设置的行为激励,主要包括"财政激励"和"晋升激励"。

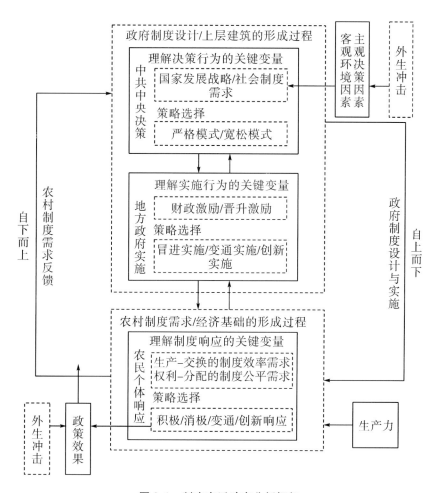

图 2.1　制度变迁动态分析框架

一、制度决策：中央政府的策略选择

中央回应"农村制度需求"，结合国家发展战略调整土地利益格局，制定相应的农村土地改革政策。在本书的分析框架中，中央对于农村土地制度的政策可行集通常由"严格模式"、"宽松模式"和"放任模式"三种模式组成。本书可以将这两种模式解释为中央在处于不确定环境下的不同策略选择。

一般情况下，改革不确定性越高、复杂程度越高、改革风险越大，则越有可能选择放松政策可行集，鼓励地方多元化探索，通过地方实践降低改革的不确定性和控制改革风险。随着某项改革的推进，改革前景逐渐明朗，则越有可能选择严格模式，逐渐缩小政策可行集，趋向制度的统一性。如果违反这个规律，尤其是在改革不确定性较高的前提下选择了严格模式，并设置了较小的政策可行集，则可能导致制度失败。同时，中央选择不同的策略，也意味着其向地方政府发送不同的可信性承诺信号。严格模式下的可信性承诺信号强度高于宽松模式，不同的可信性承诺信号强度代表了中央推动某项制度改革的决心和对违规行为的容忍度，以此为前提，可能诱发地方政府的不同应对模式。

（一）严格模式

在严格模式下，中央设置极强的政策目标，极大地缩小地方政府的行为可行集，使社会的政策总收益与中央的政策目标方向高度一致。但该模式对中央决策者在决策信息收集、预期形成、后果推断和决策制定等方面有着极高的理性要求，需要通过演绎推理充分地预期到地方政府和农民个体关于未来的行动计划，从而跨期协调其决策规则，做出针对预期的最佳政策决策，否则中央的政策决策将无法自我实施。在无法自我实施的情况下，中央或许可以采用严格模式推动改革，投入大量的监督资源，来传递更多的可信性承诺信息，但是监督机制的运行同样消耗社会资源，从而减少直接为政策目标做贡献所需的资源，因此严格模式必须以充分的实践经验为前提，否则，虽然改革的社会总收益与中央政策目标方向高度一致，但收益总量将会大打折扣，如图2.2（a）所示。

（二）宽松模式

在宽松模式下，中央设置较为宽松的政策目标，给出支持和明令禁止的行为边界，并留出一定的灰色地带，即政策的"有意模糊"①，使社会总收益

---

① 丰雷，郑文博，张明辉. 中国农地制度变迁70年：中央—地方—个体的互动与共演［J］. 管理世界，2019（9）：36-54.

与中央的政策目标方向基本保持一致。或设立试点改革区，明确改革方向和改革底线，依法暂停可能被突破的原有制度，为未来缩小政策可行集做实践准备。该模式允许中央在有限的信息收集、预期形成和后果推断的复杂环境下作出政策决策。由于在该模式下中央给予了地方政府一定的创新和适应性空间，且建立了合法稳定的信息沟通渠道，新政策在某种程度上具有一定的自我实施性，相应地减少了中央对监督资源的额外投入，因此该模式在保证了改革的社会总收益与中央政策目标基本一致的同时，维持了较高的社会收益总量，如图 2.2（b）所示。

（三）放任模式

除了"严格模式"和"宽松模式"外，还存在一种"放任模式"，为了与"宽松模式"做比较，我们在此做简单的说明。放任模式即指中央对地方政府未设置任何限制，地方政府按自身利益最大化的原则制定政策，但社会总收益合计为0，如图 2.2（c）所示。由于放任模式对于社会总体收益是严格的劣势策略，中央不会采用，因此本书并未将其列入策略集中，这里提出来仅仅是为了与宽松模式进行比较，突出宽松模式是有边界和限度区域空间的，正如丰雷等的研究所揭示的那样，宽松的政策可行集既不能过大也不能过小，中央的一个重要的作用就是平衡可选政策的多样性和统一性[1]。

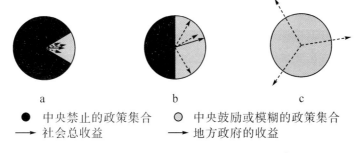

图 2.2　政策可行集与社会总收益的变化[2]

[1] 丰雷，郑文博，张明辉. 中国农地制度变迁 70 年：中央—地方—个体的互动与共演 [J]. 管理世界，2019（9）：36-54.

[2] 丰雷，郑文博，张明辉. 中国农地制度变迁 70 年：中央—地方—个体的互动与共演 [J]. 管理世界，2019（9）：36-54.

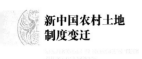
二、制度实施：地方政府的策略选择

中央选择了决策模式之后，地方政府采取相应策略做出反应。地方政府在相应地激励规则下，在策略集中选择其中一种策略，以便于实现其报酬最大化的目标。下面，我们首先讨论地方政府行为的两种激励规则，其次阐述地方政府策略集中三种基本应对策略及其基本内涵，并在此基础上探讨地方政府如何选择不同实施策略。

（一）地方政府的激励规则

1. 财政激励假设

地方政府行为的财政激励假设，自 20 世纪 70 年代公共选择理论发轫以来，已经在学术界关于政府行为的经验研究和理论研究层面被广为接受，如尼斯卡宁（NISKANEN）的官僚行为模型就是建立在财政预算最大化基础上的[1]。中国经济学家张五常的"县际竞争"理论和钱颖一的"中国特色财政联邦主义"理论，提出了对中国地方政府的行为目标的理解，均认为中国地方政府间的竞争与合作的激励基础是地方政府有稳定符合预期的财政收入。因此，本书在对中国地方政府的行为激励分析中，接受这样的观点。不过在本书的研究中，不做财政收入最大化假定，因为本书认为地方政府还受到一些其他因素的影响，例如职位晋升、信仰声望等，这些因素与财政收入并非任何条件下都为正相关。另外，特别值得注意的是，如果要使地方政府追求财政行为激励假定成立，具有一系列的前提条件：一是行政性分权，即地方政府拥有相对自主的经济决策权；二是财政分权，即财权下放的同时实施财政包干合同，地方可以与中央分享财政收入；三是中央具有可置信承诺，保证央地权责的持久性[2]。如果将这些前提条件带入新中国成立以来的历史进行考察，那么可以发现改革开放之前的地方政府不具有财政激励。因为新中国成立之初实行了中央高度集权的行政与经济管理体制，例如在 1950 年，政务

① NISKANER A W. Bureaucracy and representative government［M］. Chicago：Aldine—Atherton，1971：122-141.

② 冯猛，艾云，刘世定. 理解政府行为与制度安排：近期中国政府研究述评［M］// 刘世定. 经济社会学研究：第五辑. 北京：社会科学文献出版社，2018：3-4.

院明确规定了由中央统一财政收支、统一物资调度、统一货币管理等内容①。这意味着地方政府几乎没有经济决策的自主权和预算外的财政激励。因此，在本书的研究中，改革开放之前和改革开放之后的地方政府具有不同的行为激励，主要区别是前者不包括财政目标追求。

2. 晋升激励假设

比地方政府追求财政目标更为微观的一个行为激励假设，是认为地方政府官员追求职位晋升。对于这一行为激励假设，尤其是在具有两千年官僚体制的中国，具有更为广泛的接受程度。新中国成立以来，有大量学者对晋升激励下的地方政府行为做了系统的研究，其中最为著名的是周黎安的"政治锦标赛"理论。该理论认为，在中央设定的晋升标准之下，为了能够在与同级官员的竞争中获得更大的晋升机会，地方行政长官的行为通常会与中央设定的晋升标准保持高度一致②。由此可见，地方行政官员的行为，通过晋升考核标准的制定，是可以被中央设计的。从这个角度出发，我国地方政府官员的行为随着党的十一届三中全会拨乱反正和全党工作重心从阶级斗争转向经济建设以来，产生了巨大的转变。改革开放之前，地方政府的晋升激励主要是政治效忠，例如 20 世纪 50 年代的合作化运动、"大跃进"运动时期各省市竞相就粮食产量大放"卫星"、大炼钢铁以及人民公社化运动，都是地方政府官员为了显示政治效忠，层层动员，层层加码，竞相提出高指标的结果③。改革开放之后，地方政府的晋升激励主要是经济绩效，GDP 是地方官员最为关切的指标之一。中国是世界范围内唯一发布国家、省、市、县四级 GDP 统计的国家，这些数据的统计为考察各级地方官员的经济绩效提供了重要参考。许多学者也运用大量地方官员和地区经济数据分析，揭示了地方官员晋升与地方经济绩效之间呈显著正向关系，证明了以经济绩效为核心的官员政治锦标赛机制是存在的（周黎安，2004；周飞舟，2009；乔坤元，2013）。虽然，

---

①　中央人民政府政务院.关于统一国家财政经济工作的决定（1950 年）［EB/OL］.（2020-08-24）［2023-11-19］. http://www.chnmuseum.cn/zp/zpml/gzhww/202008/t20200824_247187.shtml.

②　周黎安.晋升博弈中政府官员的激励与合作：兼论我国地方保护主义和重复建设长期存在的原因［J］.经济研究，2004（6）：33-40.

③　周飞舟.锦标赛体制［J］.社会学研究，2009，24（3）：54-77，244.

近年来，中央领导一再强调"反对以 GDP 论英雄的绩效观"，但由于中央面临获取地方政府努力信息的成本约束，GDP 依然是最简单、最有效的激励手段。

（二）地方政府的策略选择

1. 冒进实施策略

冒进实施是指地方政府过度解读中央的政策要求，冒进执行中央下达的改革任务。冒进实施策略在我国改革开放之前比较常见。在改革的不确定性较高，且中央将政策可行集设置得过小时，地方政府在政治效忠或政治晋升激励下，忽视"自下而上"的地区实际情况，冒进执行中央下达的改革任务，出现"左倾"或"右倾"的情形，主要是"左倾"。冒进实施策略的作用与影响通常是负面的，其政策执行存在偏差，且给中央进行了错误的信息反馈，拖延了中央的政策矫正速度，以至于造成了更大的损失。

2. 变通实施策略

变通实施是指地方政府在未得到中央的正式允许，未通过改变制度的正式程序的情况下，自行做出改革原制度中的某些部分的决策，从而推行一套经过自行改变了的制度安排的行为策略①。变通实施的特点是，从表面上看，它所遵循的原则以及试图实现的目标是与中央原政策相一致的，但是变通后的目标就更深刻的内涵来看则与原制度的目标不尽相同甚至是背道而驰的。变通实施策略通常发生在中央选择"严格模式"的情形中，中央设置了严苛的政策目标，地方政府的行为可行集被大大压缩，并同时面临来自中央的压力和财政或晋升激励的诱惑，此时地方政府可能会选择变通实施策略。在中央与地方的互动中，信息的不对称分布为变通的产生提供了可能，正如众多文献所注意到的那样，通常地方政府在处理地方事务中拥有得天独厚的信息优势，它们可以隐藏实施的真实信息或利用信息模糊性在合法性基础上提出自圆其说的理性解释，致使中央有效的监督就变得尤为困难或成本激增，甚至导致监督失灵。不过，变通实施可能面临被中央惩罚的风险，因此地方政府在实际应对中，该策略是否被选择依赖于变通实施的成本收益比较。另外，需要强调的是，变通实施策略的作用与影响是较为复杂的，一方面，由于其

---

① 王汉生，刘世定，孙立平. 作为制度运作和制度变迁方式的变通［J］. 中国社会科学季刊，1997（21）：78.

变通性，增加了制度的适应性，有利于社会发展；另一方面，也可能由于其隐蔽性，积累了制度风险，对社会发展产生阻碍作用。

3. 创新实施策略

创新实施策略是指地方政府解读中央政策目标时，明确中央政策鼓励、禁止的部分，以保证地方实践与中央的政策目标基本一致，并在此基础上根据地区的资源禀赋、经济社会发展状况和地方利益偏好等因素制定适应性的地方政策，进行地方性探索和创新①。创新实施策略通常发生在中央设置了宽松的政策可行集时，地方政府在中央明确给出的支持和明令禁止的行为边界内进行适应性或创新性探索，或是中央在制定正式制度之前，为积累实践经验设立地方试点，地方政府被依法授权突破某些旧制度约束，在坚持改革方向和底线之上进行更为宽松的创新性探索。创新性探索的作用和影响通常是正面的，因为它既增加了制度的适应性，又保持某种程度的风险可控性。

三、制度响应：农民个体的策略选择

在中央和地方政府选择了相应的策略之后，农民个体采取相应策略做出反应。农民个体需要在他拥有的策略集中选择其中一种策略，以便于追求个体报酬最大化。农民个体的基本应对策略有四种。①积极响应策略：若新政策满足了农民的报酬最大化需求，或对农民产生了正效应，农民个体则会积极响应。②变通响应策略：当新政策与农民个体报酬最大化追求偏离较大，或对农民个体产生了负效应，又无法通过正式的信息交换渠道来讨价还价而达成新的政策目标时，农民则会以寻找"政策缝隙"、创造"隐形市场"等方式进行变通响应。③消极响应策略：当变通响应策略无法实施时，农民个体可能采用较为消极的响应策略进行抵制，例如上访上诉、示威游行，甚至暴力冲突。④创新响应策略：若农民拥有宽松的行为可行集或拥有正式的讨价还价空间时，农民将根据个体需求进行创新性响应。

---

① 丰雷，郑文博，张明辉. 中国农村土地制度变迁70年：中央—地方—个体的互动与共演［J］. 管理世界，2019（9）：32-33.

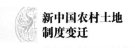
四、制度效果：改革成效的判别标准

对制度改革成效的判别主要包括两个方面：一是制度改革是否成功？二是制度改革是否有效？这是含义不同而又相联系的两个方面。制度改革是否成功跟制度改革的目标有关，完成改革目标即为制度变迁成功，反之则不成功。制度改革是否有效跟制度引致的社会效率有关。对制度效率的评价，本书采用了效率和公平两个标准进行评价。第一，效率标准。根据马克思主义制度经济学所遵循的生产力标准，对于制度变迁效率的分析，主要是从是否有利于生产力发展的角度来说明这一问题的。判别一种制度变迁是否有效率，主要是看该制度安排是否能解放和发展生产力，如果能，那么这一制度变迁就是有效率的。尽管这一标准是对具体的量的标准的抽象，但同样是可以把握的，因为从理论上回答这一问题，关键是要分析并说明该制度变迁是否提高了效率，为什么能够提高生产效率，从哪几个方面提高了生产效率。第二，公平标准。马克思主义认为，制度的本质反映的是不同人、不同集团和不同阶级之间的经济利益关系，而对于人们相互之间经济利益关系的不同安排，又会直接影响到人们经济活动的动力，进而影响到经济活动效率①。从这一意义上说，经济效率问题是经济利益问题的延伸，即制度变迁是否有效率取决于是否处理好了经济利益问题。因此，本书关注的公平标准，是权责对等公平标准，即制度改革是否能建立更加公平合理的利益分配机制，以充分激励利益相关者的经济动力。综上，本书判定制度变迁是否有效的标准为：若新制度既促进了社会公平，又提高了社会效率，那么制度变迁是有效的。若新制度促进了社会公平，但损失了社会效率；或提高了社会效率，损失了社会公平，那么制度变迁部分有效。若新制度既损失了社会公平，也损失了社会效率，那么制度变迁无效。

---

① 顾钰民.马克思主义与西方新制度经济经济理论比较研究［M］.上海：复旦大学出版社，2014：41.

五、中央—地方—农民的互动创新的动态过程

基于以上分析，可将中国农村土地制度变迁的动态过程描述为六个阶段。第一阶段，需求涌现：农民个体为了获得现有制度的外部利益，产生制度改革的需求，自发进行底层制度创新。第二阶段，地方探索：在地方分权情形下，地方政府根据自身激励特征，对底层制度创新，相机提供局部政治保护，或依据现有规则抑制其发展。第三阶段，中央回应：中央回应农民制度需求，结合国家发展战略调整土地利益格局，制定相应的农村土地改革政策。然而，信息不完全的中央决策者总是处于不同程度的不确定环境中，因此，中央对政策可行集的设置策略分为严格模式和宽松模式两种。第四阶段，地方实施：地方政府解读中央改革要求，并结合自身激励特征，实施改革任务。主要的实施行为有冒进实施、变通实施和创新实施三种。第五阶段，个体响应：农民个体在自身利益最大化假设下响应改革政策，主要的响应方式为积极响应、消极响应、变通响应和创新响应四种。第六阶段，中央决策：从多种可能的制度安排中"择优"，同时协调利益、调试政策、促成共识，进而"上升""固化"为正式制度并"加速"推广。

最后，归纳该分析框架的主要观点如下：①中央政府、地方政府与农民个体围绕农村土地利益调整的互动形塑了中国农村土地制度变迁的动态过程。②中央作为政策决策者，其认知与制度共生演化。③制度变迁表现为制度设计、制度实施、制度需求相互适应的互动过程。④地方政府的变通实施和创新实施行为，都可能增加制度对环境和需求的适应性。而冒进实施和变通实施行为，都可能为改革累积风险。⑤制度变迁的联结点是旧制度引发的利益冲突。⑥制度变迁是否成功，取决于制度改革的目的，而制度变迁是否有效，取决于经济效率和社会公平的衡量。

第三章
"以地均利"的农村土地"所有权"改革：土地改革

新中国成立后，土地改革的制度创新以 1950 年《中华人民共和国土地改革法》的颁布为开始标志，到 1953 年春全国基本完成土地改革。土地改革以"耕者有其田（以地均利）"[①] 为改革核心内容，摧毁了封建地主土地所有制，打破了高度集中的地主土地占有形式，使全国 3 亿多无地少地的农民较为均等地分得了约 7 亿亩土地和大量生产资料[②]，确立了农民土地所有制，并允许土地买卖、出租、典当、赠与等交易行为，使土地所有权、经营权和转让权高度统一于农民，形成了农民利益倾向的土地利益分配格局。"以地均利"的土地改革是一场成功的制度变迁，这是学界的共识。

在此共识的基础上，本书进一步挖掘土地改革作为一种强制性的土地利益格局调整和制度变迁是如何取得成功的。土地改革的实质是把财产从一部分人的手中夺过来，交到另一部分人手中，通常来说，这意味着激烈的利益冲突和乡村失序。而中国共产党领导的土地改革，作为中国历史上规模最大、范围最广、涉及人口最多的土地改革，"要在约有三亿一千万人口的地区进行土改，推翻整个地主阶级"，"却只伴随着最少的暴力和无序，农业产量、生产能力、生活水平都没有发生明显降低。"正如外国学者所赞叹的，"无论是与革命前的中国、同时期的发展中国家（如印度）还是与老牌社会主义国家苏联相比，新中国土地改革所取得的成就都是令人震惊的"[③]。为什么土地改革会取得成功？本章试图从中央制度决策、地方制度实施与农民制度响应之间的互动中寻求解释。

---

① 本节中"以地均利"的"均"是指以"耕者有其田"为目标的"均"地权和"均"地利。
② 陈锡文. 中国农村改革 40 年［M］. 北京：人民出版社，2018：297.
③ VIVIENNE S. Peasant chinain transition：the dynamics of development toward socialism，1949—1956 ［M］. Berkeley：Unibersity of Calofornia Press，1980：2.

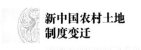

第一节　中央政府关于土地改革的制度决策

本小节的主要任务是通过分析土地改革的政策目标、实际约束和影响因素三个方面，剖析中共中央关于土地改革的制度决策过程，总结中共中央关于"以地均利"土地改革的具体制度安排。

一、"以地均利"的土地所有权改革的原因

只有农民获得土地，党才能获得农民的支持。土地改革是新民主主义革命的基本任务之一。不可否认的是，土地改革的首要政策目标是通过重新调整土地利益格局的办法动员农民革命主力军。20世纪初，旧中国陷入了内忧外患的黑暗境地，社会动荡不安、人民水深火热。想要救中国于危难之中，摆在中国各种革命派面前一个普遍的难题，是如何动员占80%以上的处于社会底层、分散的、落后的农民参加、支援革命战争？当然，满足农民的物质利益是最有效的办法。孙中山提出了"耕者有其田"的土地改革，但他失败了。毛泽东分析到，辛亥革命由于没有一个大的乡村的变动，所以失败了[1]。刘少奇也在土地改革报告中强调："如果在解放区没有一个最彻底的土地改革，不能充分满足贫苦农民的要求，就很难克服所遇到的困难"[2]，"道理就在于，要求农民起来支援革命，就不能不考虑满足他们的物质利益"[3]。可见，中国共产党人深刻地认识到，想要有效地动员农民起来革命，温和协商式、市场友好型的利益调整是不行的，必须是彻底地，包含了社会关系重构的生产关系改革，因为只有这样的利益调整才是可置信的。也就是说，土地改革不是乡村改良，也不仅是乡村经济变革，而是乡村革命。因此，在共产党的

---

① 毛泽东. 毛泽东选集：第一卷 [M]. 北京：人民出版社，1991：16.
② 中共中央文献编辑委员会. 刘少奇选集：下卷 [M]. 北京：人民出版社，1985：38-39.
③ 杜润生. 杜润生自述：中国农村体制变革重大决策纪实 [M]. 北京：人民出版社，2005：20.

领导下，无论是土地革命时期的"打土豪、分田地"、抗日战争时期的"减租减息""反奸清算"，还是解放战争时期的"五四指示"和《中国土地法大纲》，都在地权再分配的过程中充满了"翻身做主"的革命色彩，成功地动员了广大农民直接参军参战，从而最终帮助中国共产党建立了新中国。

新中国成立以后，虽然人民解放战争取得基本胜利，但国民党留下的大量残余力量还在利用各种反动势力与人民政权对抗。另外，还有约 2.64 亿农业人口的地区还未实行土地改革，依然保持着封建半封建的土地所有制。因此，还未实施土地改革的地区，其首要政策目标仍然是通过"以地均利"的办法动员农民革命主力军。但与以前不同的是，中国共产党已经取得了全国性的政权，故而该时期动员农民革命主力军的历史任务是巩固新生政权和为国民经济的恢复做好准备。

二、中央制定土地改革政策所面临的实际问题

土地改革是中国共产党民主革命时期坚定不移的基本政策与取得农民支持、取得人民革命战争胜利的法宝。新中国成立以后，在新解放区开展土地改革运动与以前在老解放区①的土地改革有很大的不同。老解放区土地改革主要是为了争取农民阶级的支持，以取得革命战争的胜利和建立新的政权；而新解放区的土地改革处于社会主义改造时期，国民经济成分较为复杂，且目的是恢复社会生产力，为工业化准备条件②。因此，新中国成立后，土地改革的相关决策面临一些新的实际问题。

一是如何对待富农的问题。一方面，富农在传统政治经济学概念中是农村资产阶级，因为他们大多有一部分土地出租，又放高利贷，剥削雇工，具有封建和半封建剥削的性质。从土地占有状况来说，党的高层领导以前的判断是地主、富农占全部土地的 70%～80%，但是经过当时调研的情况来看，地

---

① 新解放区和老解放区是在土地改革时期提出的，新解放区指鄂豫皖、豫皖苏、豫陕鄂、江汉、桐柏等地区；老解放区指陕甘宁、晋绥、晋察冀、晋冀鲁豫、华东等地区。

② 刘国新.怎样认识土地改革 [J].前线，2019 (9)：17-20.

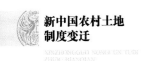

主、富农占有的土地不到50%，特别是中南地区，还不到40%，如果不动富农的土地，光分地主的土地，不能满足贫雇农的土地需求，也就不能激发他们的群众斗争热情①。另一方面，中国的富农在农村人口中比例不大，占5%左右，虽在农业经济中不占重要位置，却对中农具有重要意义，正所谓"富农放哨、中农睡觉"，只有当中农意识到富农的土地都能受到保护，那么自己的土地财产安全才是可信的，因而才能安心发展生产。因此，如何对待富农，是一个两难决策，考验党的政治智慧。

二是采取何种手段分配地权的问题，即地权的再分配是通过有偿征购的方式"和平分田"，还是通过无偿没收的方式发动群众斗争。一方面，不少民主人士、民族资产阶级以及一些从地主阶级分化出来的开明绅士和爱国起义将领呼吁，"只要政府颁布法令，分配土地，不要发动群众斗争"②。而且，从老解放区的土地改革经验来看，一旦发动群众斗争，就很难严格地控制打击面，存在"左倾"激化的风险，稍有失误，就会引发乡村失序和生产力下降。从其他地区来看，中国台湾和日本都是实行由政府征购土地发公债顶替地价的方式和平分田。另一方面，如果仅仅满足于经济上的地权再分配，而没有彻底实现社会关系的再分配，那么土地改革就流于形式，不仅不能使农民真正意义上翻身做主，而且党的基层政权也极其不稳固，能不能保住既得革命果实，将陷入巨大的不确定性当中。因此，采取何种方式实现地权再分配，需要统一共识、坚定决心，考验中共中央的决策能力。

三是实行何种土地所有制的问题，即选择作为理想的土地国有，还是选择作为现实的土地私有，承认土地所有者自由经营、买卖、出租其土地的权利？一方面，中国共产党作为一个马克思主义政党，以实现共产主义为最高理想，以消灭私有制为己任，而"土地公有"和"土地国有"是追求的目标之一。另一方面，根据以前苏维埃实行土地公有的经验来看，土地国有并不被农民所接受。国家拥有被没收土地的所有权，然后将土地的使用权分给农

---

① 杜润生.杜润生自述：中国农村体制变革重大决策纪实［M］.北京：人民出版社，2005：9.

② 叶明勇.土地改革政策与"和平土改"问题评析：兼与何之光《土地改革法的夭折》一文商榷［J］.当代中国史研究，2007（4）：54-56.

民，这会引起农民的怀疑和不满。"农民感觉田不是他自己的，自己没有权来支配，因此不安心耕种"①。况且，实现"耕者有其田"的农民土地所有制，也是民主革命战争期间中国共产党为动员农民支持战争而做出的庄重承诺。如何处理理想和现实的矛盾，考验着中共中央的决策智慧。

三、中央形成决策的影响因素

（一）中共中央对新中国成立初期社会主要矛盾的主观判断

社会主要矛盾是指在一定历史阶段中处支配地位，并对其他社会矛盾的存在和发展起决定性作用的矛盾。社会主要矛盾理论最早由毛泽东提出并对其做了较为系统的阐述②。将毛泽东的主要矛盾理论运用于决策分析中，不难发现，在任何两难决策之中，其中一定有一个是主要矛盾，只要抓住了主要矛盾，那么决策便可以变得明了而笃定。一言以蔽之，具体政策的制定要服从和服务于解决社会主要矛盾。这样一来，党中央对社会主要矛盾的判断是否正确，就变得至关重要。中共中央对新中国成立初期的社会主要矛盾的判断，经历了从初次预测到深化认识的转变。1949 年 3 月，毛泽东在七届二中全会上明确指出："中国的两种基本矛盾是工人阶级和资产阶级的矛盾、中国与帝国主义的矛盾"③。因此，土地改革中的富农政策应该采取阶级斗争的手段，在政治上孤立富农，经济上没收富农的土地及其他财产；在土地所有制的选择上，应该是确立社会主义的土地公有制。但是新中国成立后，国家的现实状态却异常复杂。一方面，人民解放战争取得基本胜利，但还没有结束。例如，约有 2.64 亿农业人口的地区未实行土地改革，同时国民经济的恢复也

① 毛泽东.民权革命中的土地私有制度［M］//本书选编组.第二次国内革命战争时期土地革命文献选编（一九二七—一九三七）.北京：中共中央党校出版社，1987：389.
② 毛泽东在《矛盾论》中指出："任何过程如果有多数矛盾存在的话，其中必定有一种是主要的，起着领导的、决定的作用，其他则处于次要和服从的地位。因此，研究任何过程，如果是存在着两个以上矛盾的复杂过程的话，就要用全力找出它的主要矛盾。捉住了这个主要矛盾，一切问题就迎刃而解了。"参见：毛泽东.毛泽东选集：第一卷［M］.北京：人民出版社，1991：322.
③ 中共中央文献研究室.毛泽东文集：第五卷［M］.北京：人民出版社，1996：145-146.

极其困难。另一方面，中国也面临极其复杂的外部环境，这就要求党对七届
二中全会上提出的主要矛盾判断进行重新审视，从而形成新的判断。由此，
刘少奇[①]和毛泽东[②]于 1949 年和 1950 年先后指出，新中国成立后的主要斗争
对象仍然是帝国主义、封建主义以及国民党反动派残余势力。这样一来，在
土地改革政策决策中，依靠贫农、雇农，团结中农，中立富农，就更有利于
解决当时社会的主要矛盾。

（二）中共中央过去在老区实行土地改革的经验

1. 关于没收对象的政策经验：从打击富农到中立富农

"富农放哨，中农睡觉"，富农政策的重要意义，不仅在于富农本身，更
在于防"左倾"激进，这关系到团结中农和保护农业生产。在解放战争时期，
中共中央制定土地政策、推行土地改革的基本依据，是党的高层领导人对土
地占有状况和阶级分化程度的估计。依据《五四指示》[③] 和毛泽东[④]的估计，
当时 8% 的地主富农拥有超过 7 成的土地，而其余 92% 的农村人口最多拥有 3
成土地。因此，为了动员占乡村总人口 92% 的无地少地农民支援解放战争，
中共中央制定了较为激进的土地政策，将乡村中占 8% 的地主和富农列为法定
打击对象[⑤]。

但是，《中国土地法大纲》颁布后，各解放区在实践的过程中发现，很多
地方地主和富农所占的土地远低于原先的预估，甚至有的地方不足 40%，例

---

① 1949 年，刘少奇在党内所作的一次报告中指出："我党在掌握政权执政后，与全国人民所面临的
斗争对象将仍然是与帝国主义、封建主义和官僚资本主义以及国民党残余势力的斗争，并且强调
这一斗争将会在一个相当长的时间内成为社会的主要矛盾。"参见：中共中央文献研究室，中央档
案馆.建国以来刘少奇文稿：第一册［M］.北京：中央文献出版社，2005：6.

② 毛泽东在 1950 年 4 月召开的全国统战会议上明确表示："今天的斗争对象，依然是帝国主义、封
建主义及其走狗国民党反动派残余，而不是民族资产阶级。"参见：共中央文献研究室.毛泽东文
集：第六卷［M］.北京：人民出版社，1999：49.

③ 中国共产党中央委员会.关于清算减租及土地问题的指示（1946 年 5 月 4 日）［M］//中央档案馆.
解放战争时期土地改革文件选编（1945—1949）.北京：中共中央党校出版社，1981：5.

④ 毛泽东.毛泽东选集：第四卷［M］.北京：人民出版社，1991：1251.

⑤ 例如 1947 年颁布的《中国土地法大纲》规定："没收地主一切土地、浮财而不只是多余部分；明
确将富农作为打击对象；取消了对中农、军工烈属予以照顾的政策；土地分配的基本原则为'按
人口统一平均分配'；规定了贫农团在土改中的领导地位。"参见：中央档案.解放战争时期土
地改革文件选编（1945—1949）［M］.北京：中共中央党校出版社，1981：85-88.

如河北定县 1953 年的专区报告中称："抗战以前地主、富农占农村总人口的 14%、总土地的 40%；农民占总人口的 86%、总土地的 60%。"① 这样一来，在客观上，如果要满足贫雇农的土地需求，就不得不动中农的土地。因此，各解放区都普遍发生了运动过激化现象，打击面远超出了 8% 的估计值，许多中农乃至贫农都受到了不同程度的冲击，造成了乡村社会的震动。据 1948 年冀东 156 个村的统计，被斗争人数占总人口的 17.4%，其中地主和富农占 62%，中农占 21%，贫农占 1%，其他占 16%②。当然，由于当时处于战争环境之中，中共中央允许了没收富农土地的政策，使绝大多数无地少地农民获得了土地，有利于动员鼓励贫农支援战争。但是，持续地扩大打击面，却不利于发展农业生产。因此，为了防止"左倾"过激化，1947 年 12 月底，毛泽东在《目前形势和我们的任务》中就提出了解放区土地改革中存在"左"偏向和纠正偏向的方针政策③。新中国成立后，战争已基本结束，土地改革要为发展农业生产和国家工业发展准备条件。因此，老区纠"左"的经验表明，"富农放哨，中农睡觉"，中立富农，就是在团结中农，就是在保护农业生产。

2. 关于土地改革手段的经验：先阶级斗争再分配土地

土地改革的手段大体分为三种方式：一是通过阶级斗争进行无偿的暴力剥夺，二是通过发行公债进行和平赎买，三是通过立法机构进行土地改革立法。中国台湾和日本采取了第二种方式，由政府征购土地发公债顶替地价进行和平赎买，最后取得了成功。印度采取了第三种方式，通过颁布土地上限法令以规定地主占有土地的限额，但以失败告终。抗日战争胜利后，中共中央也对和平征购的方式进行了探索和尝试。1946 年 7 月 19 日，中央要求在尚未完成土地改革的地区政府通过强制手段征购超过持有土地上限的地主的土地，且征购价格由政府、地主和农民代表进行协商④。中共中央要求各地方就

---

① 定县土地改革委员会. 定县专区土地改革的经过及情况（1953 年 9 月），河北省档案馆档案，档案号：843-2-6.

② 冀东区党委. 土改概况统计表（1948 年 6 月），河北省档案馆档案，档案号：46-1-92-8.

③ 毛泽东. 毛泽东选集：第四卷 [M]. 北京：人民出版社，1991：1243-1263.

④ 中央档案馆、中共中央文献研究室. 中共中央文件选集：第十六册 [M]. 北京：中共中央党校出版社，1992：252-254.

土地征购问题提出具体意见并上报中央，还支持了一些地区进行试点①。随后，华东局的部分地方也展开了实践。但是最后除了陕甘宁边区外，均没有取得良好的效果。另外，在华东、中南许多地区采取了先发动群众进行阶级斗争再分配土地的方式，较为顺利地获得了土地改革的成功。中国共产党人迅速地意识到其中的区别，"土地改革不单是耕者有其田的分配正义问题，也是在经济、政治和文化上瓦解旧政权生死攸关的一步"。与日本的土地改革不同，中国的土地改革始终是在与帝国主义、封建主义和官僚资本主义的残酷斗争甚至战争中进行的，如果在农村基层，没形成有政治优势的稳固的新政权，农民对和平分田是没有安全感的。这种担心并非毫无道理，后来印度失败的土地改革经历也佐证了这一点。印度土地改革立法通过后，大地主们动员利益集团抵制土地改革，在政治上劫持了改革进程，导致土地改革法案并未真正地实施，以失败告终。可以说在革命语境下，而不是建设语境下，土地改革面临的巨大阻力和不确定性不容小觑，在根本上还要依靠正确的领导和阶级斗争。正如杜润生所说："土地改革的第一步是政治斗争，首先应该在农村建立农会等基层组织，进而充分发动农民进行摧毁反动势力的斗争；在此基础之上，再分配土地。"② 毛泽东肯定了这个方法③。

3. 关于所有权选择的经验：从土地国有到土地私有

中国共产党作为一个马克思主义政党，以消灭私有制为己任，以实现共产主义为最高理想，而"土地公有"和"土地国有"是其追求的理想制度之一。因此，早在第二次国内革命战争时期，中国共产党人就尝试过实行土地公有制。例如，1927年11月的湖南醴陵地区④和同年12月的广州⑤在武装暴

---

① 例如1946年10月边区政府通过了《陕甘宁边区征购地主土地条例草案》，先后组织了三个征购土地工作团分别在绥德、庆阳、米脂进行试点。参见：黄正林. 陕甘宁边区乡村的经济与社会 ［M］. 北京：人民出版社，2006：54.

② 杜润生. 杜润生自述：中国农村体制变革重大决策纪实 ［M］. 北京：人民出版社，2005：8.

③ 毛泽东批示说"我们同意杜润生所提的方法，……。土地改革的政权秩序，本来应当如此，华东、中南许多地方，凡土地改革工作做得最好的，都是经过了这样的秩序。过去华北、东北及山东的土改经验也是如此。"参见：中共中央文献研究室. 建国以来毛泽东文稿：第二册 ［M］. 北京：中央文献出版社，1987：107，217.

④ 郭德宏. 第二次国内国内战争时期党的土地政策的演变 ［J］. 中国社会科学，1980（6）：103-125.

⑤ 程雪阳. 中国地权制度的反思与变革 ［M］. 上海：上海三联书店，2018：37-38.

动之后都宣布废除私有制和一切生产、生活资料归国有等公有制政策；但广
州所实行的公有制仅维持了 3 天就宣告失败，湖南醴陵地区的公有制也仅维
持了 4 个月。可以说，当时处于水深火热之中的中国贫雇农并不认同"土地
公有"，这主要是因为仅享有土地使用权让农民感觉田不是他自己的，随时会
因政府的反悔而失去土地。在这种情况下，农民不能安心耕种，革命区的粮
食生产反倒成了一个大问题。后来陈独秀也感叹道："农民的私有观念及其坚
强"①。陈独秀进一步指出：在当时，没有土地的佃农之所以反对地主阶级，
是因为他们希望将地主阶级对土地的私有权占为己有。通过该时期"土地公
有制"的试验，时任中共中央革命军事委员会总政治部主任的毛泽东意识到，
现阶段实行土地国有的条件并未成熟②。自此以后，中国共产党的土地政策开
始由"土地公有"转向"土地私有"，政策讨论的焦点围绕着"将谁的土地
没收再分配给什么样的农民"展开。

（三）中共中央与地方政府关于土地改革政策的互动协商

关于土地改革的政策制定，中共中央在决策之前反复与地方政府就相关问
题进行协商与讨论，提前征询地方政府的意见，在与地方政府沟通后拟定了
土地改革草案，最后在中国人民政治协商会议上对草案进行修订讨论并通过。

在新中国刚成立的时候，中央的态度是暂时不动富农的财产，这主要是
基于以下三点考虑：一是土地改革涉及当时全中国超过 80% 的农村人口，规
模较大，容易导致"左倾"。二是在新民主主义社会进行的土地改革带给社会
的震动较大。三是在社会主义改造时期，我党还需要依靠有知识、有技术的
民族资产阶级恢复生产力，为工业化做准备；而民族资产阶级大都是由土地

---

① 陈独秀.陈独秀文章选编：中.上海：生活·读书·新知三联书店，1984：367.
② 毛泽东1931年2月18日写给江西省苏维埃政府的信中表明了现阶段实行土地国有的条件并未成
熟。其信中要求到："省委应该通令各地各级政府，要各地各级政府命令布告催促农民耕种，在命
令上要说明过去分好的田（实行抽多补少、抽肥补瘦分的）即算分定，得田的人，即由他管所分
得的田，这田由他私有，别人不得侵犯，以后一家的田，一家定业，生的不补，死的不退；租借
买卖，由他；田中出产，除交土地税于政府外，均归农民所有；吃不完的，任凭自己出卖，得了
钱来供零用，用不完的，由他储蓄起来，或改良土地，或经营商业，政府不得借词勒款，民众团
体不得勒捐。"参见：毛泽东.民权革命中的土地私有制度 [M] // 本书选编组.第二次国内革命
战争时期土地革命文献选编（一九二七—一九三七）.北京：中共中央党校出版社，1987：389.

所有者、商人等转化而来，他们与土地有着天然的联系。1950年，由于需要
对土地改革法及其相关文件进行修订并颁布实施，以便于后期土改工作的开
展。毛泽东认为，关于暂时不动富农的问题，现在已到需要做决定的时机了。
因此，1950年3月12日，毛泽东致电邓子恢、林彪、饶漱石、叶剑英、彭德
怀、邓小平等人，要求他们就现正召开的各省负责同志会议中征询关于富农
策略问题的意见电告中共中央。随后，中共中央发出了《关于土地法大纲若干
问题征询各中央局的意见》，要求华北局、中南局、华东局和西北局就土地改革
步骤、富农政策、土地分配方法等13个具体问题进行研究，并在20天内答复。

以富农政策的答复为例，除中南局外，华北局、华东局和西北局都同意
中共中央的意见，即新区土地改革只动地主的土地，不动富农包括旧式富农
在内的出租土地。华北局认为："根据过去华北土改的经验，富农出租土地数
目不多，动了得不偿失。不动旧式富农的土地，包括其出租土地在内，无地
少地农民所需土地，亦可以大体解决。"[1]西北局也提出："同意只动地主不
动富农，但不要再过几年又来分一次富农土地。否则社会不断震动，中农也
会有'割韭菜'的顾虑，不利农业生产。估计不出几年，富农出租的土地一
定会转化或分散到农民手中。"[2]华东局则认为："如果宣传暂时不动，一两年
后再动，则不但领导上可能陷于被动，而且对生产亦可能发生若干不良影响。"[3]

另外，中南局邓子恢提出了不同意见，他致电毛泽东就富农问题谈了几
点看法：第一，他认为若不将富农的出租地分给贫雇农，那么贫雇农人均分
得的土地至少要减少20%。第二，若贫雇农不能在土地改革中获得足够的土
地，这既打击了他们生产的积极性，也不利于政权的稳定。第三，由于富农
的出租地并不是其主要财产，所以只动其出租地，这依然能够稳定富农的生
产情绪；若不动富农的出租地，反而不利于中立富农。这一方面是因为不动

---

① 中国社会科学院、中央档案馆. 中华人民共和国经济档案资料选编（1949—1952）：农村经济体制
卷 [M]. 北京：社会科学文献出版社，1992：65-67.
② 中国社会科学院、中央档案馆. 中华人民共和国经济档案资料选编（1949—1952）：农村经济体制
卷 [M]. 北京：社会科学文献出版社，1992：72-73.
③ 中国社会科学院、中央档案馆. 中华人民共和国经济档案资料选编（1949—1952）：农村经济体制
卷 [M]. 北京：社会科学文献出版社，1992：72.

富农的财产会引起贫雇农的不满；另一方面若中央发动贫雇农惩办地主恶霸，使富农怀着不安的情绪。第四，现在不动富农的财产，不利于生产；两年后再动，不利于社会稳定；法令上若规定不动出租地，也会影响划阶级。

1950 年 5 月，毛泽东在综合多方意见后指出，当前富农所持有的出租地并不多，即使将这些土地全部分给贫雇农，平均下来每一个人所分土地也不会增加多少；因此，毛泽东支持暂时不动富农的财产。毛泽东还请华东局和华中局分别起草了一份对待富农问题意见相左的土地改革法令草案，以便在中央会议上对照讨论。

四、中央关于"以地均利"的土地改革制度安排

1950 年 6 月 28 日，中央颁布的《中华人民共和国土地改革法》（以下简称《土地改革法》）以及与之配套实施的一系列法案[①]确定了对土地改革的总路线、农民土地所有制、土地的没收和征收政策以及地权再分配政策等方面做了具体规定。

第一，土地改革的总路线是"依靠贫农、雇农，团结中农，中立富农，消灭封建制度，发展农业生产"。第二，确立农民土地所有制[②]。农民土地所有制是一种农民利益倾向的土地制度安排，主要包括了两个方面的内容。一是地权均分，即废除地主阶级封建剥削的土地所有制，通过阶级斗争没收地主的土地，将其较为平均地分配给无地或少地的贫雇农。二是保障土地财产权利，即土地改革完成后，由人民政府发放土地所有证，以保障农民的土地财产权利。从制度安排的角度，农民土地所有制对土地财产的保护是较为全面的，包括了所有权、经营权和转让权，也就是说这三种权利高度集中于农

---

① 为了实施《土地改革法》，中央人民政府政务院制定了《关于划分农村阶级成分的决定》（1950年 8 月）、《铁路留用土地办法》（1950 年 6 月）、《城市郊区土地改革条例》（1950 年 11 月）、《农民协会组织通则》（1950 年 7 月）、《人民法庭组织通则》（1950 年 7 月）、《土地改革中对华侨土地财产的处理办法》（1950 年 11 月）等一系列配套法案。

② 例如《土地改革法》第一条规定"废除地主阶级封建剥削的土地所有制，实行农民的土地所有制"。

民个体①。因此，在国家征地中也体现了保护农民土地转让权的精神。在配套文件中也规定：若因市政建设等公共利益需要征用农地时，国家可以通过收买、征购、土地调换等形式征地②。第三，土地的没收和征收政策。《土地改革法》界定了应该没收或征收土地的对象，包括地主、工商业家、半地主式富农以及小土地出租者。针对地主阶级，主要是没收土地以及与农业生产相关的一切生产资料，除此之外的财产不予没收；针对工商业者，只征收在农村的土地；针对富农，除特殊地区外，其他地区保护富农的所有土地和其他财产。第四，农村地权再分配政策。重新分配地权是土地改革的直接目的，也是土地改革的主要内容。《土地改革法》规定：①保护中农的土地及其他财产；②以乡为单位在原耕地基础上按土地数量、质量及其位置远近，用抽补调整方法按人口统一分配；③对革命烈士、革命军人、人民政府和团体的工作人员实行照顾；④对农村其他社会阶层采取灵活性政策。另外，中共中央对公共土地、特殊土地、华侨等问题的处理也有具体的规定③。

第二节　地方政府关于土地改革的创新实施

本节将关注地方政府的制度实施行为。按照本书的分析框架，地方政府的制度实施行为可分为三种，分别是冒进实施、变通实施和创新实施。根据上文分析，中央关于新中国成立后的土地改革制度安排，经过总结经验、反复协商和不断完善，已经将政策的可行集控制在一个较为适度的范围。一方

---

① 例如《土地改革法》第三十条规定："承认一切土地所有者自由经营、买卖及出租其土地的权利"。

② 例如《铁路留用土地办法》中规定"铁路因建筑关系，原有土地不敷应用或有新设施需要土地时，由铁路局通过地方政府收买或征购之。"《城市郊区土地改革条例》第十四条规定："国家为市政建设及其他需要征用私人所有的农业土地时，须给以适当代价或以相等之国有土地调换之。"

③ 中央文献研究室. 建国以来重要文献选编：第1册［M］. 北京：中央文献出版社，1992：337—340.

面，要求中立富农，修改了过去打击和消灭富农的政策边界，这在一定程度上避免了过去地方政府的激进实施行为（"左倾"错误）；另一方面，要求在正确划分阶级的前提下，放手发动群众，这在一定程度上避免了过去地方政府"和平分田"的消极实施行为（右倾错误）。另外，由于该时期地方政府所掌握的行政决策权和财权都非常有限，地方干部官员的行为逻辑主要由政治忠诚支配，变通实施的政治风险较大。因此，本小节将讨论的重点放在地方政府的创新实施行为上。

根据上文可知，中央关于土地改革的正式制度安排，可概括为"依靠贫农、雇农，团结中农，中立富农，有步骤地有分别地消灭封建制度，发展农业生产。"对于这一制度安排的方向和边界，地方政府与中央政府保持了高度的共识。但在贯彻实施上，依然面临一个难题，即如何在"放手发动群众（依靠贫农、雇农）"与"团结中农、中立富农，发展农业生产"之间找到一个平衡点①？也就是说"放手发动群众"和"团结中农、中立富农，发展农业生产"的政策结果不总是一致的，特别是在土地集中程度较低的地区。一方面，如果放手发动群众，使群众运动高涨，那么就很难避免对中农和富农的侵犯。另一方面，如果团结中农和中立富农，那么极可能因为土地不够分而不能满足贫雇农对土地的需求，也就很难激发他们进行阶级斗争的积极性。毛泽东指出：我国人多地少，不够分配，"土地就那么多，这是客观事实，多说并不就变得多了，少说也不会变少"②。本书以这样的"制度实施难题"为线索，以著名老革命根据地闽西、沿海地区广东和内陆民族地区云南三个典型的地方创新性实施为例，观察历史过程中地方政府的创新实施行为是如何通过增加制度的适应性加速土地改革成功的。

一、闽西地区案例：细分区域，差异化实施

闽西是全国著名的老革命根据地，新中国成立后闽西存在着极其复杂的

---

① 杜润生. 杜润生自述：中国农村体制变革重大决策纪实［M］. 北京：人民出版社，2005：9.
② 杜润生. 杜润生自述：中国农村体制变革重大决策纪实［M］. 北京：人民出版社，2005：9.

土地占有情况，可分为五种类型地区①。①闽西苏区：在 1928—1934 年，闽西地区先后在中共闽西党组织和毛泽东、朱德率领的红四军的领导下，举行武装起义、建立闽西革命根据地和进行土地改革，使超过 70% 的贫苦农民分得土地。但 1934 年，中央主力红军长征后，国民党顽固派支持地主进行反攻，夺回了部分农民分得的土地。到新中国成立时，还有 20 多万亩的土地一直保留在农民手中。②封建制度恢复地区：这类地区包括了 267 个乡，约 53 万人。红军北上后，地主阶级夺回了部分农民分得的土地，但由于担心红军去而复返，部分地主通过将土地低价卖给农民，或转化为公堂田的方式进行变相剥削，进而使中农数量增加。③扶植自耕农地区：这类地区大概有 39 个乡，6.79 万人。中央主力红军长征后，国民党福建当局通过推行"扶植自耕农"政策来缓和阶级矛盾，但这个政策是建立在承认地主业权、维护封建统治的基础上的。④新中国成立之后群众自发分田地区：这类地区包括 22.5 个乡，约 4.95 万人。这些地区的农民自发地以打乱平分的方法进行分田，但既未划阶级，也未展开斗争，存在和平分田的现象。⑤新解放地区：这类地区包括了 222.5 个乡，约 34 万人。这些地区依然维持着封建土地所有制，地主和富农控制着接近 8 成的土地，而剩余的 2 成土地被占人口 96% 的农民均分②。

针对复杂的土地占有情况，闽西地方政府创新实施的思路是：一方面通过细分区域，针对性地在土地集中程度高或封建势力顽固的地区发动群众进行阶级斗争，从而将群众运动保持在合理的程度。例如相关文件规定，对"封建土地制度恢复地区"和"新解放地区"必须遵照中央土地改革法及华东土地改革实施办法的规定，实行土地改革。对以维护封建统治而推行的"扶植自耕农"政策，不予承认；实行该政策的地区应在划分阶级的基础之上重新分配土地。对自发分地地区，以现有分配状况为基础，按照土改法的规定调整土地。对闽西苏区，将多分土地农民的土地提取出来，以补益无地或少地的农民，并颁证确权。另一方面，通过征收部分富农所控制的公田，以解决贫雇农的土地需求。

---

① 苏俊才. 闽西土地改革运动述评 [J]. 当代中国史研究，2002 (1)：108-114.
② 张鼎丞. 中国共产党创建闽西革命根据地 [M]. 北京：人民出版社，1983：37.

据不完全统计，新中国成立时，全国华侨总数约 938.54 万人，而广东籍华侨有 647.70 万人，占全国旅外侨胞的 80%，占全省人口的六分之一①。正如美国学者傅高义感叹："处理华侨的土地问题是土地改革面临的最棘手的问题之一。"② 因为针对华侨的土地改革既有矛盾的普遍性（如侨乡贫雇农对土地的热切渴望），也存在矛盾的特殊性。

第一，华侨身份特殊，华侨群体是中共统一战线的重要对象。一方面，华侨具有浓厚的民族意识和强烈的爱国思想，在中国近现代反帝反封建民族民主革命中贡献了重要力量。另一方面，新中国属于社会主义国家，西方国家对我们这个新生的政权存在敌意，使得我们在政治上被孤立、军事上被包围、经济上被封锁，如果在土地改革中伤害了华侨利益，可能在政治上会失去数千万海外华侨的支持。第二，华侨占有的土地情况特殊。与土地的封建所有制不同，华侨在国外通过劳动来积蓄资金，并以此在国内购置土地。华侨购置土地不是为了通过出租土地来剥削佃农，而是为其家人购置维持口粮所需的生产资料；华侨家人维持生活的来源通常是侨汇。另外，抗战时期因灾荒饿死了不少侨属，华侨购置和保有土地对救济侨属和稳定侨乡具有重要意义。

针对这些特殊性，华南分局和广东省人民政府在反复征求各界人民的意见后出台了《广东省土地改革中华侨土地处理办法》，对华侨问题做了特殊处理，体现了优待华侨的原则和精神③。例如：①保护华侨劳动人民的小量出租土地；②适当地保护了华侨除土地外的其他财产，若土地由在海外出卖劳动力或经营小本生意的华侨购买，那么即使是地主家庭也可以保留其全部用于农业生产的生产资料；③适当地照顾了富农的小量出租土地；④有条件地保

① 莫宏伟. 新中国成立广东土地改革研究［M］. 北京：中国社会科学出版社，2010：258-268.
② 傅高义. 共产主义下的广州：一个省会的规划和政治（1949—1968）［M］. 广州：广东人民出版社，2008：93.
③ 肖际唐. 新中国成立初期土地改革中华侨政策的制定［J］. 中共党史研究，2013（3）：33-43.

护华侨的房屋。该办法出台不久后，中央采纳了上述办法中①、②、④项处理方法，颁布了《土地改革中对华侨土地财产的处理办法》。在这个过程中，中央的正确领导、地方政府的积极创新以及央地之间的持续互动，促进了华侨土地改革的顺利实施。

三、云南民族地区案例：和平协商，温和化实施

云南地处边疆，民族众多，民族特点异彩纷呈，社会发展阶段差异较大，在这些民族地区展开土地改革工作，不单是要处理好生产关系和阶级关系的问题，还要妥善处理民族关系、边疆关系、宗教关系等复杂敏感问题。邓小平专门指示主持云南工作的同志，打开云南工作局面的关键是"民主团结，民族团结"。因此，云南地方政府围绕着中央的制度决策和邓小平工作指示，实事求是、因地制宜、慎重稳进地创新了一系列土地改革实施方式，并最终取得了土地改革的成功。

（1）为了处理好民族关系的问题，云南地方政府在放手发动群众的过程中创新性地采取了"民族干部领导+农民说理斗争"的实施方式。例如云南的平坝区，这里居住着80%的汉族和20%的少数民族（包括白族、回族、纳西族、壮族、蒙古族和彝族等），在这里汉族地主和富农等占据了物产丰饶的大平原；其他阶级退而求其次，只能占据坡地；而少数民族只能在深山中求生存。显然在多民族地区，不仅存在阶级剥削，还裹杂着民族压迫①。因此，云南省委在西南局的指示下，在云南民族杂居区只搞减租退押分土地，不搞清算违法赔偿，也不搞群众斗争的方式，而采取协商调解，法院判决等正确的做法。培养了一支以民族干部为主的土地改革队伍，领导少数民族农民对本民族的地主采取说理的方法进行斗争，顺利地完成了平坝区4 000个乡，550万汉族人口和150万少数民族人口的土地改革任务。

---

① 郎维伟，张朴，罗凉昭.试论西南民族地区实行土地改革的实践 [J].贵州民族研究，2004（4）：33-41.

（2）为了处理好边境关系的问题，云南地方政府在大量调研的基础上向西南局和中央报告，提出划分缓冲带的实施方案，建议处于国境线上的 26 个县不实施土地改革，其余接近国境线而又处于内地的 16 个县市及一部分内地县实施温和斗争的土地改革策略①。例如，第一，只没收地主与农业生产相关的生产资料，其他财产不予没收。第二，接受劳动改造的逃亡地主可获得土地从事劳动生产。第三，对华侨地主和少数民族地主从宽对待。中央和西南局均同意云南划出缓冲区域的土地改革办法，云南地方政府按照此实施方案，最终成功地完成了有 134 万人口的缓冲区的土地改革任务，团结了民族关系，巩固了边防后方。第四，针对民族地区社会发展阶段差异较大问题，云南地方政府组建民族工作队对该情况进行了大规模、系统性的调查，向中央提出"直接过渡"的建议。例如，云南潞西市西山 41 个景颇村寨在解放初期还处于原始公社末期，根据调查组考察，这些村寨依然保持着"公有私耕"的原始经济制度，并不存在土地私有化以及阶级剥削的情况。因此，中央决定对社会发展滞后的地区不进行土地改革，而是帮助他们发展生产力和文化，最终实现了社会变革。

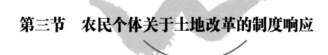

第三节 农民个体关于土地改革的制度响应

"耕者有其田"是中国农民数千年的梦想。在农业经济至关重要、土地占有极不平等以及无地和少地农民占人口绝大多数的旧中国，土地改革对农民而言，尤其是对贫雇农而言，其重要性不言而喻。中央的土地改革政策正是在回应农民迫切土地需求的基础上制定的，符合绝大多数农民的利益。新中

---

① 张晖. 云南内地土地改革中国家权力与乡村社会的互动论析 ［J］. 云南民族大学学报：哲学社会科学版，2016（5）：93-99.

国成立后，土地改革政策经过不断完善，最后形成了"依靠贫农、雇农，团结中农，中立富农，有步骤地有分别地消灭封建制度，发展农业生产"的总路线。该制度安排在尽量缩小打击面的同时扩大了受益面，农民受益群体的规模相当庞大。据统计，村均受益户占村庄总户数的比例高达80%，从受益者的阶层分布来看，几乎全部的贫农、雇农和80%的中农都在土地改革中得到了实际利益，甚至部分地主、富农也有所收获。土改运动中受益者的人数之多、比例之高、财富转移的规模之大，在一定程度上已足以解释中央的土地改革政策被农民群体积极响应的程度。但是，贫雇农的响应过程并非一帆风顺，而是经历了消极响应、认同激发、积极响应的过程。

一、初期贫雇农的消极响应

贫雇农处于共产党阶级体系的核心地位，在土地改革期间成为经济和权力资源再分配的最大受益者。尽管如此，他们也并非一开始就积极响应土地改革政策。他们起先是不敢接受无偿分配的土地财产，后来是将分到的财物退还给地主，更使他们感到为难的是与地主开展"面对面"的斗争。这其中既有自身安全因素的考量，也有道德观念的影响。首先，一部分贫雇农对"反攻倒算"的恐惧压倒了对物质利益的兴趣。例如，据《关于广东土地改革试点情况和计划给中南局的报告》中记载，"农民不敢向地主要田，等待工作队恩赐。划阶级时，地主怒目而视，农民不敢抬头"[①]。一些地主造谣恐吓农民："减租就减租，为什么要分我的田，分了我的田，要包我吃到死。""我打好几十把刀妈（大刀），杀死你们几个上山当土匪去！""你分了我的地，我要割你肉。""蒋介石会返来，分田分不成，即使分了，也要收回来。""你要田，拿头来换"[②]。还有地主、恶霸在土地改革前夕，勾结土匪、特务，采取谋杀、放毒、纵火、制造宗派斗争等方式进行破坏。甚至还有地主、恶霸将

---

① 中共中央文献研究室，中央档案馆.建国以来刘少奇文稿：第2册 [M].北京：中央文献出版社，2005：637.
② 唐凌鹰.反动地主是怎样反抗和破坏土改的 [J].土改情况，1950（2）：24-35.

农会干部和积极分子杀死后，伪装是自杀，以动摇农民的斗志[①]。其次，道德、宿命、面子等传统观念制约了贫雇农的政策响应。例如一部分贫雇农认为，"穷是命苦""生死有命、富贵在天""善有善报、恶有恶报""财主是识字挣来的，穷人是扎烟针扎穷的""地主给我钱，我干活是自愿的"[②]，"剥削自己的地主是坏蛋，剥削别人地主是劳动地主"[③] 等。这是因为部分农民怕被人指责"穷不直"；还有部分农民怕以后债主不愿意再借粮给自己[④]。可见，在没有外力干预的条件下，传统观念和风险规避思想往往先于利益理性，支配着贫雇农的响应逻辑，正如许多学者指出的那样，中国农民对革命和政治是消极的，他们不能成为独立的、捍卫自己利益的政治力量；只有通过中国共产党的动员才能实现[⑤]。

二、中期贫雇农的认同激发

推动农民从消极响应走向积极响应，需要彻底打破旧事物，使新的阶级观念取代传统道德观念，使国家庇护的阶级安全理性取代传统的生存安全理性。正如许多学者已经意识到的，"如果没有共产党人的群众动员，农民绝不可能孕育出革命思想"[⑥]。通过共产党人的群众动员，成功地激发了农民的政策认同，引导了农民的响应行为，其中最著名的两个机制是"诉苦运动"和"划分阶级"。

---

① 方方. 一年来的土地改革运动与今后任务（1951年9月1日），广东省遂溪县档案馆档案，档案号：3-2-33.

② 刘许生，廖翔如. 湖南土地改革风云之一：一张土地房产证背后的"土改1950"［J］. 国土资源导刊，2009，6（10）：92-93.

③ 常德乡村调研工作组. 常德专区澧县五区花园乡调研工作组双减运动材料（1953年4月11日）［A］. 湖南省档案馆档案，档案号：145-1-176.

④ 桓台县委. 桓台县索镇区六个村初步调查材料（1948年7月）［A］. 山东档案馆档案，档案号：G026-01-0037-001.

⑤ 比昂科. 农民运动［M］// 费正清，等. 剑桥中华民国史：下卷. 北京：中国社会科学出版社，1993：309.

⑥ 比昂科. 农民运动［M］// 费正清，等. 剑桥中华民国史：下卷. 北京：中国社会科学出版社，1993：309.

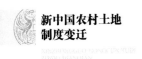

（一）"诉苦运动"激发了农民的阶级意识

此处的"诉苦"并非是向他人倾诉不幸的私人行为，而是一种全国性的、仪式化的政治行为，具有特定的政治内涵，是在共产党的宣传和组织下，由千百万贫苦农民共同参与，诉说自己被阶级敌人迫害、剥削的历史[①]。诉苦的目的在于，唤醒贫雇农的阶级意识，让他们认识到自己贫穷的根源在于受剥削，从而激起别人的阶级仇恨，同时也坚定了自己的阶级立场。例如《关于粤中专区农民运动的报告》中就记载了这样两个"诉苦→翻身→阶级意识激发"典型案例。一是新会县南芦村蔡金，她诉到恶霸苏某某强迫自己的丈夫亲手打死自己的大儿子时，她不敢恨恶霸，反而埋怨儿子不该拿地主的花生吃，埋怨丈夫无用。共产党土地改革工作队启发她："你儿子为什么要拿地主的花生吃？"她说："因为肚子饿了。"又引导她："你这样劳动，为什么还吃不饱饭，一个儿子还抵不上几粒花生？"这时，她痛心地大哭起来，开始认识到恶霸是仇人。二是新会县大鳌村黄某某，在土地改革工作队的引导下，他决定提高自己妻子的觉悟，他给妻子说："你说我命苦，但工作同志就说不是呢！"他妻子说："你着了迷，看看我跟了你十几年，有几天好日子？"黄某某说："你跟了我十几年，看看我有几天是偷懒过的。不是命苦，是地主在作恶。你想想，我辛辛苦苦搭了一间屋，1940年给恶霸吴某某带日本鬼子来烧了；养只猪好好的，1942年又给抢了去，有什么办法过好日子？"这一下触动他老婆的痛处了，愤恨地说："提吴某某做什么？想起就恨。"黄某某也愤恨地说："本来我们辛辛苦苦耕十四亩八分田（1亩≈666.7平方米，1分≈66.67平方米），同时又做些其他工作，是应该有两餐饭吃饱的。但交租之后，每百斤（1斤=0.5千克）谷只剩二十二斤，还有其他东抽西剥，这样一来就粥水也不多了。"他老婆想通了，禁不住悲愤地说："人家说谷未割倒放在家里不算自己的。我们没吃下肚也不算自己的。"黄某某又接着说："你说我命苦，难道大鳌村的农民兄弟都命苦？你看1943年，除了吴某某、赵某某（地主）外，谁不吃蕉头和大口螺过活。但那时吴某某的狗还天天吃烧鹅呢！你

[①] 陈北鸥. 人民学习辞典 [M]. 上海：广益书局，1952：331.

想想吴某某为什么会有钱，还不是因为作恶多端。你想清楚吧！土地改革工作同志说得对，没有这班地主恶霸，我们不会这样苦。共产党来了，现在不是有饭吃了吗，我们在喝粥水呢！"他老婆接着说："亏得现在退了租，收成除了交公粮就是实收实袋了。"黄某某接着说"将来的日子好过呢！"[1] 通过以上两个案例可以发现，诉苦运动正是将农村日常生活中的苦难提取出来，并通过阶级与更宏大的国家话语建立起了联系[2]，帮助贫雇农将被欺凌和吃不上饭等归因为道德、命运的思想转变，使其认识到这是地主的剥削所致，完成从"生活之苦""命运之苦"到"阶级之苦"的意识转换。

（二）"划分阶级"强化了农民的阶级认同感和安全感

毛泽东说："谁是我们的敌人？谁是我们的朋友？这个问题是革命的首要问题。"[3] 很显然，以地主（敌）/农民（我）两极对立为核心的阶级划分，可以强化阶级认同感和构建阶级安全感。第一，产生"天下农民是一家"的高度阶级认同感。通过诉苦和阶级划分让农民意识到地主与贫下中农不属于同一个群体，而分属于剥削者和被剥削者[4]。这种将农民与地主划分为对立阶级的方法，逐步将农民从过去模糊的自我意识中解放出来，从"人"与"我"的明确区隔中生长出自我认同，以及从"敌人"与"朋友"的明确区隔中发展出阶级认同。第二，划分阶级将私人冲突转换为阶级冲突，将社会矛盾转换为阶级矛盾，农民阶级受到国家庇护，增加了农民的阶级安全感。例如，过去乡村宗族之间的冲突、家族内部的纠葛、邻里之间的矛盾，利益之争、权力之争、荣誉之争，不再以私人暴力解决，而是以阶级对立的方式展现出来，并在国家的庇护下加以解决。

---

[1] 张云. 关于粤中专区农民运动的报告（1951 年 8 月 9 日），广东省湛江市档案馆档案，档案号：3-2-1.

[2] 郭于华，孙立平. 诉苦：一种农民国家观念形成的中介机制［J］. 中国学术，2002，3（4）：130-139.

[3] 毛泽东. 毛泽东选集：第一卷［M］. 北京：人民出版社，1991：2.

[4] 中共太行区党委. 中共太行区党委关于土地改革运动的基本总结（1947 年 6 月 25 日）［M］// 河北省档案馆. 河北土地改革档案史料选编. 石家庄：河北人民出版社，1990：231.

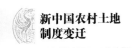
正如上文所分析，尽管贫雇农是土地改革政策的最大受益者，但在没有外力进入的自然乡村社会，难以内生出革命意识和革命行动。因为传统观念和风险规避思想往往先于利益理性，支配着贫雇农的行动逻辑，使农民难以对土地改革产生热情。经过中国共产党的群众动员，运用阶级话语的解释框架和阶级对立的斗争形式，使农民的行动逻辑逐步从道义理性和生存理性转向利益理性，又在利益理性的驱动下将运动推向高潮。土地改革通常是由少数党员和积极分子率先发动的，而后再逐渐发展为群众性运动。中央洛北地委土地改革文件指出："对地主斗争之开始只是少数村干部包办，但弄出东西之后，却变成群众问题。"[1] 群众被动员起来后，不分男女老幼，土地改革通过人代会、群众会、控诉会、公审会、游行示威等各种形式积极参加斗争[2]。群众斗争达到高潮时，对地主财产进行了彻底的没收。例如，据《广东土改情况报告》记载，1952 年，对 41 个县的调查中，地主阶级占有土地的90%以上，房屋的70%以上，耕畜、农具的94%被没收。据 18 个县 24 个乡调查，土改后地主平均占有土地 1.01 亩，贫雇农人均占有土地 1.83 亩[3]。但是，群众激烈斗争的阀门一旦打开，积极响应行动就有可能升级为激进响应。因此，我们也看到各地随意逮捕、扣押、殴打乃至处死斗争对象的情形时有发生。这种过激响应倾向，除了受资源总量的限制和政策实施的偏差影响外，与农民的物质欲望和平均思想被激发也是分不开的。但总的来说，新中国成立后的土地改革得到了农民的积极响应，并未引发不可控的乡村秩序危机，取得的成就是令人赞叹的。

---

① 中共洛北地委.关于临邑八里区在土改中发生错误的处理情况的报告（1950 年 1 月 27 日），山东省档案馆档案，档案号：G026-01-0281-003.

② 例如湖南醴陵市，据记载斗争场面十分的激烈，出现了"男斗男，女斗女，儿童斗儿童，男斗农具，女斗衣，地主的屋场变成了战场"的场景。龙田乡日夜相继地开展斗争会，斗得地主都"昏头昏脑"。开展斗争后，随便经过一些城镇，就可以看见无数戴着"民兵红臂章的农民，拿起梭镖、大刀或步枪，牵着不法地主去乡农会或区政府。参见：陈益元.诉苦、斗争和阶级划分：革命走入乡村实证研究：以湖南省土地改革运动为中心的考察 [J]. 史林, 2016 (4)：152; 城口县委.龙田乡土改工作总结，醴陵市档案馆档案，档案号：4-2-39; 李俊龙.战斗中的湖南农民 [N].人民日报, 1951-02-10 (2).

③ 广东省土地改革委员会.广东土改情况报告（1952 年 11 月 17 日），广东省档案馆档案，档案号：236-1-21.

本章小结

本章围绕着"土地改革"进一步挖掘了其决策形成、政策实施和农民响应的制度创新过程，以探究土地改革作为一种强制性土地利益格局调整和制度变迁为什么会获得成功。

首先，从中央的决策行为来看：①中央的政策决策是对绝大多数农民迫切土地需求的及时回应。"耕者有其田"是中国农民数千年的梦想。为了赢得战争，"打土豪分田地"，仅一个淮海战役，就有 5 000 万农户推着独轮车，赶着小毛驴，从山东、山西、河南等省赶往前线支援，农民对土地渴望可见一斑。②中央在设置政策可行集之前，通过意见征询和政治协商会议，与地方政府、各民主党派、各人民团体进行了较为充分地讨论协商。③国家领导人将理论结合实际，辩证地吸收了马克思主义理论、中国历史和国际经验。④毛泽东、刘少奇等主要国家领导人在 1952 年之前，对农地制度改革的渐进性具有理性共识，认为我国当时的国情不具备实现社会主义的条件，明确提出我国应从私有制逐步走向公有制，这将是一个长期的过渡阶段。总之，中央关于新中国成立后的土地改革制度安排，经过总结经验、反复协商和不断完善，已经将政策的可行集控制在一个较为适度的范围。这个范围既不过大，也不过小，既要求中立富农，修改过去打击和消灭富农的政策边界，这在一定程度上避免了过去地方政府的冒进实施行为（"左倾"错误）；也要求在正确划分阶级的前提下，放手发动群众，这在一定程度上避免了过去地方政府"和平分田"的消极实施行为（右倾错误）。

其次，从地方政府的实施行为来看，由于该时期地方政府所掌握的行政决策权和财权都非常有限，地方干部官员的行为逻辑主要由政治忠诚支配，变通实施的政治风险极大。因此，本书主要讨论了三种地方政府的创新实施行为。①闽西地区的差异化实施。闽西地区一方面通过细分区域，针对性地在土地集中程度高或封建势力顽固的地区，发动群众进行阶级斗争，从而将群众运动保持在合理的程度。另一方面，通过征收部分富农所控制的公田，解决贫雇农的土地需求；通过细分区域的差异化实施，顺利地完成了中央布置的改革任务。②广东地区的特殊化实施。广东华侨占全国旅外侨胞的80%，占全省人口的六分之一，针对华侨土改的矛盾特殊性，华南分局和广东省人民政府做了特殊处理，体现了优待华侨的原则和精神，促进了华侨土地改革地顺利实施。③云南民族地区的温和化实施。云南地处边疆，民族众多，民族特点异彩纷呈，社会发展阶段差异较大，在这些民族地区展开土地改革工作，不单要处理好生产关系和阶级关系的问题，还要妥善处理民族关系、边疆关系、宗教关系等复杂敏感问题。邓小平专门指示主持云南工作的同志，打开云南工作局面的关键是"民主团结，民族团结"。因此，云南地方政府围绕着中央的制度决策和邓小平工作指示，因地制宜地采用了和平协商的温和实施方式，并取得了土地改革的成功。

最后，从农民个体的响应行为来看，"耕者有其田"是中国小农数千年的梦想。在农业经济至关重要、土地占有率极不平等以及无地和少地农民占总人口绝大多数的建国初始条件下，土地改革对农民而言，尤其是对贫雇农而言，其需求的迫切性不言而喻。中央的土地改革政策正是在回应农民迫切土地需求的基础上制定的，符合绝大多数农民的利益。新中国成立后，土地改革政策经过不断完善，形成了"依靠贫农、雇农，团结中农，中立富农，有步骤地有分别地消灭封建制度，发展农业生产"的总路线。该制度安排在尽量缩小打击面的同时，扩大了受益面，最终的农民受益群体的规模相当庞大。据统计，村均受益户占村庄总户数的比例高达80%左右，从受益者的阶层分布来看，几乎全部的贫农、雇农和80%的中农都在土地改革中得到了实际利益，甚至部分地主、富农也有所收获。土地改革运动中受益者的人数之多、比例之高、财富转移的规模之大，在一定程度上足以解释中央的土地改革政策被农民群体积极响应的程度。但是，贫雇农的响应过程并非一帆风顺，而是经历了消极响应、认同激发、积极响应的艰难曲折过程，才最终取得成功。

因此，本章的研究结果表明，土地改革作为中国历史上规模最大、范围最广、涉及人口最多的强制性土地利益格局调整，之所以获得成功，关键在于中央、地方、农民之间的良性互动。

（1）中央顶层设计与农民现实需求的良好结合，奠定了改革成功的基础。改革的顶层设计良好地结合了国家战略需求和农民现实需求，使农民取得了土地，党取得了农民，曾被视为"一盘散沙"的中国农民从上至下被组织起来成为可靠的革命力量。同时，我们可以观察到，农民的现实需求中"暗含"的生产力发展要求。例如，农民期望均平小农经济，虽然看起来生产规模更加细小、生产资料占有数量受到严厉限制，似乎与机械化技术进步和社会化大生产背道而驰，但是实际上却高度符合中国农村人多地少的要素禀赋特征和当时的生产力发展水平。在封建地主土地制度下，土地要素高度集中，而农业劳动力密集，必然会降低农业劳动力价格，也就加重了地主对贫雇农的剥削。而均平的个体经济，消除了地主阶级对农民的剥削，有利于鼓励农民劳动积极性，发展农村生产力，解决大多数农民吃饭的问题。

（2）中央与地方的有效互动加速了改革的成功。中央设置了边界范围恰当的政策可行集，较为有效地防止了地方政府的冒进实施行为（"左倾"错误）和消极实施行为（右倾错误），促使地方政府，在规定的"政策可行集"范围内，根据当地资源禀赋特征进行创新性实施，从而形成了中央与地方之间的有效互动，加速了改革的成功。

（3）农村土地制度改革的中国道路从这里开始萌芽，均平的小农经济、注入国家意志的土地私有制以及农民的感恩型国家观念都由此形成，它们共同深刻地影响着后来的改革路径的演化。

政策效果及改革评述

第四章

"以地控利"的农村土地"所有权"改革：
农业合作化运动

　　农业合作化运动的制度创新历程是从 1951 年至 1984 年。1951 年，中央出台了第一个互助合作草案——《农业生产互助合作的决议（草案）》，标志着中央从正式制度层面推动农业合作化运动的开始。1984 年，中央正式要求完成撤社、建乡，标志着人民公社制度彻底退出历史舞台①。人民公社运动最终完成了农村土地所有权、使用权、收益权和处分权等统一收归国家的制度安排，国家成为"控制"所有制经济要素（土地、劳动、资本）的第一决策者和受益者。在某种程度上，国家通过"以地控利"②的方式，形成了国家倾向的土地利益分配格局。

　　如果从制度变革的目标来说，农业合作化运动是成功的，它对农村经济剩余的动员达到了最大程度，累积的资金也按照政府的意愿投资于重工业。然而，制度变革却付出了巨大的代价，产业结构扭曲、全要素生产率下降、人民生活水平低下，可以说，既损失了社会公平，也降低了社会效率。农业合作运动，尤其人民公社运动，是一场缺乏效率的制度变迁，这是学界的共识。

　　在此共识的基础上，本书进一步挖掘的是：①农业合作化运动作为一种缺乏效率的制度变革，国家为何要强制性实施？难道中央对其政策后果没有清晰的认知吗？翻阅历史文献，当时主持中央财经委员会工作的陈云在 1953 年的政治局扩大会议上就说过："农村实现征购，城市实现配售，严格管制私商，在坚持统一管理的前提下调整内部关系……有无毛病？有。妨碍生产积极性，逼死人，打扁担，个别地方暴动，都可能发生……"很显然，中央的领导对其政策后果是有一定预期的，但为何依然一步一步将人民公社运动推向了高潮？②地方政府在制度变迁中起到了什么作用？难道地方政府没有将基层的实施信息反馈给中央吗？然而，历史事实也不支持这一假设，事实上

① 1983 年中央出台了《关于实行政社分开，建立乡政府的通知》，要求各地在 1984 年底完成建立乡政府工作。标志着人民公社制度的彻底取消。参见：中共中央文献研究室. 新时期农业和农村工作重要文献选编［M］. 北京：中央文献出版社，1992：220.

② 本章"以地控利"中"控"是指在特殊时代背景下，国家通过一定的制度安排"控制"农业土地剩余以转移到工业建设中。

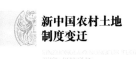

农业合作化运动期间，中央与地方依然保持了持续的互动，毛泽东甚至多次亲自外出视察。那为何"错误"的决策依然没有刹车？③农民个体在制度变迁中起到了什么作用？土地是农民的命根子，农民对土地私有的渴望不言而喻，但他们为何会允许政府改变和剥夺他们的产权？或者说，他们为何广泛地接受了政府取消小农私产的做法？农村土地集体所有制的变革为何得以成功？本章试图从中央制度决策、地方制度实施与农民制度响应之间的互动中寻求解释。

第一节 "以地控利"的土地所有权改革的原因

只有重工业站起来了，中国才能自立于世界民族之林。中央推动农业合作运动最为迫切的政策目标是通过国家倾向的土地利益格局调整"以地控利"，为重工业化发展提供高积累。新中国刚成立的时候，实行的是"新民主主义"，从新中国成立初期的历史文献来看，国家主要领导人对改革的渐进性具有相当的理性认识，认为当时的中国"一穷二白"，应从私有制逐步走向公有制，并且会有一个长期的过渡阶段。但朝鲜战争的爆发被认为是引致中央政策急转的重要国际因素。因为中美关系的交恶，使毛泽东等国家领导人突然意识到，韩国、日本、菲律宾等国家，已形成了一条反华"岛链"，以我们当时的工业化基础，任何重工业产品都造不出来。周恩来也感叹道，有人建议中国造拖拉机，不要将造拖拉机的力量用来造坦克，但实际是敌人不许我们建设，逼得我们不能造拖拉机①。中日战争爆发前，江南的轻工业相当发达，但战争一开始，就被日本飞机炸毁了。因此，中央决定实施"赶超战略"，借鉴苏联的经验，优先发展重工业。

---

① 周恩来. 周恩来选集: 下卷 [M]. 北京: 人民出版社, 1984: 51.

　　然而难题在于，新中国"一穷二白"，要在资本不足的条件下发展重工业通常来说有两种途径，一种是依赖国际援助，另一种是依靠国内积累。第一种途径具有高度的不确定性，例如苏联曾经通过借款和援派专家来支持中国的重工业建设，但是随着中苏关系转冷，援助也就中止了，所以第一条途径走不通。剩下的一条途径便是依靠国内积累自力更生，而中国作为传统的农业大国，在1949年新中国成立时，农业产值占工农业产值的70%[①]，在国民经济中占绝对优势地位，因此国内积累自然只能依靠农业剩余。

　　因此，摆在中央面前的又一难题是，如何最大限度地将农业剩余集中起来支持重工业建设？根据有关学者的估计，土地革命前，中国农民提供的农业剩余占农业总产出的30%左右，分别通过税收（田赋）和地租的形式上缴给政府和地主[②]。其中，田赋在和平时期的极限值大约在15%，超过这一界限，则可能会引发农民的集体抗议行动，致使政府的征税成本大大上升而得不偿失[③]。因此，在新中国成立初期，中央将税率维持在11%左右，这一税率已然接近和平时期的税收界限值，高于明清时代（2%~4%）和抗战前的国民党政府（2%~5%），低于日本统治的中国地区和抗战以后时期（20%）[④]。但问题在于，剩下20%曾经以地租形式上缴给地主的农业剩余应如何集中起来？这一部分剩余经过土地改革，已经被农民平分掉，转化为农民私人消费和投资了。正如上一节提到的，土地改革的重大成就之一，就是全国大概三亿多无地和少地农民分到了地主和富农的土地和牲畜，减免了几百亿斤粮食的地租。但挑战在于，如何使土地利益倾向于国家，使农民将已经到手的地租自

① 郝立新，丁立群. 马克思主义哲学史研究（2019）[M]. 北京：人民出版社，2020：382.
② LIPPIT V D. Land reform and economic development in China: a study of institutional change and development finance [M]. New York: Routledge, 1974: 34-92.
③ 周其仁. 产权与中国变革 [M]. 北京：北京大学出版社，2017：30.
④ 明清时期的税率占土地产出的2%~4%，参见：WANG Y C. Land taration in imperial China, 1750—1911 [M]. Cambridge: Harvard University Press, 1973: 102；抗战前华北国民党政府的税率为农民收入的2%~5%，参见：HUANG P. The peasant economy and social change in north China [M]. Palo Alto: Stanford University Press, 1985: 290-292；日伪时期，同期国民党统治区的实际税率约为20%，陕甘宁边区约为13%，参见 SELDEN M. The Yenan way in revolutionary China [M]. Cambridge: Harvard University, 1971: 181-183.

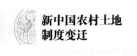

愿转移给国家。或者换句话说，要如何使农民愿意低于市场价格将粮食出售给国家，像支持民主革命那样支持国家的工业建设？

为了应对这一挑战，中央尝试了一种更为隐蔽的方式来获取除税收外的农业剩余（地租），即价格剪刀差。要做到这一点需要限制农民的私有产权。例如，限制使用权，即在生产上规定每家每户种植粮食和棉花的指标。限制转让权，即不允许农业生产资料的租赁，并通过取消集市贸易的方法禁止农产品的私下交易。限制分配权，即政府作为"农产品"市场的唯一买家，农民将农产品以低价卖给政府。政府按照计划供应的方式向城市和工业企业提供粮食和生产资料，通过这种"统购统销"的方式维持较低的劳动力成本和生产资料成本，进而使工业企业积累较多的利润，最后国家以税收的形式将企业利润转化为国家建设基金。然而，统购统销制度的效果并不明显。一方面，政府忽略了农民的行动逻辑：当政府成为市场唯一的买家，强制低价收购农产品的时候，农民虽然没有更好的交易对象，但是他们可以选择不出售，将农产品储存起来自己消费，也就产生了惜售行为。如果政府进一步禁止惜售行为，那么农民还可以选择下一年不努力生产，使农产品产量降低到只能满足自己的需求。另一方面，政府忽略了征粮过程中的交易成本：当政府面对千千万万的农民个体时，即便是统购统销、等价交换，也难以承受征粮过程中的交易成本①。因此，仅仅限制农民土地私有制是不够的，还需要进一步消灭农民土地私有制，而农业合作化运动作为消灭农民土地私有制的必要手段，也就有其存在的理由，它曾坚定地站在中国政治的历史舞台上，服务于重工业优先发展战略。

---

① 当时主管全国农村经济工作的陈云对征粮过程中的"高交易成本"发出感慨："困难不单来自我们对于统购统销缺少经验，主要是对这样众多的农户，要估实产量，分清余缺及数量，很不容易"。参见：陈云. 关于粮食的统购统销问题 [N]. 人民日报，1955-07-22 (3).

第二节 互助组阶段：中央—地方—农民的互动过程

1951 年至 1953 年是农业合作化运动的第一阶段，称为互动组阶段。在该阶段，中央正面而审慎地回应了农民基于个体经济基础上的互助需求，而地方政府的冒进执行加速了制度变迁的过程。

一、农民制度需求：应对土地分散化产生了互助合作的需要

基于个体经济的互助合作组织是农村生产力发展内生需求的产物。土地改革完成以后，部分农村产生了一种在农业生产上互助合作的需要，来应对土地分散化、细小化所造成的困难。于是，农民在自愿互利的前提下自发组成了一种劳动互助合作的创新性组织。这种基于个体经济（私有产权）的互助合作组织，是当时农村生产力发展内生需求的产物，它能明显促进生产力的发展。在农业生产过程中，互助组成员之间按照等价交换的原则实行换工互助，调剂劳力、畜力和其他生产资料的使用，形式上可以是以工顶工、互换人力和畜力，也可按照市价进行补偿，从而在小规模范围内实现生产要素的优化重组，以适应当时生产力的发展。例如河北省饶阳县五公村的耿长锁农业合作组，该社成立于 1944 年，该地区当时还是抗日战争时期的根据地，农民自发的实行了土地入股，统一耕种，按土地所占股份和劳动量进行分配的互助形式。像这样的互助组，到 1950 年底，我国农村共有 272.4 万个，参加农户达 1 131 万户，占总农户的 10.7%[①]。

二、中央制度决策：对农民自发创新的正面回应

1951 年，中共中央召开了全国第一次互助合作会议，正面回应了农民的

---

① 王立诚. 中国农业合作简史 [M]. 北京：中国农业出版社，2009：46-48.

需求，颁布了《中共中央关于农业生产互助合作的决议（草案）》，并指出：一方面，农业合作化可以部分解决劳动力和生产资料不足的困难，进而提高农业产量，因此互助组可以由初级形式逐步向高级形式转变。另一方面，推广互助运动不能一蹴而就、急躁冒进，要采用"自愿互利、典型示范"的原则争取农民的拥护和支持①。

三、地方政府实施：地方政府的冒进执行

1951 年 12 月，《中共中央关于农业生产互助合作决议（草案)》发至各省后，合作化运动快速展开，不少地方出现了盲目冒进的现象。一方面是受到了同时期整风运动和农民代表团访问苏联的影响，另一方面是在地方政府以政治忠诚为主要内容的晋升激励或对不忠的风险规避影响下所产生的必然行为逻辑。这个行为逻辑在整个传统社会主义时期都占据着主导地位。这些冒进实施行为包括：①强迫农民编组，村干部将是否搞互组合作，上升到是否走社会主义道路的高度。例如，河北大名县村干部在街上摆上桌子，在桌上签名的农民就是拥护社会主义的；否则，就是想走资本主义道路的②。山西省有的村支书在群众大会上命令大家参加互助组，谁不参加，谁就不爱国。②盲目扩大公共财产，将其视为增加社会主义因素。例如，山西省和辽西省超过80%的社员将生产、生活资料以及财产都上缴到合作社，甚至义县有一个社要求集体吃饭和睡觉，实行"礼拜天制度"③。吉林省舒兰县孙绍岩社为便于集中经营调整了土地和房子，将全社原有的 60 多块地，集中成 4 大块，并把一些未入社的农民从本屯迁走，引起了农民的极大不满④。③盲目追求高级形式，片面强调扩大规模。在东北、华北等地区重社轻组的现象比较突出。例如，有的地区广为宣传"五户以下的不算组""参加大组光荣"，提倡"小

---

① 中共中央文献研究室.建国以来重要文献选编：第二册［M］.北京：中央文献出版社，1992：510.

② 杜润生.杜润生自述：中国农村体制变革重大决策纪实［M］.北京：人民出版社，2005：37.

③ 高化民.关于合作化运动步伐加快原因的历史考察［J］.中共党史研究，1997（4）：42-48.

④ 当代中国农业合作化编辑室.建国以来农业合作化史料汇编［M］.北京：中共党史出版社，1992：88.

组并大组"。还有的地方在经营管理方面过分干涉，不分大活小活，不分农忙农闲的搞"时时互助，事事互助""吹哨集合，插旗干活""人马不到齐，锄头不落地"，结果导致窝工浪费①。

四、农民个体响应：农民对地方政府冒进实施的响应情况

在互助组阶段，一部分农民积极响应加入互助合作的政策，也有一部分农民对地方政府脱离实际的冒进实施，表现出一些不满情绪。例如，一部分农民批评道："（合作）步子跨得太大，两步当作一步"，并形容某些初级社是"摊子大、底子空、债务多，产量高，分红少。"② 农民还对社会主义也产生了误解，认为"社会主义就是'吃大锅饭'"。例如，湖北省襄阳市党校170个区级干部，其中有74个给家里写信或口头告诉家里说："快社会主义了，不要置买东西，吃点喝点算了。"③ 另外，一部分农民的消极响应表现为消极思想和消极生产。其中，广为流行的消极思想包括："贫穷自在，富贵多忧""多吃点、多穿点、多享福，少养马，少种地，少挨累"和"以贫为荣"等④。这些消极思想又进一步引发了消极生产。例如，个别地方发生一冬无人拾粪，无人搞副业生产，出卖牲口，砍树杀猪，大吃大喝等破坏生产的严重现象⑤。

---

① 当代中国农业合作化编辑室.建国以来农业合作化史料汇编［M］.北京：中共党史出版社，1992：27.
② 国家计委计划经济研究所.中华人民共和国经济大事记：初稿专辑二［J］.计划经济研究，1983（20）：4.
③ 张超.从湖北襄阳专区的情况看当前新区农村发展生产的一些障碍［N］.人民日报，1953-04-13（2）.
④ 高化民.农业合作化始末［M］.北京：中国青年出版社，1999：72.
⑤ 国家计委计划经济研究所.中华人民共和国经济大事记：初稿专辑二［J］.计划经济研究，1983（20）：4.

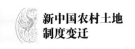

第三节 初级社阶段：中央—地方—农民的互动过程

从 1954 年到 1955 年上半年，是我国农业合作化运动的第二个阶段，在这期间，初级农业生产合作社在全国普遍建立并迅速发展起来。

一、中央制度决策：从"小农经济的现状出发"到"批评言不及义"

（一）中央对农民消极响应的正面回应

中央对农民消极响应的正面回应，提出从"小农经济的现状出发"，循序渐进地推动农业合作化运动。自 1951 年第一个《中共中央关于农业生产互助合作决议（草案)》发至各省后，截至 1951 年年底全国共办 129 个初级社，在随后两年时间内又增加了 1 万多个，并且仍有上千个初级社还未被批准[1]。正如以上对农民个体响应情况的分析，合作化运动的快速发展，严重地打击了农民的生产热情。1953 年 2 月，邓子恢将农村调研的情况向毛泽东汇报，主张及时纠正互助合作中的急躁冒进倾向。得到毛泽东的同意后，1953 年 3 月，中央接连批发三个重要文件对地方政府的冒进实施行为予以纠正[2]。甚至毛泽东在当月起草了《关于解放区乡工作中"五多"问题的指示》，并将该指示与《当前农村工作指南》下发到各地。这些文件的主要精神，就是在推进互助合作运动的过程中，要遵循"自愿互利、典型示范"的原则，避免采用强制剥夺等激进行为，损害农民的个体利益，进而打击农民的生产热情。

---

① 王立诚.中国农业合作简史［M］.北京：中国农业出版社，2009：66.

② 中央纠正地方政府冒进实施行为的三个文件分别是《关于缩减农业增产和互助合作发展的五年计划数字指标》《中南局关于纠正农业生产合作社中急躁倾向的报告》《中央关于布置农村工作应照顾小农经济特点的指示》。参见：中共中央文献研究室.建国以来重要文献选编：第四册［M］.北京：中央文献出版社，1993：65-66，80-81，82-88.

总之，农村工作的重中之重是农业生产工作。可见，在 1953 年年初，中央对合作化运动的态度是谨慎的，"从小农经济的生产现状出发"的决策，恰当地回应了农民的生产需求。

（二）中央的决策转变

1953 年 10 月，中央突然转变了决策，不但批评了"从小农经济的生产现状出发"的工作方法"言不及义"（'义'是指社会主义），使合作化运动"稳步不前"[1]，而且主张要办好初级社，认为那是"韩信点兵，多多益善"[2]。本书认为，中央转变政策的主要原因与工业化建设有关。1953 年，我国刚开始执行国家建设的第一个五年计划，小农经济与工业化建设的矛盾就以粮食危机的形式暴露出来。1953 年 7—9 月城市的粮食供给缺口达 26 亿斤[3]，不少地方开始发生混乱，就连北京、天津等大城市也开始出现面粉供应紧张的情况。当时主持中财委工作的陈云对各种方法反复权衡，提出了统购统销的方法。他认为，虽然"统购统销"会打击农民的生产热情，甚至个别地方可能会出现暴乱。但是，若不采用这个方法，我们国家无法实现工业化，无法造飞机、坦克等国防军工。一旦失去强力国防的保证，就不能威慑西方国家，从而有可能使中国再度陷入战乱。因此，只能两害相权取其轻，采取统购统销[4]。因此，毛泽东和党中央还是下决心接受了统购统销的做法，且将它和互助合作当作对农民进行社会主义改造的两翼之一。1953 年 11 月 23 日颁布执行《关于实行粮食的计划收购与计划供应的决议》[5]。粮食统购统销政策出台，中央把加快农业互助合作的步伐提上了日程。

（三）中央关于"以发展初级社为重点"的政策决策出台

1953 年 10 月 26 日，中央拟定了第二个互助合作决议，即《中共中央关

---

① 中共中央文献研究室.毛泽东文集：第六卷［M］.北京：人民出版社，1999：303.

② 毛泽东.毛泽东选集：第五卷［M］.北京：人民出版社，1977：116.

③ 陈云.陈云文选（1949—1956）［M］.北京：人民出版社，1984：202.

④ 薄一波.若干重大决策与事件的回顾：上卷［M］.北京：中国党史出版社，1991：262-263；陈云.陈云文选（1949—1956）［M］.北京：人民出版社，1984：207-216.

⑤ 中共中央党校党史教研室选编.中共党史参考资料：第八册［M］.北京：人民出版社，1979：1-10.

于发展农业生产合作社的决议》（以下简称《决议》）①。该《决议》规定了在
5 年内，合作社争取从 1.4 万个增加到 80 万个，且全国有接近两成的农户入
社。《第一个互助合作决议》提出了"稳步前进"的方针，而《决议》在
"稳步前进"前面加了"积极领导"四个字，变为"积极领导，稳步前进"
的方针。同时，《决议》重申了采用说服、示范和国家援助的方式和必须遵循
自愿的根本原则。

二、地方制度实施：地方政府的冒进执行

《第二个互助合作决议》出台后，"积极领导，稳步前进"的方针显然
对地方政府有强烈的刺激作用，在政治效忠的激励下，计划指标层层加码，
最后执行干部的眼里就仅剩"积极领导"和"前进"，而"稳步"就被忽
略掉了。这些冒进实施行为体现为：①发展速度过快。浙江省仅用半年左
右，将初级社数量增加了 15 倍，从 1953 年 10 月的 3 300 多个社，到 1954
年 4 月发展到 53 000 多个社，其中平阳县增加了近 70 倍②。当时辽西省复
县（现辽宁省瓦房店市）有的区长在区干部和村支部书记会上说："你们回去
吧，要实现 70% 以上的合作化，越多越好！"到有的村干部一级的宣传就变为
"咱村明年要 100% 合作化"③。②强制农民入社。很多地方采取"吓唬""硬
迫""限制"等方法强制中农入社，还有的地方统购统销粮食，要求个体农
民上缴更多的粮食，这相当于变相迫使农户入社。③按照高级社的要求办
初级社。到 1955 年 6 月底，全国共有高级社 529 个，但实际上已经有 7 500
个初级社取消了土地报酬。役畜全部归公的初级社有 34.4 万个，占全国农
业合作社的 54.2%；主要农具全部归公的社有 34 万个，占全国农业合作社

---

① 《第二个互助合作决议》后改名为《关于发展农业生产合作社的决议》。参见：中共中央党校党史
教研室选编. 中共党史参考资料：第八册 [M]. 北京：人民出版社，1979：11-27.
② 史敬棠，周清和，毕中杰. 中国农业合作化运动史料：下册 [M]. 上海：生活·读书·新知三联
书店，1959：760.
③ 高化民. 农业合作化始末 [M]. 北京：中国青年出版社，1999：153-154.

的 53%①。快速而大规模的归公行动引起了农民的极大恐慌。④强迫农民卖粮。国家统购统销刚实施不久，到 1954 年，农村就遭受了百年不遇自然灾害（大水灾和大旱灾），粮食严重减产。对于农民来说，雪上加霜的是，统购统销的计划不仅没有相应减少，国家为了支援灾区，还向非灾区多购了 70 亿斤粮食②，不少地方政府为了完成任务，通过强迫命令的方式，购走农民的全部粮食，引起农民的强烈不满。

三、农民个体响应：农民对地方政府冒进实施响应情况

在发展初级社阶段，一部分农民积极响应并热情加入初级社，也有一部分农民对地方政府的冒进实施产生了强烈不满情绪，并引发了一些消极响应。这些消极响应行为包括：第一，农民大量杀猪宰牛和出卖牲畜。既然迟早要归公，不如早点屠宰和出卖成为当时农民的行为逻辑。农民大量屠宰牲畜，牲畜数量急剧减少，有的省的农民估计至少杀了 30 万头牲畜，牲畜数量估计减少 20%③。根据相关资料显示，1954 年 10—12 月，全国各地农产品市场上出现了牛羊肉供给急剧增加的现象，甚至超过了收购计划④。第二，消极劳动引发了"生产力起来暴动"⑤。不少地方农民不热心积肥，不积极准备春耕，合作社的出勤率大大减低，农民反映吃不饱，无法干重活。而勉强出勤的农民很多也坐在田里不干活，有的地区的农民甚至退出了一部分自耕田，交出了土地证⑥。

---

① 罗平汉，卢毅，赵鹏.中共党史重大争议问题研究 [M].北京：人民出版社，2013：241.

② 高化民.农业合作化始末 [M].北京：中国青年出版社，1999：154-155.

③ 高化民.农业合作化始末 [M].北京：中国青年出版社，1999：157.

④ 商务部.关于目前牛羊市场情况和毛猪生产问题的通报（1954 年 12 月）[M] // 中央档案馆.中共中央文件选集：第十七册 [M].北京：中共中央党校出版社，2013：376.

⑤ 1955 年 3 月上旬毛泽东约见邓子恢等人，他指出："生产关系要适应生产力发展的要求，否则生产力会起来暴动，当前农民杀猪宰牛就是生产力起来暴动。"参见：中共中央文献研究室.毛泽东传（1949—1976）[M].北京：中央文献出版社，2003：370.

⑥ 江业文，彭轩雁.1953—1957 年我国农民"闹粮""闹退社"事件直接原因分析 [J].重庆交通大学学报（社会科学版），2012（2）：95-98.

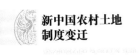
第四节　高级社阶段：中央—地方—农民的互动过程

1955 年下半年至 1956 年年底，是农业合作化的第三个阶段，其间，农业合作化运动迅猛发展，很快实现了农业的社会主义化。

一、中央制度决策：从"停止发展、全力巩固"方针到"加快发展"

（一）中央对农民消极响应的正面回应

中央对农民消极响应正面回应，提出了"停、缩、发"方针，循序渐进地推动农业合作化运动。1955 年 1 月，邓子恢向中央上报了农村的紧张情况，他指出：统购统销以及生产的农产品归合作社所有的做法，严重打击了农民的生产热情；不仅如此，农民还抢购暂时无用的非生产资料。这些现象都不利于发展生产力，也动摇了农民对走社会主义道路的态度。因此，邓子恢建议到，一要明确合作社的半社会主义性质，二要控制运动的发展，将重点放在巩固工作上①。中央采纳了该建议，并很快颁发了《关于整顿和巩固农业生产合作社的通知》（以下简称《通知》）。《通知》指出，"针对不同地区，采取'停、缩、整、发'四种措施。"② 随后，中央又连续发出两道指示，强调农业合作化运动应当循序渐进，避免过度冒进，告诫各级党委一旦冒进就会丧失农民群众的拥护和支持，甚至导致农民群众的不满③。

---

① 邓子恢.目前合作化运动情况的分析与今后的方针政策（1955 年）［M］// 建嵘，等.中国农民问题研究资料汇编：第二卷上册.北京：中国农业出版社，2007：1423.

② 中共中央文献研究室.建国以来重要文献选编：第四册［M］.北京：中央文献出版社，1993：11–14.

③ 中央连续发出的两道指示：《关于春耕生产给各级党委的指示》，参见：中央档案馆.中共中央文件选集：第十一册［M］.北京：中共中央党校出版社，2013：323；《关于迅速布置粮食购销工作安定农民生产情绪的紧急指示》，参见：中共中央文献研究室.建国以来重要文献选编：第六册［M］.北京：中央文献出版社，1993：76.

1955 年 3 月中旬，毛泽东肯定了这一时期的农村工作，提出了"停、缩、发"三字方针，强调浙江、河北两省的发展要收缩一些，东北、华北要停止发展，其他地区再适当发展一些①。1955 年 4 月，第三次全国农村工作会议召开，会议确定了"停止发展，全力巩固"的总方针，并制定了具体措施。另外，针对浙江省农民消极响应的严重情况，会议要求中央农村工作部协助浙江省进行整顿，帮助其贯彻"全力巩固，坚决收缩"的方针。根据以上种种文件、会议和毛泽东的谈话精神，可以看出，在 1955 年春季的时候，毛泽东对整顿巩固现有农业生产合作社是积极支持的。但到了 1955 年 5 月，毛泽东的认识发生了变化。

（二）中央的决策转变

1955 年 5 月开始，中央突然转变了决策，批评了"停止发展、全力巩固"农村工作总方针。中央指出，合作社办不下去，是农村工作部"站在资产阶级、富农等的立场替较少的人打主意，而没有站在工人阶级的立场上替整个国家和全体人民打主意。"② 因此中央主张加快农业合作化的发展速度，要求全国在 1958 年基本上完成高级社化，并预测"在全国农村中，新的社会主义群众运动的高潮就要到来。"③ 中央为什么再次突然转变决策，本书认为有两个重要原因。

其一，直接原因是自下而上的错误信息反馈。1955 年 5 月，中央视察工作时，发现不少地方同志办农业社是积极的，认为农业社好得很，不存在办不下去的情况④。紧接着，有省委书记埋怨农村工作部的工作打击了办社热情，引起了群众和干部的不满。中央听信了这些汇报，就感到中央农村工作部对农业合作化形式的反映也不是真实的，认为只有少数农民生产不积极，缺粮是资产阶级向社会主义发起进攻的托词，农业生产合作社办不下去是发谣风。因此，中央开始用阶级斗争的观点来看待农村形势的估量。

---

① 国家农委办公厅. 农业集体化重要文件汇编 [M]. 北京：中共中央党校出版社，1981：331-332.
② 中共中央文献研究室. 毛泽东文集：第六卷 [M]. 北京：人民出版社出版，1999：433.
③ 中共中央文献研究室. 毛泽东文集：第六卷 [M]. 北京：人民出版社出版，1999：418.
④ 薄一波. 若干重大决策与事件的回顾：上卷 [M]. 北京：中国党史出版社，1991：374.

可见，有学者认为中央关于"合作化运动"的决策失败，是因为缺乏自下而上的信息反馈的观点，是值得商榷的。梳理这段决策历史发现，在决策过程中，中央政府与地方政府以及基层农民仍然保持了持续地互动，但问题在于，错误的、扭曲的信息反馈或更为致命。部分地方政府在扭曲的政治忠诚激励下，力图讨好领导人的政治偏好，部分农民个体也有可能在某些地方干部的要求下"打肿脸充胖子"。而实事求是地反映信息，或许不符合理性地方官员的个人行为逻辑，因为"谏言"受益的是所有地区，而不被青睐的风险却要地方官员独自承担。正如薄一波在《若干重大决策与事件的回顾》一书中讲述这段历史时说道：实事求是的思想路线在各种主观和现实因素的影响和干扰下难以做到；同时，党内生活中存在人云亦云的现象，这不利于中央全面了解真实情况和做出正确决策①。

其二，根本原因是为了解决农业生产不适应工业发展需要的矛盾。前文分析过，资金不足的条件下发展重工业，需要农民超越其"市场理性"为工业发展提供原料供应和资金积累。但是1955年4月中旬《关于第二次全国省市计划会议的总结报告》（以下简称《报告》）显示，第一个五年计划执行三年以来的基本情况是，工业生产的增长速度在一年比一年降低②。《报告》认为，其中主要的原因是来自农产品的原料不足和来自农村的资金积累速度不快，不能适应更大规模的建设需要。因此，农业增产速度的迟缓是我国目前整个国民经济的薄弱环节，要求全党全国人民克服这方面的弱点③。也就是说，如果放慢农业合作化的脚步，工业发展将变得更加艰难，这时，毛泽东开始把解决农业落后于工业的矛盾作为战略问题来考虑。从这个角度出发，也可以解释为什么"突然转变了的决策"在党内迅速取得了共识，因为当时中央最高领导层在"工业化建设"这一基本问题上的认识是一致的。

---

① 薄一波. 若干重大决策与事件的回顾：上卷 [M]. 北京：中国党史出版社，1991：375.
② 中共中央文献研究室. 建国以来重要文献选编：第六册 [M]. 北京：中央文献出版社，1993：76.
③ 中共中央文献研究室. 建国以来重要文献选编：第六册 [M]. 北京：中央文献出版社，1993：76.

（三）中央关于"加快农业合作化发展速度"的政策决策出台

1955 年 7 月，毛泽东亲自撰写了《关于农业合作化问题》的报告①。该报告认为，工业化必须依托于合作化运动，解决了农业合作化问题，就能使用拖拉机等农用机器实现规模化经营，进而提高农业产量，以解决逐年增加的粮食和工业原料需求，就能为完成国家工业化和农业技术改造积累大量的资金。因此该报告批评了中央农村工作部缓慢的发展计划，批评浙江省"坚决收缩"整顿行动是"被胜利吓昏了头脑"，提出要加快农业合作化的发展速度，要求 1960 年基本上完成半社会主义改造，1960 年以后，逐步地分批分期地由半社会主义发展到全社会主义。1955 年 12 月，毛泽东又将实现半社会主义合作化的计划提前四年，并进一步希望到 1959 年或者 1960 年实现全社会主义。同月，毛泽东又提出，是否可以争取于 1959 年基本上完成高级社化。1956 年 1 月，毛泽东在讲话中去掉了"争取"两个字，明确提出：1959 年在全国范围内完成社会主义革命。同年，中共中央政治局在《一九五六年到一九六七年全国农业发展纲要（草案）》中，要求全国在 1958 年基本上完成高级化社②。同年 2 月《中共中央批转江苏省委关于办高级社中应注意事项的指示》中，又提出多数省到 1957 年要基本上实现高级社化③。可以看出，中央关于"加快农业合作化发展速度"的决策一而再，再而三地改变，不断地将计划提前。

二、地方政府实施：地方政府的冒进执行

加快农业合作化发展速度的指示下达后，各地方政府在一片反"右倾机会主义"的声浪中，更加激进地执行农业合作化计划，人为地掀起了社会主义群众运动的高潮，甚至突破了中央一再变化的时间要求，全国将近半数的

① 毛泽东. 毛泽东选集：第五卷 ［M］. 北京：人民出版社，1977：143.
② 中共中央文献研究室. 建国以来重要文献选编：第九册 ［M］. 北京：中央文献出版社，1994：489.
③ 中央档案馆. 中共中央文件选集：第二十二册 ［M］. 北京：中共中央党校出版社，2013：174.

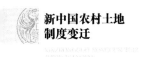
省、自治区、直辖市，于 1956 年年底，就基本上达到了高级社化。这些冒进实施行为体现为：①合作化运动发展速度过快。许多省仅用一两个月的时间，就完成了一年的发展计划。尽管毛泽东在不同的场合强调过，反右倾的同时也要防止"左倾"错误，但由于集中火力猛烈批判了所谓右倾机会主义，形成了一种强大的政治压力，各地方政府唯恐自己成为代表资产阶级利益的人，因此，在党的七届六中全会（扩大）后，人为地掀起了办初级社的高潮。例如，河北省自 1955 年 8 月底到 1955 年 10 月 10 日，发展了 162 万多户农民入社，几乎在一个月内完成了全年的发展计划。山西省在不到两个月的时间内，就建成了约 1.5 万个初级社。时任北京市市长彭真，于 1956 年 1 月 15 日就宣布北京进入了社会主义社会。继北京后，其他省区市也不甘落后，合作化像海啸一样席卷了整个中国大地。②强迫和命令农民入社和投资。在农业合作化高潮中，自上而下的布置发展数字，一级一级往下压任务，这就难免不违反自愿互利的原则。为了解决资金困难问题，不少社干部强迫社员投资。根据 1956 年 6 月 20 日《山东省委关于停止不适当地动员社员向社内投实物的通报》反映：山东省部分地区，有的社由自愿投现金、投砖料，逐渐发展到投一幅棺木、猪、羊、首饰、铜、铁器等；由收集零散砖、石，发展到扒房檐、房顶、拆锅台、门楼、炕沿等；有的甚至拆房子、扒坟墓；有的社发展到按户摊派数目，采取大会"举手通过""熬鹰""整资本主义思想""轮番动员""封门"等方式①。

三、农民个体响应：农民对地方政府冒进实施的响应情况

1956 年，全国掀起了农业合作化的热潮，各地在锣鼓声声中争先进入社会主义社会。在这个过程中，农民个体的响应行为变得尤为复杂，既有真心的"积极响应"，也有无奈下的"消极响应"，还有农民自发地对制度进行适应性创新，努力地在缝隙中寻求生存。

---

① 高化民. 农业合作化始末［M］. 北京：中国青年出版社，1999：305.

第一，积极响应：积极入社。刚刚分到土地不久的贫苦农民，发自内心地热爱共产党和人民政府，相信响应党的号召，跟着共产党走能过上好生活。对于富裕中农，则也成批成批的入社，因为如果不这样做，则有可能在新一轮的阶级划分（细分中农）中处于劣势地位，徒增更多顾虑。

第二，消极响应：消极劳动与退社风潮。农业高级社化发展迅猛，但管理却十分粗糙和落后，存在"社太大上下通气就得一天""过于强调集体劳动，人不齐就不能劳动""分配上又吃大锅饭，多劳也不一定能多得"等问题①，在权责不清的条件下，农民个体表现出了普遍性的消极劳动。据相关资料记载，山西省火星社社员每天的劳动时间仅为 5.5 小时，比平时降低了18.1%，仅 1956 年一年即浪费了 6 160 个工时②。此外，由于消极劳动使得粮食大减产，许多社员吃粮发生困难，因此，1956 年秋至 1957 年上半年，个别地方出现了退社风潮③。

第三，创新响应：摸索包产到户。还有一部分农民在退社风潮中逆流而上，力求在既定的制度环境下，对制度进行适应性创新，以求得缝隙中的生存。比较有代表性的制度创新是包产到户，例如浙江省永嘉县的"产量责任制"、四川省江津县的"包工包产到户"责任制、广东省中山县的"独户自负盈亏"和"三包到户，地跟人走"制度、江苏省城地区的"三包一奖制"和"三包到户"制度、陕西省城固县等地所推行的"责任地""包工到户"和"三包到户"制度、安徽阜阳县的"分户田间管理办法"、山西省的"个人责任地的制度"等。这些制度创新的共同特点有四个：第一，明确责任。即包工、包产、包成本到每户社员。第二，按责分配。依据社员的劳动能力分配土地，社员可自由经营所分配到的土地；但社员要对土地产量负责，必须按照要求上缴一定数量的粮食。第三，农具搭配到户或轮流使用。第四，社员平时单独生产，农忙时小组互助。包产到户在坚持集体所有制的前提下，解决了以往集体劳动权责不清的问题，较好地建立了劳动激励，受到了社员的欢迎。

---

① 杜润生. 中国农村改革决策纪事 [M]. 北京：中央文献出版社，1999：456.
② 高化民. 农业合作化始末 [M]. 北京：中国青年出版社，1999：311.
③ 中共中央文献研究室. 建国以来重要文献选编：第九册 [M]. 北京：中央文献出版社，1994：551.

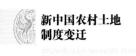
第五节　人民公社阶段：中央—地方—农民的互动过程

人民公社于 1958 年成立，到 1984 年中央正式要求撤社、建乡①，彻底退出历史舞台。人民公社在我国存在了 26 年之久。

一、中央制度决策：从"整顿高级社"到"建立人民公社"

（一）中央正面回应农民的消极响应和创新响应

1956 年秋，中央正面回应农民的消极响应和创新响应，提出"整顿高级社"和总结推广农业生产责任制经验。1956 年 9 月，党的八大召开，当时中央部分领导已对农业高级社化后的问题有了一定认识。例如，刘少奇认为，许多合作社过分地强调集体利益和集体经营，错误地忽视了社员个人利益、个人自由和家庭副业，这种错误必须迅速纠正②。周恩来和陈云的观点是对无害于合作社的农家副业可以让社员保留一些自留地，让他们单独经营③。邓子恢提议："在生产资料处理方面，应该采取'主要公有，次要私有'的办法。"④ 可见，虽然在党的八大召开时，高级社还在发展中，退社风潮还未波及开来，但中央的一部分领导对其遗留问题已有一定程度的认识，这为整顿高级社创造了条件。闹社、退社风潮逐渐在全国范围内波及开来以后，中央

①　1983 年中央出台了《关于实行政社分开，建立乡政府的通知》，要求各地在 1984 年年底完成建立乡政府工作。标志着人民公社制度的彻底取消。参见：中共中央文献研究室. 新时期农业和农村工作重要文献选编［M］. 北京：中央文献出版社，1992：220.
②　中共中央办公厅. 中国共产党第八次全国代表大会文献［M］. 北京：人民出版社，1957：25.
③　中共中央办公厅. 中国共产党第八次全国代表大会文献［M］. 北京：人民出版社，1957：332.
④　中共中央办公厅. 中国共产党第八次全国代表大会文献［M］. 北京：人民出版社，1957：362.

开始按照党的八大精神对高级社着手进行整顿，陆续出台了一系列文件①。整顿内容包括了纠正合作社公有化程度过高的问题、纠正了分配上的平均主义、调整了社队组织规模等。尤为可贵的是正面回应了农民自发的制度创新，提出要总结和推广生产责任制经验。邓子恢甚至高度评价了农业生产责任制，认为这是群众的"新创造"，是合作社管理上的新体制，这也是党内第一次把农业生产责任制提高到合作社"新体制"来认识②。

（二）中央的决策转变

1957 年 8 月以后，中央逐渐转变了决策，不再以整顿高级社为重点，并且认为"包产到户"是"开历史的倒车"，主张在广大农村进行社会主义教育，开展两条道路"大辩论"，以平息闹社、退社风潮和批判纠正党内的右倾思想。同时要求大力推动农业生产建设，拉开了"大跃进"的序幕。1958 年 8 月，中央正式决定在农村普遍建立人民公社。中央为什么再次突然转变决策？本书认为，重工业发展战略依然起了非常关键的作用，另外当时掌握决策权的中央领导人的认知约束也是决策转变的重要原因。

第一，服务于重工业发展的粮食统购再次遇到了困难。我们知道，农业合作社较之分散的个体经济，更加有利于国家向农民统购粮食，因为国家可以把农业合作社当作一种行政组织，通过向其下达命令而使国家意志得到执行，从而节约了与个体农户进行交易的费用。但是，中央却忽略了农业合作社自身的行动逻辑，农业合作化后，社干部往往在本社利益和国家利益之间，选择本社利益，通过集体隐瞒产量、多报损失等办法，达到本社少卖余粮，

---

① 中央出台了一系列整顿高级社的文件，这些文件包括：《中共中央、国务院关于加强农业生产合作社的生产领导和组织建设的指示》（1956 年 9 月 12 日）、《中共中央、国务院关于迅速正确处理社的集体利益与社员个人利益的矛盾等问题的指示》（1956 年 9 月 29 日）、《中共中央、国务院关于农业生产合作社秋收分配中若干具体问题的指示》（1956 年 11 月 24）、《关于增加农业生产合作社社员自留地的决定》（1957 年 6 月 25 日）、《国务院关于统一管理农村副业生产的通知》（1957 年 10 月 22 日）、《中共中央关于在农业合作社内部贯彻执行互利政策的指示》（1957 年 9 月 14 日）、《中共中央关于整顿农业生产合作社的指示》（1957 年 9 月 14 日）、《国务院关于正确对待个体农户的指示》（1957 年 12 月 21 日）。

② 邓子恢. 论农业合作社内部矛盾与民主办社——在中共北京市委召开的第三次乡党委书记扩大会议上的讲话 [N]. 人民日报，1957-05-07 (4).

多得供应的目的。结果，1956 年统购粮数，较之上一年少购了 39 亿斤，然而统销粮食却比上一年度增加了 127 亿斤①。与之同时，1956 年秋开始的闹社退社风潮愈演愈烈，毛泽东对此十分忧虑，他指出若国家每年征购的粮食少于850 亿斤，不仅不利于国民经济发展，而且也无法应对突发事件②。因此，他下决心在 1957 年秋收前在农村中进行一次反对不顾国家利益和集体利益的个人主义和本位主义的斗争③。

第二，决策者的认知约束。合作社到底有没有优越性？"包产到户"是不是"开历史倒车"？当时中央决策者对这两个问题的认识是有局限的，其实质是生产力决定论还是生产关系决定论之间的分歧。如果承认生产力决定论，那么生产关系（制度）就要适应生产力，任何超越或落后生产力水平的生产关系（制度）都是不合适的。从这个角度来看，高度合作化、集体化、规模化固然是先进的生产关系，但是不适合当时手工劳动、蓄力耕种的生产力水平，因而是不合适的制度。包产到户相比集体经营，固然是相对落后的生产关系（制度），但适合当时的生产力，因而是合适的制度。正如第一个县级党委搞包产到户的浙江永嘉县委农业书记李云河所言："在小农经济条件下，包产到户能够激发农民的生产热情，提高农业生产效率，它是经过我们社实践证明了的好办法。"④ 但当时以毛泽东为代表的中央决策者持生产关系决定论的观点，认为可以"先改变所有制，再发展生产力"，理由是规模经营后才能产生技术进步的需要。这也直接导致他将闹社、退社风潮看作是少数富裕中农想走资本主义道路⑤，将党内"合作社无优越性"的观点看作是右倾机会主义吹来的一股"小台风"⑥。为了平息闹社退社风潮和批判党内的右倾思想，毛泽东认为有必要在农村开展关于两条道路的大辩论。虽然他指出辩论

① 中共中央文献研究室.建国以来重要文献选编：第十册 [M].北京：中央文献出版社，1994：487.

② 中共中央文献研究室.建国以来重要文献选编：第十册 [M].北京：中央文献出版社，1994：487.

③ 中共中央文献研究室.建国以来重要文献选编：第十册 [M].北京：中央文献出版社，1994：487.

④ 中共永嘉县委党史研究室，永嘉县农业局，永嘉县档案馆.中国农村改革的源头：浙江省永嘉县包产到户的实践 [M].北京：当代中国出版社，1994：374.

⑤ 毛泽东.毛泽东选集：第五卷 [M].北京：人民出版社，1977：458.

⑥ 毛泽东.毛泽东选集：第五卷 [M].北京：人民出版社，1977：379.

时，要让各人畅所欲言①，但是遗憾的是，运动一开始就发生了偏差，因为大辩论的目的，早已脱离了技术层面，拔高到了社会主义或资本主义的两条道路选择层面，其实质是进行社会主义教育，最终为统购统销和重工业战略服务。

（三）中央关于"建立人民公社"的政策决策出台

1957 年 8 月，中央通过大辩论强劲的政治压力平息闹社退社风潮。1957 年 10 月，全国拉开了"大跃进"的序幕。在此基础上，毛泽东于 1958 年 8 月 主持召开中共中央政治局扩大会议，会议通过了《中共中央关于在农村建立人民公社问题的决议》（以下简称《决议》），决定在农村普遍建立人民公社②。《决议》公布以后，《红旗》《人民日报》等主流媒体相继发表社论，号召人们高举人民公社旗帜向前迈进，随后，人民公社化运动迅速掀起热潮。

二、地方制度实施："被击退"的创新实施和"被鼓励"的激进实施

（一）"被击退"的创新实施

1956—1957 年，全国多地在地方政府的支持下进行了合作化制度的适应性创新，比较有代表性是包产到户制度，例如浙江省永嘉县的"产量责任制"、四川省江津县的"包工包产到户"责任制、广东省中山县的"独户自负盈亏"和"三包到户，地跟人走"制度等。但包产到户制度一经出现，就面临激烈的争议，不到一年时间，就在"农村两条道路的大辩论"中被击退。以全国第一个县级党委搞包产到户的浙江永嘉县为例，1956 年春，永嘉县委副书记、农业书记李云河在当地农委工部的允许下，在燎原社搞"包产到户"。包产到户允许社员自主经营，且只要交够了集体的粮食以及上缴了国家的税金，剩余的全都是自己的。这一政策受到广大社员的支持和拥护，所以在很短的时间内，永嘉县就有超过三百个社实行这一政策③。1956 年 9 月和

---

① 中共中央文献研究室. 建国以来重要文献选编：第十册［M］. 北京：中央文献出版社，1994：530.

② 中共中央文献研究室. 建国以来重要文献选编：第十一册［M］. 北京：中央文献出版社，1995：446.

③ 中共永嘉县委党史研究室，永嘉县农业局，永嘉县档案馆. 中国农村改革的源头：浙江省永嘉县包产到户的实践［M］. 北京：当代中国出版社，1994：374.

11 月，《人民日报》和《浙南大众报》先后发文章批评永嘉县，认为包产到户就是组织起来单干，在生产方式上是一种倒退的做法。针对上述批评，李云河 1957 年 1 月在《浙江日报》上发文予以回应。他认为，土地的所有权依然是属于集体，只不过是将生产任务和责任指定到每一个人，这并没有改变所有制，而且社和队依然有权让分散生产和经营的个人组织在一起进行合作生产和经营，这也绝不会使合作社变质，因而包产到户不是"开倒车"。相反，包产到户是集体劳动的补充，能满足复杂的农事的需要，在没有实现机械化以前，是调动社员生产积极性和发展生产的好办法。文章发表后，永嘉县的农村干部和农民都松了一口气。但很快，1957 年 8 月，中共温州地委严肃批判了李云河，认为实行包产到户是右倾机会主义性质的错误。李云河随即被开除党籍，下放工厂劳动改造，同时因"永嘉包产到户案"被关判刑者多达 20 余人。直到 1983 年"永嘉包产到户案"被彻底平反，1984 年《人民日报》发表长篇通讯《已是山花烂漫时》讴歌了李云河等制度的探索者①。

（二）"被鼓励"的冒进实施

从"农村两条道路的大辩论""大力推动农业生产建设"到"建立人民公社"的一系列指示下达后，各地方政府在一片反右倾机会主义的声浪中，更加激进地执行农业合作化计划，将"大跃进"推向高潮和迅速完成了人民公社运动。这些激进实施行为体现为：第一，中央和地方制定脱离实际的计划指标，各地掀起了大放"高产卫星"的浪潮。当时中央和地方在制订计划时，既制定了预期完成目标，又制定了必须完成的目标，而中央在考察地方政绩时，参考的是中央预期当地能够完成的目标。按照这个逻辑，上级考察下级都是以上级的预期完成目标为标准。因此，经过一级一级的不符合实际的加码，预期目标已经远远超出实际目标。各地方政府在不切实际的指标压力下，弄虚造假，放"高产卫星"，制订的产量计划高出实际产量几十倍甚至上百倍②。例如，西北地区人口稀少、干旱、土地沙漠化严重，因此西北地区

①　艾丰. 已是山花烂漫时 [N]. 人民日报，1984-10-12 (2).
②　杜润生. 杜润生自述：中国农村体制变革重大决策纪实 [M]. 北京：人民出版社，2005：176.

的农业产量一直都不高。但是在当时，西北地区也喊出口号，1958 年人均粮食产量要达到 1 100 斤①。第二，人民公社运动迅速完成。从 1958 年 8 月到 10 月，全国 79 万多个农业生产合作社，被合并成 2.3 万多个人民公社，入社农户达 99% 以上，除西藏等个别地区外，全国飞速实现人民公社化②。以云南边疆地区为例，1957 年时，只有接近 10% 的农户加入了合作社，但是到 1958 年，几乎一夜之间就实现人民公社化了，许多地方是互助组、合作社、人民公社"三步并作一步走""跑步进入社会主义"③。

三、农民个体响应：农民对地方政府冒进实施的响应情况

全面公有化的人民公社运动以来，农民除了消极怠工、突击宰杀牲畜、闹退社、瞒产私分、明集体暗单干、偷摸开荒自挖地等以上三个阶段均有的消极响应行为以外，还出现了外逃和人口非正常减少等消极响应现象。外逃与人民公社取消社员的退出机制密切相关。过去在较低公有化程度的合作社，社员拥有不同程度的退社权，如果合作社使其收入降低，社员可以行使退出权变回自耕农，但人民公社取消了这一权利，当农民别无选择的时候，外逃现象就出现了，尤其是边境地区较为突出④。人口非正常减少是由于地方政府浮夸风的粮食产量计划致使粮食征购越来越多，1955—1958 年的粮食征购率不到 26%，到 1959 年就突然提高到 37%，然而实际粮食产量却比 1958 年下降 15%，农村粮食很快入不敷出，使得个别地区出现了饥荒现象⑤。

---

① 王立诚. 中国农业合作简史 [M]. 北京：中国农业出版社，2009：123-124.
② 陈吉元，陈家骥，杨勋，等. 中国农村社会经济变迁（1949—1989）[M]. 太原：山西经济出版社，1993：303.
③ 陈吉元，陈家骥，杨勋，等. 中国农村社会经济变迁（1949—1989）[M]. 太原：山西经济出版社，1993：304-317.
④ 高王凌. 人民公社时期中国农民的"反行为"研究 [M]. 北京：中共党史出版社，2006：90.
⑤ 中共中央党史研究室. 中国共产历史：第二卷 [M]. 北京：中共党史出版社，2010：369.

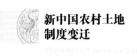
四、中央政策调整：从"集体所有制"退回到"三级所有、队为基础"

1958 年人民公社建立以后，以毛泽东同志为主要代表的党中央很快注意到了农民的抵触情绪以及消极劳动对农业生产力的破坏。因此，从 1958 年年底开始，中央不断调整农业合作化运动的相关政策。调整的基本方法是在保持农业合作化制度的基本框架前提下，实行权力下放，为规模更加小的生产队所有权提供保护。同时，约束上级行政干部无偿平调农民财产，改善工分制和生产队的内部管理。例如，1958 年年底调整的主要内容是反对急于向全民所有制过渡，承认人民公社的社会主义性质，而非共产主义性质，压缩收购指标①。1959 年调整的主要内容是，在人民公社内部实行三级所有制，即公社所有制、生产大队所有制和生产队所有制②。将生产队作为基本核算单位，同时认可在生产队下面设生产小队的做法。这时所指的生产队相当于原来的高级社，而生产小队相当于原来的初级社。1961—1962 年调整的主要内容是，将基本核算单位下放到生产小队，将生产小队改称为生产队③。1962 年的调整政策直到 1984 年中央正式要求完成撤社建乡工作，才完全退出历史舞台④。

---

① 1958 年中央出台了《关于人民公社若干问题的决议》，指出由集体所有制过渡到全民所有制需要一个过程，批评了企图跳过社会主义直接进入共产主义的过激倾向。参见：中共中央文献研究室.建国以来重要文献选编：第十册.北京：中央文献出版社，1995：598.
② 1959 年中央出台了《关于人民公社的十八个问题》，提出三级所有、三级管理、三级核算以及生产小队的问题。参见：中共中央文献研究室.建国以来重要文献选编：第十二册［M］.北京：中央文献出版社，1996：162.
③ 1962 年中央出台了《关于改变农村人民公社基本核算单位问题的指示》，正式宣布把以生产大队为基本核算单位改为以生产队为基本核算单位。参见：中共中央文献研究室.建国以来重要文献选编：第十五册）［M］.北京：中央文献出版社，1997：176.
④ 1983 年中央出台了《关于实行政社分开，建立乡政府的通知》，要求各地在 1984 年底完成建立乡政府工作。标志着人民公社制度的彻底取消。参见：中共中央文献研究室.新时期农业和农村工作重要文献选编［M］.北京：中央文献出版社，1992：220.

本章小结

本章围绕着"农业合作化运动"进一步挖掘了其决策形成、政策实施和农民响应的制度创新过程，以探究农业合作化运动最后为何演变成一场绩效不佳的制度变革，并总结制度创新的教训。

本章通过对农业合作化运动各阶段的历史过程考察，认为之所以最终演变为一场绩效不佳的制度变革，其关键原因在于中央、地方、农民之间的无效互动。

首先，中央顶层设计与农民现实需求相脱离，同时中央在改革不确定性高、复杂程度较高和改革风险极大的背景下，设置了极小的政策可行集，使政策丧失了创新性空间和自适应能力，是导致制度变迁绩效不佳的根本原因。中央作为正式制度的供给者，依据国家发展现状制定国家发展战略和大政方针是必要的。而农村土地制度作为国家发展战略的子系统，其历史任务也理应为国家发展战略服务，但是国家发展战略宏观制度体系与农村土地制度子系统必须要以社会/农村制度需求为基础；否则，中央的政策决策将无法自我实施。在无法自我实施的情况下，中央或许可以采用高压模式推动改革，投入大量的监督资源，来传递更高的可信性承诺信息，但是监督机制的运行同样会消耗社会资源，虽然也能达成政策目标，却要付出极大的代价。

其次，地方政府的冒进实施行为，以及对中央扭曲的、错误的信息反馈，为绩效不佳的制度变革踩了油门。有学者认为中央合作化运动的决策失败，是因为缺乏自下而上的信息反馈。通过本章对决策历史的梳理发现，在决策过程中，中央与地方以及基层农民仍然保持了持续地互动，但问题在于，错误的、扭曲的信息反馈可能更为致命。部分地方政府在扭曲地政治忠诚激励下，冒进实施中央政策，力图讨好领导人的政治偏好，部分农民个体也有可能在某些地方干部的要求下"打肿脸充胖子"。而实事求是地反映负面信息，或许不符合理性地方官员的个人行为逻辑，因为"谏言"受益的是所有地区，

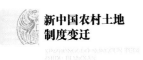

而不被青睐的风险却要地方官员独自承担①。

再次，农民虽然作为土地的所有者，但往往无力抑制国家对土地的干预。结合上一章的分析，土地改革为农民留下了"注入国家意志的土地私有制"，"感恩型国家观念"深刻地影响了农业合作化制度变革。农民的私有土地权利是国家赋予的，并没有支付对价，因而，自然也无法拒绝国家对土地权利的收回。同时，在土地改革期间，党和农民建立了深厚的血肉感情，农民对共产党保持了相当高程度的信任，也是农民广泛地接受了政府取消小农私产的关键原因。

最后，本章落脚于农村土地制度改革的中国道路的奠基。一方面，提出农业合作化运动为我们留下了特殊的集体所有权制度，奠定了农村土地的社会主义产权基础。另一方面，提出农业合作化运动后从内部创造出了"部分退出权"，增强了农民对政府的谈判权，为日后农村改革的农民参与埋下了伏笔，同时也为家庭联产承包责任制改革，沿着"两权分离"的中国道路演进做了逻辑铺垫。

政策效果及改革评述

---

① 薄一波在讲述这段历史时说道："现实生活和党内生活是很复杂的。党的思想路线是实事求是，而要真正做到它是很不容易的事。主观上非常愿意这样去做，但往往因为这样那样的复杂因素的影响和干扰，而实际上难以做到。"参见：薄一波. 农业社会主义改造加速进行的转折点（四）［J］. 农村经营管理，1992（7）：38-40.

第五章

"以地还利"的农村土地"使用权"改革：
从"两权分离"到"三权分置"

  "以地还利"的农村土地使用权改革，发轫于1978年小岗村农民"包产到户"的制度创新。从此，中国农村土地制度变迁沿着公有制下赋权于民的路径发展，从家庭联产承包制责任制到不得调地政策，再到"三权分置"改革，呈现出一个从单一到多元，从调整到稳固，不断向农民"以地还利"[①] 的连续变迁的过程。中国农地使用权改革，既避免了私有制下的土地兼并，也避免了苏联模式的低效率，它极大地提高了农业生产率，促进了农业增长，为中国经济增长奠定了坚实的基础。同时，它通过农业剩余劳动力转移，加速了工业化和城镇化进程，最终使得7.7亿人脱贫[②]，中国贫困发生率从1978年的97.5%降至2020年的0%[③]。"以地还利"的中国农村土地使用权改革是成功和有效的，这是学界的共识。

  在此共识的基础上，本书进一步挖掘的是从"两权分离"到"三权分置"的农村土地使用权改革是如何取得成功的？以家庭联产承包责任制改革为例，学界普遍将其视为诱致性变迁的典范，认为这项改革是农民自发演进形成，是在中央明令禁止的条件下实现的。然而，从实践上看，"包产到户"等并非小岗村农民的首创，而是在20多年前早已有之，并且经历了"三起三落"。为何之前搞"包产到户"的农民创新没有成功，而小岗村成功了？为此，本章试图从中央制度决策、地方制度实施与农民制度响应之间的互动中寻求解释。

---

① 文节中"以地还利"的中"还"是指国家沿着"两权分离"思路，在坚守公有制框架下，重构个体对公共财产进行独立支配的权利体系，不断向农民还权让利。

② 国家统计局. 中国统计年鉴（2020年）[M]. 北京：中国统计出版社，2020：204.

③ 截至2020年年底，在中国现行农村贫困标准下，我国农村的绝对贫困实现历史性消除。参见：国家统计局. 中华人民共和国2020年国民经济和社会发展统计公报 [EB/OL].（2021-02-28）[2023-11-22]. http://www.stats.gov.cn/tjsj/zxfb/202102/t20210227_1814154.html.

第一节 "以地还利"的土地使用权改革的原因

　　家庭联产承包责任制改革是我国农村土地产权制度探索"两权分离"改革路径的起点，从此，我国找到了一条公有制框架下赋权于民的农村土地制度改革路径。但是这一改革是如何发生的？中央为何要转变以往政府主导的制度形成过程？本节从国家战略转变、原有制度边际调整和决策思路转变三方面进行了探讨。

一、国家战略转变：从重工业优先到提高国民收入与人民生活水平优先

　　贫穷不是社会主义[①]，失去群众支持的社会主义，也不是真正的社会主义[②]，唯有使农民摆脱贫困，才能重建政府与社会之间的信任，才能扭转党和国家的命运。20世纪70年代，国际国内环境发生了巨大变化，这对中央战略政策的转变产生了重大影响。从国际上说，我国所处的国际环境从紧张对立趋向和缓宽松，这为中央放松对农村的控制，进行"农民倾向"的土地利益调整提供了客观上的可能。和缓的国际局势对中国在当时采取的放权改革政策具有十分重要的影响，潜在的侵略战争威胁减小，可能会有助于中央集权的放松。从国内环境来说，1976年毛泽东去世、"四人帮"倒台、"文化大革命"宣告结束以及以邓小平同志为主要代表的中国共产党人的形成等中央上层政治结构的重大变化，为国家放松对农村的控制，进行"农民倾向"的土地利益调整提供了主观上的可能。以邓小平同志为主要代表的中国共产党人必须直面由于农民深度

---

① 邓小平. 邓小平文选：第三卷 [M]. 北京：人民出版社，1993：64.
② 杜润生. 杜润生自述：中国农村体制变革重大决策纪实 [M]. 北京：人民出版社，2005：126.

贫困而导致的政府合法性危机①，以往长期扭曲的经济政策使农民深陷贫困，
也使政府面临合法性挑战。政府唯有使农民摆脱贫困，才能重建与社会之间
的信任。在这个大背景下，党的十一届三中全会召开，中央的战略政策开始
转变，从以阶级斗争为纲向以经济建设为中心转变，从重工业优先发展战略
向提高国民收入与人民生活水平优先的发展战略转变。

二、收益成本倒挂：原有制度的边际调整失败

尽管"提高国民收入与人民生活水平"的战略目标已经成为中央制定各
类政策的依据，但对于农村经济来说，如何发展农业生产使农民摆脱贫困仍
然处于迷雾之中。当时相当多的人认为，农村经济发展不佳的根源在于无效
的经济政策和不良的干部作风②。因此，中央 1978 年制定的农村政策仅仅针
对了这些"缺点"和"不良现象"，而对原有制度作边际调整，主要基调是
"修养生息"和加强基层自主权。"修养生息"的内容，包括加大农业投入、
提高政府的农副产品收购价格、减少政府统派统购数量和扩大进口农产品。
例如政府在 1979—1980 年，对负担和困难较重的地区，减免了 55 亿斤征购任
务，进口了近 200 亿斤粮食，提高了棉花、稻、麦的收购价格，加大了农业
基本建设投资额，提高了钢材、用电以及化肥施用量③。加强基层自主权主要
是指强调生产队的自主权。但这种对原有体制做边际调整的努力，不仅使政
府获取农业剩余的水平下降到大体与传统的农业税相当，还极大地增加了政
府的财政压力，并最终造成持续的财政赤字④。根据冯海发和李微的统计，

---

① 对此杜润生感叹道："中国实行社会主义近 30 年了，农民一天还吃不上 1 斤贸易粮，1958 年—
1978 年 20 年间全国农村人民公社社员平均收入年增长只有 1 元。"参见：杜润生. 改革开放初期
农村包产到户的经过 [J]. 书摘，2006（6）：69-72.

② 杜润生回忆到："当时更多的人未认识到问题的症结所在，认为主要是'经济管理'和某些具体
政策及干部作风有问题。"参见：杜润生. 杜润生自述：中国农村体制变革重大决策纪实 [M]. 北
京：人民出版社，2005：97.

③ 杜润生. 杜润生自述：中国农村体制变革重大决策纪实 [M]. 北京：人民出版社，2005：97.

④ 周其仁. 中国农村改革：国家和所有权关系的变化（下）：一个经济制度变迁史的回顾 [J]. 管理
世界，1995（4）：147.

1980 年农业提供的总积累 360.74 亿元，扣除政府用于农村的部分，农业净流出资金 278.62 亿元，占当年农业总产值 2 108 亿元的 13.22%，这已低于 1955 年的 12.83%，仅略高于 1952 年的 11.49%，1977 年同一指标为 15.73%，1978 年为 14.05%[①]。另外，扩大农民自留地和社队自主权的政策后果则更为复杂，一方面，自留地的存在有助于缓解饥荒问题；另一方面，农民在集体土地上的劳动积极性更加低下，因为当农民有了自己可以控制的生活来源时，他们就不再完全依赖集体，因此集体生产效率变得更加低下。很显然，来自比重仅占 10% 左右的自留地上的有效劳动，很难抵消有 90% 占比的集体土地上的无效劳动，因而此期间农业总要素生产率依然不及 1957 年以前的水平[②]。此时不得不承认，政府边际调整原有体制的努力，并没有达到预期的政策效果，反而加深了政府控制农村的收益指数增长与相对费用指数增长的倒挂程度。这意味着原有农村经济体制不可持续，对于中央决策者来说，改弦更张是早晚的事，没有回避的可能，但问题在于如何改？什么样的制度才能让农民种好公家的地？

三、决策思路改变：设置软规则为底层制度创新"留门"

什么样的制度才能让农民种好公家的地？曾经三起三落的"包产到户"是好制度吗？它一定能使农民多打粮食吗？恢复小农经济一定能使农民摆脱贫困吗？失去政府强制性转移支付的工业建设能顺利完成自我积累吗？小农经济的星火燎原会不会导致不可控的后果，甚至动摇社会主义的基础？在当时没有人笃定地知道答案，正如邓小平所说，我们得"摸着石头过河"。因此，当一切都没明朗之前，中央的决策者面对创新，尤其是颠覆式创新是慎重的，因为作为任何一个决策者来说，他既要为党的政治风险负责，也要为人民大众负责。所以，不得不承认，出于规避巨大不确定性风险的需要，政

---

① 冯海发，李溦. 试论工业化过程中的工农业关系 [J]. 经济研究，1989（12）：44-49.
② 周其仁. 中国农村改革：国家和所有权关系的变化（下）：一个经济制度变迁史的回顾 [J]. 管理世界，1995（4）：147.

府相比于农民，更为保守。从这个角度来说，旧制度的破冰从顶层开始是极其艰难的，甚至不可能。但中央其中一个决策智慧是设置"软规则"，也就是为底层制度创新"留门"，提供一个法规模糊的"灰色地带"。例如，"已经发生的暂不纠正""原则上不行，但特殊可以""没说可以，也没说禁止"等。"软规则"的存在意义重大，为政府观察新生事物的发展提供了一个"风险可控"的试验场所，如果新生事物被实践证明是有利的，中央可以使其合法化，为新生事物"踩油门"；反之，则及时"踩刹车"。回顾20世纪70年代末的决策历史，中央面对"包产到户"的政治敏锐性和不确定性约束，很多初期决策都运用了这一智慧。一是"已经发生的暂不纠正"。对于群众搞包产到户，中央强调不要勉强去纠正。1979年3月，在专门讨论责任制的会议上，面对是否应该放开包产到户的问题，会议形成一个妥协方案。即那些暂时不能说服搞包产到户的农民，不能强迫他们参加，更不能搞批斗。二是"原则上不行，但特殊可以"。1979年4月，邓小平在一次中央会议中，面对众多对包产到户的质疑声，虽然他当场没有对此问题表态，但说道："贫困地区总得放宽政策。"①"贫困地区"的表述颇有深意，因为什么是贫困地区呢？很难有客观标准，只要想搞"包产到户"的地区都可以认为自己是贫困地区，这就相当于在"完全禁止"中开了一个小口子。三是"没说可以，也没说禁止"。1979年6月，内蒙古向中央请求借地给农民包种。中央的态度是让小农经济再恢复是不利的，如果是为了救荒，搞"口粮田"，可以同意，但不要提"包产到户"，没有说禁止②。正是有了这样的"灰色地带"，呵护了底层创新的种子，中国历史上最伟大的农村改革就从这里开始了。

---

① 中共中央文献研究室. 十二大以来重要文献选编：中册 [M]. 北京：人民出版社，1986：540.
② 杜润生. 杜润生自述：中国农村体制变革重大决策纪实 [J]. 北京：人民出版社，2005：104.

第二节 家庭联产承包责任制改革：
中央—地方—农民的互动创新过程

家庭联产承包责任制的制度创新历程是从 1978—1982 年，以 1978 年小岗村农民的"包产到户"制度创新为标志，到 1982 年中央出台第一个"一号文件"① 正式在全国范围内承认包产到户的合法性。家庭联产承包责任制改革，实现了农地所有权和承包经营权"两权分离"，较好地处理了国家与农民的土地利益关系，提高了农民劳动积极性和劳动生产率，促进了农村生产力的发展，同时实现了粮食增产、农民增收的政策目标。因此，家庭联产承包责任制既是一项有效的制度改革，也是一项成功的制度改革。本节进一步挖掘了家庭联产承包责任制的制度形成过程，以探究中央的决策思路是如何发生转变的？地方政府和农民集体（个体）在制度变迁中分别起了什么作用？

一、基层创新策略："走入地下"和"干了再说"

改革的破冰需要从基层开始。正如前文分析，由于风险规避约束，因此改革创新的破冰不太可能从顶层开始。1978 年年底，凤阳县小岗村干部带领 18 户农民举行秘密会议，一致商定：大家分包田地，每户保证交够国家和集体的公粮，不再向国家伸手要钱要粮。若包产到户使干部挨批、住监狱，其家属生计由全村共济②。他们采取"走入地下"和"干了再说"的响应方式作为对传统体制的抵制，继以往包产到户"三起三落"之后，又掀起了第四起包产到户的自主改革浪潮，无意间开启了改革开放的大门。

虽然小岗村"先斩后奏"搞包产到户的故事家喻户晓，但依然值得讨论

---

① 1982 年中央出台的第一个"一号文件"的名称为《全国农村工作会议纪要》。参见：中共中央.中共中央国务院关于"三农"工作的一号文件汇编（1982—2014）［M］.北京：人民出版社，2014：1.

② 这个故事经调查，细节上有出入，但流传甚广，从一定程度上表明了农民甘愿冒险的决心。

的一个问题是，"先斩后奏"的风险极大，农民在什么条件下会采取此种方式自发改革？传统的研究将"穷则思变"作为观察的重点。例如，文贯中考察了 20 世纪 70 年代的农业生产率，发现 1974—1977 年的农业总要素生产率逐年下降，到 1977 年甚至低于 1961 年自然灾害的时候[①]。周其仁发现，在 1977 年的严重自然灾害使一些极度贫困地区的农民投入家庭副业仍不足温饱，由此认为这是又一波包产到户的由来[②]。当然，本书同意"穷则思变"是根本性原因，但问题在于解决活命的方式还有其他的，例如在 1978 年年底以前，小岗村的农民宁愿外出逃荒要饭，也没有碰这条高压线，为什么在 1978 年年底有了转机？本书认为至少有一个因素不应该被忽略，就是从中央到地方刻意释放的"放松信号"。可以推测，政治家采取象征性行动所释放的"预示信号"，在一定程度上降低了未来走向的不确定性，帮助下级或底层制度创业者收敛预期，促进了其自发改革的冒险行为。例如，在小岗村自发改革的前一年，即 1977 年 7 月，邓小平恢复领导职务后，首先推动了思想路线的拨乱反正，支持开展关于真理标准问题的讨论，反对"两个凡是"的错误方针，支持实事求是和群众路线，提出尽快把全党工作重心转移到经济建设上来。实际上，邓小平通过引入了新的信念体系与旧的信念体系展开竞争的方式，向地方政府释放了预示未来走向的积极信号。1977 年 11 月，安徽省委书记万里经过 3 个月农村走访调查，决心从安徽的实际情况出发，出台了第一个否定阶级斗争为纲的省委文件——"省委六条"[③]。该文件规定，农村工作的重心应该由阶级斗争转移到生产上；允许农民自由生产、交易农产品；实行生产队责任制。事实上，比起文件内容更加重要的是文件释放出的"放松信号"。可以推测，正是有了这些"放松信号"，基层制度创业者才敢冒险，毕竟如果确切地知道冒险没有丝毫机会和得不偿失，那么逃荒、要饭、吃救济粮或许

---

① WEN G Z J. The current land tenure system and its impact onlong term performance of farming sector: the case of modern China [D]. Chicago: University of Chicago, 1989: 50-62.

② 周其仁. 中国农村改革：国家和所有权关系的变化（下）：一个经济制度变迁史的回顾 [J]. 管理世界，1995：147.

③ "省委六条"的全称为《中共安徽省委关于当前农村经济政策几个问题的规定》。参见：中共中央党史研究室. 新中国 70 年大事记（1949.10.1—2019.10.1）（上）[M]. 2019：459.

是更好的选择。正如小岗村的改革带头人严俊昌、严宏昌等人在口述中回忆到："我们意识到捆的越大越不好干，我们决定把一个队分成东、西两个队，这时，正值县、社党委贯彻落实省委文件精神，要求我们搞队为基础、一组四定。趁这股东风，我们就把生产队分成了两个组，后来索性把两个组变成四个组，四个组变成八个组，这八个组虽然多是父子组、兄弟组，但依然矛盾很多，大家便起了单干的念头。"① 事实上，以往"三起"包产到户风潮都是发生在政策有所放松的时候，并非发生在最贫穷的时候。因此，这里可以得出推测性结论：邓小平释放的改革信号和万里"省委六条"释放的放松信号，可能促进了小岗村的基层改革创新行为。

二、地方分权决策：贫困地区率先为包产到户提供政治保护

20 世纪 80 年代，中国农村改革的主要经验是分省决策②。另外，1980年，邓小平关于农村政策的两次谈话，为各省因地制宜供给农村政策提供了有力支持。一次是 4 月，邓小平提出生活贫困的地区可以实行包产到户。另一次是 5 月，邓小平指出农村工作需要进一步解放思想，应该因地制宜，尊重农民希望实行包产到户的意愿③。这两次谈话，彰显出邓小平的决策智慧，在新生事物还未完全明朗和取得党内广泛共识之前，他只明确了政策方向和边界（方向是集体经济，边界是贫困地区），以分省决策的方式作为包产到户

---

① 严俊昌，严宏昌，严立学. 凤阳县小岗村包干到户的一些情况［M］//施昌旺. 安徽改革开放口述史. 北京：中共党史出版社，2019：146-155.

② 分省决策是指，各省可以根据各自的资源禀赋特征，经过省的政治程序分别决定是否承认包产到户的合法性。分省决策的合法依据是中共十一届三中全会决议中强调的地方积极性和实践检验真理标准的新思想原则。参见：周其仁. 中国农村改革：国家和所有权关系的变化（下）：一个经济制度变迁史的回顾［J］. 管理世界，1995：147.

③ 1980 年 5 月，邓小平赞扬了安徽肥西县的包产到户和凤阳县大包干，说道："一些适宜搞包产到户的地方搞了包产到户，效果很好，变化很大"，"有的同志担心，这样搞会不会影响集体经济。我看这种担心是不必要的"，"现在农村工作中的主要问题还是思想不够解放。除表现在集体化的组织形式这方面外，还有因地制宜发展生产的问题。所谓因地制宜，就是说那里适合发展什么就发展什么，不适合的不要硬搞"，"从当地具体条件和群众意愿出发，这一点很重要"。参见：邓小平. 邓小平文选：第二卷［M］. 北京：人民出版社，1993：315-317.

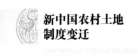
合法化的突破口，这实际上是扩大了政策可行集，保护了处于萌芽状态的基层自主创新，同时增加了公有制度的适应性。其道理在于，各省资源禀赋结构、农民人口比例、经济发展水平、自然灾害分布大不相同，各地方政府面临的饥荒概率、救灾压力以及相应的政治风险和责任也相去甚远，面对新生事物的合法化需求，各省具有不同的约束结构，如果这个时候强制性支持和反对都是不利的。这种情况下，分省决策比起顶层设计，更有利于为改革找到突破口。

安徽、四川、贵州、内蒙古等相对贫穷的地区，率先为农民的自发产权创新提供政治保护和给予合法性承认。例如，安徽早在1978年，在时任省委书记万里的支持下，为农民"地下或半地下"的包产到户提供政治保护。1980年1月，经省内政治程序，在全省范围内承认其合法性。早在1979年，内蒙古在时任区委书记周惠的支持下，就以救荒为由开始实行"口粮田"，允许包产到户。贵州于1980年4月，在时任省委书记池必卿的坚持下放开政策，要求对包产到户不应再有任何怀疑和动摇。四川则于1981年，在时任省委书记王黎之的支持下完成其合法化程序。1981年年底，四川省全省84%的生产队实行了户营为主的责任制[1]。地方分权决策使新产权安排完成了局部合法化，这对农民来说至关重要，因为产权安排通过预期来影响人们的经济行为，只有得到政府合法性承认的产权制度安排才能真正地增强农民投资生产的信心。反过来，农民积极地生产行为，对地方分权决策也至关重要，因为只有当创新决策被证明是成功的，局部的合法性才有可能被中央承认，上升为全局合法性。

三、中央决策形成："从群众中来"到"到群众中去"

包产到户一改以往农业合作化时期中央政策自上而下的形成机制，其成为中央正式制度安排的过程是自下而上与自上而下相结合的，而非单向顶层

---

① 杜润生. 杜润生自述：中国农村体制变革重大决策纪实 [M]. 北京：人民出版社，2005：128-129.

设计的产物，其制度实施运行也不是由全党动员和政治运动等监管手段维系，而是底层农民群众自发选择和自我实施的稳定结果。它不仅使农民再次爆发出对土地的热爱和对生产的热情，也使政府大大降低了制度实施成本并增加了制度收益。此次制度变革的成功已经被不少学者指出是"基层创新+顶层支持"的结果。

但不足的是，极少有学者在此基础上进一步解释"上下"是如何相结合并获得成功的学理机制。一些西方学者[1]以及周其仁[2]等中国学者试图用"讨价还价"的谈判机制说明这个问题，他们认为"讨价还价"的决策程序对此次制度变革的成功贡献巨大[3]。他们的证据是 1980 年 9 月中央召开的各省市第一书记座谈会[4]。但是该会议由于各方经验各异，立场不同，很难达成共识，会议的结果也正如上述这段争论所概括的，产生了一个妥协性文件——75 号文件。文件的主要精神是若该地区的集体经济制度得到农民群众的支持和拥护，那么就继续坚持；若该地区农民群众希望脱离集体自己单干，那么应该支持他们搞包产到户，并且应该保证包产到户政策的长期稳定，以避免政策经常变动而引起农民预期的不确定性增加。他们从"讨价还价"的决策程序解释中央政策的形成，具有重要的意义，因为这意味着决策模式（程序）的贡献可能胜于决策内容。

但不足的是，从"讨价还价"的角度观察中央决策的成功，很难解释共

① LIEBERTHAL K, MICHEL O. Policy marking in China [M]. Princeton：Princeton University Press, 1988：135-168.
② 周其仁. 中国农村改革：国家和所有权关系的变化（下）：一个经济制度变迁史的回顾 [J]. 管理世界，1995：147.
③ "讨价还价"的决策程序是指，在中央决策的过程中，围绕着产权创新，形成了一个"农民—社区—地方—中央"多级谈判机制，不同的地方利益和主张，可以在中央决策过程里讨价还价，并最后合成了一个新的中央政策，完成了包产到户在全国范围内的合法性。
④ 1980 年 9 月在中央召开的各省市第一书记座谈会上，福建、江苏、黑龙江的省委书记，反对搞包产到户。贵州省委书记池必卿、内蒙古区委书记周惠、辽宁省委书记任仲夷支持包产到户。也就是在这个会议上发生了著名的"阳关道和独木桥"的争论。当时黑龙江省委书记杨易辰指出，包产到户会影响黑龙江的机械化生产，集体经济才是阳关大道；贵州省委书记池必卿则反驳道："你走你的阳关道，我走我的独木桥。"参见：赵智奎.改革开放30年思想史：上卷 [M].北京：人民出版社，2008：170.

识是如何达成的，因为成功的制度不仅仅是一纸法律条文，它要真正地完成
转型并在全国范围得以实施，必须建立在共识之上。很显然，1980 年 9 月的
各省市第一书记座谈会产生的 75 号文件，文件的内容实质依然是邓小平在
1980 年强调的分省决策和因地制宜。因此，75 号文件并未真正完成中央决策
的转型，也未正式在全国范围内承认包产到户的合法性。事实上，中央正式
肯定新产权制度，结束包产到户的争论，是在 1982 年出台的"一号文件"，
即《全国农村工作会议纪要》。

因此，本书认为有必要提出一个更符合中国实际决策过程的互动机制来
解释变革的成功。本书观察到中央决策从人民公社制度转变为包产到户制度，
存在一个"引导—创新—实践—模仿—扩散—总结"的过程。从实质上说，
这是一个"从群众中来，到群众中去"的互动过程。具体来说，当制度危机
发生后，中央首先放宽政策可行集，释放某种有利于他人收敛预期的改革信
号（引导）——群众力图发现新的决策机会，并产生大量创新决策相互竞争
（创新）——地方分权决策，根据实际情况供给局部政治保护（实践）——
地区之间相互竞争，竞相模仿被证明是成功的创新决策（模仿）——创新决
策的扩散，以至于达到临界规模的共识程度（扩散）——总结经验上升为中
央顶层决策（总结）。这个机制当然不是中央唯一的制度决策机制，但一定是
最容易获得成功的制度决策机制，因为它至少包含了制度引导、群众基础、
实践检验、竞争选择和适应性等优势。

按照"从群众中来，到群众中去"的决策机制，本书再次梳理中央、地
方、农民围绕"包产到户"制度成功变革的互动历史：①制度危机：20 世纪
70 年代末，从中央、地方到农民群众都已普遍认识到，仅对人民公社制度进
行边际性调整，已经不能产生令人满意的制度报酬，制度危机已经产生，改
弦更张不可回避。在制度危机下，中央、地方、农民都需要寻找新的出路。
②制度引导：出于对巨大不确定性风险规避的需要，旧制度的破冰从顶层开
始是极其艰难的。但中央的决策智慧是释放信号、放宽政策和允许分省决策。
1977 年 7 月，邓小平复出后积极推动关于真理标准问题的大讨论，支持实事
求是和群众路线，促进全党工作重点的转移，积极地预示未来国家的走向是

以经济建设为中心而非抓纲治国。当然，邓小平的政治行为与当时放缓的国际局势和国内政治权力结构变动有密切关系。1977 年 11 月，安徽省委书记万里决心从安徽的实际情况出发，出台了第一个否定阶级斗争为纲的省委文件（"省委六条"），又进一步向农民制度创业者释放了"政策放松"信号。③制度创新：1978 年年底，以凤阳县小岗村干部为代表的农民制度创业者，接收到"省委六条"放松信号，采取"走入地下"和"干了再说"的响应方式掀起了第四起包产到户的自主改革浪潮。④分省决策：1980 年，在中央放宽的政策可行集内（集体经济是方向，贫穷地区是边界），安徽、四川、贵州和内蒙古等相对贫穷的地区，率先为农民的自发产权创新提供政治保护和给予合法性承认，经过实践检验证明是成功的制度变革。⑤制度模仿：自 1980 年下半年起，贫困地区包产到户的改革试验立竿见影，其他各省竞相模仿，到 1981 年年底，全国实行包产到户的社队已近半数①。⑥上升为正式制度：1981 年冬，国务院经过农村调研，确认了包产到户的制度绩效，建议尊重群众自愿选择。1982 年，根据国务院建议精神，中央出台了"一号文件"，正式在全国范围内承认包产到户的合法性，并将该制度正式定名为"家庭联产承包责任制"，结束了包产到户 30 年的争论，从此成为中央的正式决策。

第三节 "不得调地"改革：中央—地方—农民的互动创新过程

自 1984 年中央首次通过一号文件规定土地承包期一般应在 15 年以上以来，"不得调地"政策改革经历了四个阶段（1984—1996 年、1997—2007 年、2008—2016 年、2017—2018 年）。本节考察了"不得调地"改革四个阶段的政策决策、政策实施和农民响应等制度创新的动态过程。较为深入地挖掘和

---

① 杜润生. 杜润生自述：中国农村体制变革重大决策纪实 [M]. 北京：人民出版社，2005：132.

分析了制度创新过程中中央的决策行为、地方的实施行为以及农民的响应行为，以探究三者之间的互动在制度形成和演变中所起的作用。

一、农民制度需求：地权稳定与地权调整的复杂诉求

1. 稳定地权的需求

刚刚得到承包地的农民，很快就产生了稳定地权的需求，因为他们担心这次农村政策调整很可能仍旧如同 20 世纪 60 年代初期一样，仅仅只是一个短期的权宜之计①。历史经验表明，政府可能在经济困难时期调低政府租税，也可能因为经济恢复而重新调高。因此，在预期不明朗的情况下，农民一方面尽最大努力发展生产；另一方面，也极力对土地进行掠夺性利用。根据国家统计局数据，1978—1982 年全国化肥使用量平均递增 14.4%。这一关键事实可以部分印证农民怕政策反复变化而产生的短期行为。这种短期行为随着时间的推移，还会进一步影响农村土地租赁和利用效率②。因此，为了避免地权不稳定带来的不利影响，中央有必要通过正式制度安排回应农民对新政策的长期化要求。

2. 调整地权的需求

保持政策的长期化，对于农民和政府来说，尤其是致力于长期执行的政府来说，均属于帕累托改进性质的制度完善，从这个角度，政府关于地权稳定的决策是没有分歧的。但其困难在于，稳定地权的复杂性来自农民集体内部，随着时间的推移，农村居民家庭人口不断变动，调整土地以实现平均分配亦为广大农民群众的需求。因此，中央的决策必须平衡地权稳定和地权平均之间矛盾，既要有利于激励农业生产力的发展，也要在一定程度上保障农村公平，这考验着党的决策智慧。

---

① 周其仁. 产权与中国变革 [M]. 北京：北京大学出版社，2017：53-54.
② 田传浩，方丽. 土地调整与农地租赁市场：基于数量和质量的双重视角 [J]. 经济研究，2013，48 （2）：110-121.

面对农民关于地权稳定性的复杂需求，中央的策略是：坚定方向、逐步收紧和鼓励创新。坚定方向，即坚定产权明晰的市场化改革方向，总体上朝着减少土地调整，延长土地承包期和稳定承包关系的方向演进；逐步收紧，即逐步缩小改革目标，从既允许小调也允许大调，到仅允许小调，再到"不得调地"，为地方留出足够的政策适应空间；鼓励创新，在明确政策方向和边界的基础上，鼓励地方政府按照自身资源禀赋探索确权确股、确权不确地等多种模式①。具体来说，中央的制度可大致分为四个阶段。

第一阶段（1984—1996 年）：在稳定土地承包经营权长期不变的前提下，既允许土地在农民之间重新分配，又允许土地在个别农民之间进行微调。1984 年，中央一号文件规定，在"大稳定，小调整"的基础之上，土地可以在农民之间重新调整分配②。同时，1984 年的一号文件还"鼓励土地逐步向种田能手集中"，这表明中央除了允许土地的整体大调整外，还允许土地在个别农民之间的小调整，使那些不能被充分利用的土地逐步集中到生产效率高的农民手中，但不管是"大调整"还是"小调整"都必须经集体同意，在农民之间协商调整。1993 年，中央进一步延长了承包期限，并缩小了在农民之间进行土地重新分配的条件。1993 年的中央 11 号文件决定在原定的耕地承包期到期以后，再延长 30 年不变，同时也提出，在非农产业发展较好，农民主要收入来自非农部门，且非农收入较为稳定的地区，在与农民民主商议的前提下，可以适当调整承包地③。1995 年国务院发文规定，因特殊原因引起承

---

① 丰雷，江丽，郑文博. 中国农村土地制度变迁 70 年：中央—地方—个体的互动与共演 [J]. 管理世界，2019（1）：30.

② 1984 年中央一号文件规定："土地承包期一般应在十五年以上。……群众有调整土地要求的，可以本着'大稳定，小调整'的原则，经过充分商量，由集体统一调整。"参见：中共中央，国务院. 中共中央国务院关于"三农"工作的一号文件汇编（1982—2014）[M]. 北京：人民出版社，2014：39.

③ 1993 年的中发 11 号文件《中共中央、国务院关于当前农业和农村经济发展的若干政策措施》规定：为了稳定土地承包关系，鼓励农民增加投入，提高土地的生产率，在原定的耕地承包期到期之后，再延长三十年不变；少数第二、第三产业比较发达，大部分劳动力转向非农产业并有稳定收入的地方，可以从实际出发，尊重农民的意愿，对承包土地做必要的调整，实行适度的规模经营。参见：中共中央文献研究室. 十四大以来重要文献选编：上册 [M]. 北京：人民出版社，1996：480.

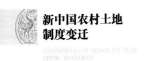
包地占有不均的，在尊重农民意愿的前提下，可进行适当调整①。

第二阶段（1997—2007年）：在稳定土地承包经营权长期不变的前提下，禁止土地在农民之间重新分配，但允许在一定条件下在个别农民之间进行微调。1997年，中国共产党中央委员会办公厅发的16号文件和2007年的中央一号文件都指出，要切实稳定农村土地承包关系②。总之，稳定承包经营权是农村工作的前提。1997年中国共产党中央委员会办公厅发16号文件进一步规定，禁止集体将承包地收回后再在全村范围内平均发包，这实质上禁止了土地在农民之间重新调整的可能性。同时，该文件还进一步对土地在个别农民之间的微调进行了限制。也就是说，这种"微调"存在两个前提条件，一是仅在人多地少问题特别严重的少数农户之间进行；二是必须得到2/3以上村民的同意。2002年的《中华人民共和国农村土地承包法》、2007年的《中华人民共和国物权法》和中央一号文件都再一次明确了"大稳定、小调整"的原则。

第三阶段（2008—2016年）：在强调土地承包经营权"长久不变"的前提下，开始向农户颁发土地承包经营权证。2008年的中央一号文件中提出了"确保农村土地承包经营权证到户，加快建立土地承包经营权登记制度。"随后又在2009年和2010年的中央一号文件中提出了"现有土地承包关系保持稳定并长久不变"，并且全面落实"四到户"③。2013年的中央一号文件明确指出要用5年时间基本完成农村土地承包经营权确权登记颁证工作。

---

① 1995年国务院出台的《国务院批转农业部关于稳定和完善土地承包关系意见的通知》规定：因人口增减、耕地被占用等原因造成承包土地严重不均、群众意见较大的，应经民主议定，做适当调整后再延长承包期。参见：中共中央文献研究室.十四大以来重要文献选编：中册［M］.北京：人民出版社，1997：1324.

② 1997年中共中央办公厅、国务院办公厅发16号文件《关于进一步稳定和完善农村土地承包关系的通知》规定："在第一轮土地承包到期后，土地承包再延长30年，指的是家庭土地承包经营的期限""开展延长土地承包期工作，要使绝大多数农户原有的承包土地继续保持稳定。不能将原来的承包地打乱重新发包，更不能随意打破原生产队土地所有权的界限，在全村范围内平均承包。"参见：中共中央文献研究室.十四大以来重要文献选编：下册［M］.北京：人民出版社，1999：2595.

③ "四到户"是指承包地块、面积、合同、证书落实到农户手中。参见：中共中央，国务院.中共中央国务院关于"三农"工作的一号文件汇编（1982—2014）［M］.北京：人民出版社，2014：199.

第四阶段（2017—2018 年）：2017 年，党的十九大报告提出"保持土地承包关系长久不变，第二轮承包期后再延长三十年"。强调在承包合同到期后，禁止集体将承包地收回后再在全村范围内重新发包，继续提倡"增人不增地、减人不减地"。到 2018 年 12 月，我国通过了《关于修改〈中华人民共和国农村土地承包法〉的决定》，将"第二轮承包期后再延长三十年"固化为法律。

通过以上四个阶段的政策演变，可见方向一致但力度有别的中央决策在回应农民需求的同时，兼容了中央决策的原则性和灵活性，有力地促进了"不得调地"制度变迁，逐步使农村土地使用权保持稳定性。

三、地方创新实施：方向一致但力度有别

从上述分析可知，中央的政策从既允许土地在农民之间重新分配，又允许土地在个别农民之间进行微调；到禁止土地在农民之间重新分配，但允许在一定条件下个别农民之间进行微调；再到"不得调地"，同时开始向农户颁发土地承包经营权证。这一方面缩小了地方政府的政策可行集，另一方面也给地方指明了改革和创新的方向。例如，中央对农地承包经营权确权登记的改革决策，在 2007 年的中央一号文件就已经明确提出"确保农村土地承包经营权证到户，加快建立土地承包经营权登记制度。"随后 2008—2010 年以及 2012—2019 年的中央一号文件[①]中都涉及农村土地承包经营权确权登记的问题，但都没有明确指出应该采用何种方式来确权登记，仅在 2014 年的一号文件中指出"可以确权确地，也可以确权确股不确地"，以及在 2015 年的一号文件中指出"总体上要确权到户，从严掌握确权确股不确地的范围。"总之，中央指明改革方向但没有具体指明改革模式的模糊政策为地方适应政策留足了改革创新的空间。

---

① 这里去除了 2011 年的中央一号文件，因为该文件为《中共中央国务院关于加快水利改革发展的决定》，与农村土地承包经营权确权登记无关。

从调地政策来看，在中央允许调地的情况下，总体上来看，平原地区的土地调整次数明显大于丘陵和山区（见表 5.1）。从 2005 年、2008 年以及 2010 年 3 年的调查数据来看，平原地区的平均调整比例分别是山区和丘陵的 1.7 倍和 1.3 倍、1.5 倍和 1.1 倍、1.3 倍和 1 倍。这主要是因为地理和地形因素导致的调地测算和协同成本不同而引起的。在平原地区，虽然农户将大耕地划分为一块一块的小耕地，但是小耕地与小耕地之间并没有田埂作为界限，因而大耕地的结构依然完整，可以连成一大片。所以平原地区不存在一个因土地分配引起的地块细分而导致的细碎化问题。然而，丘陵和山区地区地形复杂，尤其是山区地区的不同土地之间的高度差异较大，所以丘陵和山区地区的土地是按照亩产量折合成亩数分下去的，同时为了保证公平性还必须保证每一家都要有一部分优质地、山坡地或山林地。这就导致丘陵和山区的耕地较为分散。在这种情况下，平原地区土地测量成本较低，所以土地调整更为频繁[①]；而丘陵和山区地区由于调整的测量成本较大，所以位于这些地形的省市就倾向于较少的土地调整[②]。在中央严格规定"不得调地"后，各省市土地调整次数出现显著下降。二轮承包前土地调整总次数平均为 4.93 次；二轮承包后土地调整总次数下降到 2.66 次[③]。从总体上看，地方政府根据自身条件，在中央给予的适应空间内，进行了不同程度和方式的土地调整，逐渐适应了中央政策。

[①] 姚洋. 集体决策下的诱导性制度变迁：中国农村地权稳定性演化的实证分析 [J]. 中国农村观察，2000（2）：11-19，80.

[②] 郑志浩，高杨. 中央"不得调地"政策：农民的态度与村庄的土地调整决策：基于对黑龙江、安徽、山东、四川、陕西 5 省农户的调查 [J]. 中国农村观察，2017（4）：72-86；丰雷，蒋研，叶剑平. 诱致性制度变迁还是强制性制度变迁？：中国农村土地调整的制度演进及地区差异研究 [J]. 经济研究，2013，48（6）：4-18，57.

[③] 陶然，童菊儿，汪辉. 二轮承包后的中国农村土地行政性调整：典型事实、农民反应与政策含义 [J]. 中国农村经济，2009（10）：12-20，30.

表 5.1 山区、丘陵和平原地区进行土地调整的比例

年份	类型		
	山区/%	丘陵/%	平原/%
2005	26.8	33.6	45.3
2008	27.1	38.2	41.7
2010	33.9	42.4	43.5
平均	29.3	38.1	43.5

资料来源：丰雷，蒋研，叶剑平.诱致性制度变迁还是强制性制度变迁？：中国农村土地调整的制度演进及地区差异研究［J］.经济研究，2013（6）：7.

中央"推进确权登记"以来，各地方政府根据各地社会经济发展的不平衡性和历史延续差异性，采取多样化和差异化的确权模式。例如，土地沙漠化严重、可用于农业开发的土地偏少、人口稀少的西北地区常使用确权确利模式，以便达到规模化高效开发土地资源；而土地价值高、人多地少的东南地区，则多采用确股确利的方式。

综上所述，虽然地方政府与中央政府的政策方向是一致的，但是由于各地的自然资源禀赋和社会经济发展水平的差异，地方政府在实际执行中央的政策时存在力度和方式上的差别。

四、农民制度响应：支持为主但反对依然存在

中央一系列稳定地权的政策法规，对于抑制土地频繁调整，保持农村土地使用权稳定起到了积极作用。一方面，农民对稳定的产权激励做出农业增产和农村土地增效的积极响应。另一方面，虽然中央三令五申地要求"大稳定"，但因特殊原因引起的局部人地矛盾依然带来了土地调整的压力[①]。一是有的地区一轮承包后，土地一直没有调整，无承包地的村集体成员比例较大，矛盾突出。根据郑志浩等学者的调研统计，2011—2016 年，在 483 份农户样

---

① 陶然，童菊儿，汪辉.二轮承包后的中国农村土地行政性调整：典型事实、农民反应与政策含义［J］.中国农村经济，2009（10）：12-20.

本中，虽然反对承包期内不得调地的农户仅为 16.36%，但是反对"不得调地"政策长久不变的农户比例高达近 40%。另外，家庭人口变动数据也部分印证了地权公平与地权稳定需求之间的冲突，在受访农户中有 28.98% 的家庭发生了人口变动，其中人口净增加户达 15.94%①。也就是说，如果严格按照"不得调地"政策，那么这些农户将受到负面影响，他们可能会根据自身利益反对"不得调整"政策。二是第二轮承包期到期后将再延长 30 年，届时农村家庭人口变动比例会更大。这意味着，如果没有采取有针对性的措施，第二轮承包期再延长 30 年后，"不得调地"政策面临农民要求土地调整时的压力会非常大。同时，也显示了想要在农村土地集体所有制框架内实现长久"不得调地"的政策目标有一定难度，这些挑战将推动农村土地制度进一步演化。

第四节 "三权分置"改革：中央—地方—农民的互动创新过程

"三权分置"的制度创新过程是从 2013—2018 年。2013 年，习近平总书记在武汉农村综合产权交易所调研时指出：深化农村改革，完善农村基本经营制度，要好好研究农村土地所有权、承包权、经营权三者之间的关系②。2014—2016 年，中央陆续印发了一系列文件，提出落实集体所有权、稳定农户承包经营权。2016 年 10 月，中央印发的《关于完善农村土地所有权承包经营权分置的办法》正式从制度层面对"三权分置"进行部署。2018 年 12 月，我国通过了《关于修改〈中华人民共和国农村土地承包法〉的决定》，完成了"三权分置"的法制转化。

---

① 郑志浩，高杨. 中央"不得调地"政策：农民的态度与村庄的土地调整决策：基于对黑龙江、安徽、山东、四川、陕西 5 省农户的调查 [J]. 中国农村观察，2017（4）：72-86.
② 习近平. 坚持和完善农村基本经营制度 [M] // 习近平. 论坚持全面深化改革 [M]. 北京：中央文献出版社，2018：72-73.

本节考察了三权分置改革的政策决策、政策实施和农民需求反馈等制度创新的动态过程。较为深入地挖掘和分析了制度创新过程中，中央的决策行为、地方的实施行为以及农民的响应行为，以探究三者之间的互动在制度形成和演变中所起的作用。

一、农民制度需求：大规模地权流转的需要

家庭联产承包责任制使得集体所有权和承包经营权相分离以后，极大地强化了单个农户的土地权利，也调动了农户的生产积极性。农民在较长一段时间内，既是承包者又是经营者，两种权能相安无事。虽然小规模的地权流转需求一直存在，但往往能通过熟人社会内部（本集体内）交易得以解决。但随着工业化和城市化的加速发展，情况开始起了变化。一方面，农民在细碎的承包地上从事农业生产的机会成本增大，他们大量进入城市务工甚至举家外出，留下越来越多的闲置农村土地。另一方面，越来越多的闲置农村土地为新型农业经营主体组织规模经营和获得规模效益准备好了条件，这意味着承包者与经营者相分离的需求已大量存在。很显然，通过市场交易完成资源配置是经济发展的内在要求，有助于提高农业生产力和农民收入水平。但大市场交易比起小市场交易有更高的产权要求，原本熟人社会的封闭农村土地产权已无法支撑大规模地权流转活动。根据农业部相关数据[1]，2013 年全国农民工达到 2.69 亿，其中 3 400 多万人是举家外出；截至 2014 年 6 月底，全国农户承包土地流转面积达 3.8 亿亩，占家庭承包耕地的 28.8%，按每年亩均农村土地租金 275 元估算[2]，3.8 亿亩地每年农业地租的租金总量为 1 045 亿元。在如此大的交易规模条件下，可以观察到，以往笼统的承包经营权引发了大量实践上的混乱，例如流转土地承包经营权后，转让方享有什么样的

---

① 叶兴庆. 农用地的产权重构 [J]. 农村经营管理，2015（6）：22-24.

② 该数据是由伍振军等根据 569 个有地租数据的农户样本计算所得，即 2010 年我国农户在农村土地租佃中亩均农村土地租金为 276.85 元。参见：伍振军. 农村地权的稳定与流动 [M]. 上海：上海远东出版社，2017：19.

权利？是物权性的还是债权性的土地承包经营权？农民能否收回流转的土地承包经营权？转让或者入股土地承包经营权是否会导致农民失地？发包方是否需要干预土地承包经营权的流转，或者应在多大程度上干预土地承包经营权的流转？对这些问题的实践混乱阻碍着土地承包经营权的流转①。一是交易纠纷、产权侵害可能降低出租农户的土地供给意愿。这类现象包括合同不完备纠纷和集体对农民个体的产权侵害。此外还有集体违规收取农村土地流转工作经费，实际上是变相节流农户收益②。二是经营权保护不充分使培育新型农业经营主体更加困难，削弱了规模经营主体融资和抵御各种风险的能力，在一定程度上降低了经营者的实际投资意愿。因此，为了在更大范围和更大程度上推动地权产权流转，回应农村生产力发展的内生需求，须由政府及时提供正式制度供给。

二、地方先行探索：将经营权从土地承包经营权中分离

土地承包权是土地所有权的子权利，属于成员权，由于其承担了一部分社会保障的功能，所以土地承包权不能在市场上自由交易；土地经营权是土地承包经营权的子权利，具备财产功能，其可以进入市场自由交易。在农业人口不转移、土地不流转的情况下，土地经营权和土地承包权混合成一种权利影响并不大。但随着中国加入 WTO，对外开放程度持续加大，2019 年中国农产品进出口额高达 2 300.7 亿美元，同比增加 5.7%。然而，家庭联产承包经营的发包为了公平是按人口平均分配并按地块好坏搭配，而不是考虑生产效率和便利性，这就导致每一户农民的土地都有好几块，甚至在丘陵和山区地区还包括更为零散的山坡地和山林地，再加之中国人地关系紧张的总体国情，使得土地细碎化问题严重。土地细碎化使农业生产效率低、成本高，在中国高度融入全球化市场的今天，国外农产品的价格相较于国内农产品具

---

① 宋志红. 中国农村土地制度改革研究：思路、难点与制度建设 [M]. 北京：中国人民大学出版社，2017：157.

② 伍振军. 农村地权的稳定与流动 [M]. 上海：上海远东出版社，2017：24.

有较强的价格优势和竞争力，因此积极发展多种形式的适度规模经营提高农产品的生产效率和降低生产成本已成为必然趋势。同时，伴随中国工业化、信息化、城镇化和农业现代化的快速发展，大量的农业人口进入城市务工。根据 2019 年国家统计局的相关统计资料，2019 年我国进城务工人员大约为 2.9 亿人，而外出务工人员约 1.7 亿人，比 2018 年增加 159 万人，增长 0.9%①。外出务工人口的增加也导致土地流转的规模和速度的加快。据统计，截至 2013 年年底，全国农户承包土地流转面积达 3.4 亿亩②，而到了 2018 年，该面积已超过 5.3 亿亩。短短 6 年时间，流转面积增加了 1.9 亿亩，年均增长率接近 10%。因此，在适度规模经营需求加剧以及流转面积和规模扩大的情况下，将土地经营权和土地承包权捆绑为一个权利混合体会带来一系列法律制度上的障碍。

当前对土地承包经营权流转（尤其是抵押融资）的限制主要来自以"两权分离"为制度基础的《中华人民共和国农村土地承包法》《中华人民共和国物权法》《中华人民共和国担保法》等相关法律。在当前的法律框架下，虽然农民享有的土地承包经营权可以通过转让、互换、出租、转包等多种方式的流转，但在法律制度上仍受到诸多限制：①流转形式既复杂也不自由③；②禁止经营大户以家庭承包方式取得的土地承包经营权来融资；③即使农户流转了土地承包经营权，转出方和转入方的权利与义务也并不清楚。农户在转出土地后会经常面临如下问题：其流转了哪些权利、又保留了哪些权利？其能否收回土地？总之，在具体实践中，土地经营权流转在法律制度上受到一定程度的限制，并且由于土地承包经营权没有在权能上实现进一步分离，所以在土地承包经营权流转前后的权利均叫作土地承包经营权，并没有从概念上加以明确区别。

---

① 国家统计局. 2019 年农民工监测调查报告 [ER/OL]. (2020-4-30) [2023-11-23]. http://www.stats.gov.cn/tjsj/zxfb/202004/t20200430_1742724.html.

② 叶兴庆. 从"两权分离"到"三权分离"：我国农村土地产权制度的过去与未来 [J]. 中国党政干部论坛, 2014 (6)：7-12.

③ 2002 年版《中华人民共和国农村土地承包法》对以转让方式进行的流转设置了严格的限制条件，例如转让方有稳定的收入来源、受让方是从事农业经验的农户、需要确定发包方的同意；禁止以公司制的形式入股，仅允许农户之间松散的联合经营。

为了解决这个问题，地方政府首先开始了突破法律制度对土地承包经营权流转（尤其是抵押融资）的限制的实践。例如，吉林、山东等地从土地承包经营权中分离出补贴收益权、使用权、流转权，并以其办理银行质押、抵押贷款①。再例如，在四川省成都市土地股份合作社试验中，为了解决规模经营的资金问题，合作社不仅向农户颁发了土地承包经营权证，还颁发了土地经营权证，并在此基础之上，以土地经营权作为抵押向银行贷款。这样做有两方面的好处。一是规避了法律制度的限制。当前法律规定以家庭承包方式取得的土地承包经营权不允许抵押，而成都市则是以土地经营收益作为抵押物，而不是土地承包权。二是稳定了农户的承包关系。由于抵押物是土地经营权，所以偿还标的是经营权，而不是承包权。农民只不过是在一定期限内无法使用土地而已，并不会丧失承包权②。其他地方的类似创新还有很多，但大多均出现在以承包地抵押融资环节。由此可见，这种将土地承包权和经营权相分离的办法主要就是为了规避禁止用家庭承包方式取得的土地承包经营权来融资的法律障碍，这不仅保障了农户不会失去土地承包权，同时也保证了农户能够实现土地的财产功能。

三、中央制度决策：提出"三权分置"的重大制度创新

中央及时回应了农民的制度需求，经过从理论创新，到实践创新，再到制度创新的严格论证，最终将"三权分置"的实践形态上升为法律形态，成功地完成了正式制度的变革。

（一）习近平总书记明确了改革"方向"和"底线"

（1）习近平总书记明确了改革方向。尽管地方实践已经有了从土地承包经营权分离出经营权的成功经验，但是许多学者还是从理论的层面提出多种解决思路。例如，一是主张做实集体所有权；二是主张实行"国有永佃""国

---

① 叶兴庆.从"两权分离"到"三权分离"：我国农村土地产权制度的过去与未来 [J].中国党政干部论坛，2014（6）：7-12.

② 刘守英.直面中国土地问题 [M].北京：中国发展出版社，2014：341-342.

有永包"；三是主张废除土地集体所有制，将土地所有权交给农民；四是主张实行"三权分置"①。到底应采用哪一种思路推进改革？习近平总书记分别于2013年7月在湖北考察、2013年的中央农村工作会议以及2014年中央全面深化改革领导小组第五次会议的三次讲话中明确了土地所有权、承包权、经营权"三权分置"的改革方向②。至于为什么顶层设计要采用土地所有权、承包权、经营权相分离的思路，有的学者从意识形态的角度论证了演化路径③。但本书试图提供另外一个视角解释中央"三权分置"决策的历史必然性，这个视角来自对基层实践的观察，即"三权分置"的改革路径适应了农民集体内部之间的博弈均衡。农民个体诚然希望分配到自己手里的土地权利稳定而长久，但是随着家庭人口变动，新增的农民也希望公平地分配土地。也就是说，反对"永佃制""废除土地集体所有制""让农民支付承包费用"的做法，是集体组织内的新增农民，因此即使没有任何意识形态的压力，这些看起来简洁的思路也行不通。正如以上对"不得调地"政策的调研数据显示，虽然83.64%的农户支持"承包期内"不得调地政策，但是反对"不得调地"政策长久不变的农户比例也高达近40%④。通常多数可以压倒少数，但在这一类问题上，少数永远比多数更强大。这不难说明，就以一个有30户农户的村庄为例，假设仅有1户反对，但这1户可争的利益为1，但是其他29户可能面临的损失为1/29。除此以外，其他29户联合起来还需要花费组织成本⑤。

---

① 叶兴庆. 农村集体产权权利分割问题研究［M］. 北京：中国金融出版社，2016：21.

② 2013年7月，习近平总书记在湖北考察时指出，"深化农村改革，完善农村基本经营制度，要好好研究土地所有权、承包权、经营权三者之间的关系"。在2013年召开的中央农村工作会议上，习近平总书记指出，"要不断探索农村土地集体所有制的有效实现形式，落实集体所有权、稳定农户承包权、放活土地经营权"。在中央全面深化改革领导小组第五次会议上，习近平总书记进一步指出，"要在坚持农村土地集体所有的前提下，促使承包权和经营权分离，形成所有权、承包权、经营权三权分置，经营权流转的格局"。

③ 钟晓萍，于晓华，唐忠. 地权的阶级属性与农村土地"三权分置"：一个制度演化的分析框架［J］. 农业经济问题，2020（7）：47-57.

④ 郑志浩，高杨. 中央"不得调地"政策：农民的态度与村庄的土地调整决策：基于对黑龙江、安徽、山东、四川、陕西5省农户的调查［J］. 中国农村观察，2017（4）：72-86.

⑤ 周其仁. 中国农村改革：国家和所有权关系的变化（下）：一个经济制度变迁史的回顾［J］. 管理世界，1995（4）：147.

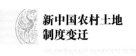
因此，从实践的角度，或者更为具体地说是制度实施的角度，习近平总书记指出，要在坚持农村土地集体所有的前提下，促使承包权和经营权分离，形成所有权、承包权、经营权三权分置、经营权流转的格局。

（2）习近平总书记划定了改革底线。2014 年 12 月，习近平总书记指出农村土地制度改革必须坚守"坚持土地公有制性质不改变、耕地红线不突破、农民利益不受损"三条底线。底线思维是习近平总书记为中央决策有效应对复杂世界做出的又一重大方法论贡献。底线思维的决策方法具有深刻的科学机制，本书在第一章进行了详细地讨论，此处不再赘述，仅指出其要点。底线是使社会既统一又多元并形成正向合力的关键，学术探讨可以百花齐放、没有禁区，但改革总是在具体的情景下进行，并非是在"白纸上画画"，底线思维要求充分立足国情、兼顾稳定与创新、平衡公平和效率。农村土地制度改革涉及亿万农民的切身利益，改革既要与未来农业经营方式相适应，又需要与与之配套的土地制度相适应。同时，我国已进入城镇化的高速发展期，人口转移、就业结构、城乡结构等社会结构的变迁速度依然较快。因此，底线思维意味着：一方面，一切农村土地制度改革都不允许突破底线；另一方面，一切不突破底线的创新都可以尝试[1]。明确底线有利于既保持正确的改革方向又充分解放思想、大胆创新。

（二）顶层设计：中央正式提出"三权分置"改革

早在中央明确提出"三权分置"思想之前，学术界就已经对这一问题进行了研究，只不过当时对"三权分置"的提法还是"三权分离"，这种叫法延续了之前的"两权分离"。最早提出农村土地"三权分离"的学者是冯玉华和张文方[2]，在此之后大量的学者从"三权分离"的概念、表现形式、分离的条件和意义等角度进行了研究[3]，这些理论探讨为中央正式提出"三权分

---

[1] 宋志红.中国农村土地制度改革研究：思路、难点与制度建设 [M].北京：中国人民大学出版社，2017：26.

[2] 冯玉华，张文方.论农村土地的"三权分离"[J].经济纵横，1992（9）：5-9.

[3] 沈叙元，张建华.农村土地承包经营权流转的思考：以嘉兴市为例 [J].浙江经济，2006（2）：56-57；傅晨，刘梦琴.农地承包经营权流转不足的经济分析 [J].调研世界，2007（1）：22-24，30；陈永志，黄丽萍.农村土地使用权流转的动力、条件及路径选择 [J].经济学家，2007（1）：51-58.

置"思想奠定了基础。

中央正式提出"三权分置"思想大致经历了两个阶段：

第一阶段是"三权分置"思想的萌芽阶段。2013 年 7 月，习近平总书记在武汉调研时指出，要好好研究农地所有权、承包权、经营权三者之间的关系，这是"三权分置"思想的初步体现。随后，2013 年 11 月，中央首次提出承包经营权可用于抵押和担保，并且允许其采取公司制的入股形式。2013 年 12 月，中央进一步提出经营权和承包权相分离的思想。2014 年的中央 1 号文件在一定程度上采纳了党的十八届三中全会关于对农民的承包地赋权的描述，并进一步提出"稳定承包权，放活经营权"[①]。该文件在关于土地流转的描述上也发生了重大的变化，其在阐述土地流转时的用词是"经营权"而不再是"承包经营权"。这一用词的转换，已经潜在地包含了"三权分置"的思想。

第二阶段是"三权分置"思想的正式提出阶段。2014 年 11 月，中央以文件的形式，正式提出"三权分置"的概念[②]。该文件指出了"三权分置"改革的核心和重点是"放活经营权"，但"放活"的前提是坚持农村土地集体所有权和稳定农户承包权；同时，该意见还指出各权利人在土地流转后应该承担何种义务、享有何种权利以及以何种形式实现权利，这些问题都还需要进一步深入研究。总之，在通篇行文中凡是与"流转"一词搭配的，也均采用"经营权"或"承包地"，而不再是"土地承包经营权"。2015 年在中央 1 号文件的指导下，农业部等六部委以及国务院先后出台了 3 个文件，它们分别从完善产权流转交易、建立健全抵押物处置机制和配套措施等方面为完善"三权分置"提供了配套政策。2016 年的中央 1 号文件中明确提出完善"三权分置"办法。同年 10 月，针对 1 号文件中提到的完善"三权分置"办法，中国共产党中央委员会办公厅、中华人民共和国国务院办公厅出台配套文件就完善农村土地所有权、承包权、经营权分置提出具体要求和改革意见。该

① 放活经营权包括允许经营权向金融机构抵押融资、鼓励有条件的农户流转承包土地的经营权。
② 该文件为《关于引导农村土地经营权有序流转发展农业适度规模经营的意见》。参见：中共中央文献研究室．十八大以来重要文献选编：中册［M］．北京：中央文献出版社，2016：264.

文件主要为逐步实现"三权分置"提出了 4 项工作任务以及基本原则①。总之，2016 年的中央 1 号文件和中国共产党中央委员会办公厅、中华人民共和国国务院办公厅出台的配套文件为如何实现"三权分置"指明了道路。2017年，党的十九大报告中提出"保持土地承包关系稳定并长久不变"。这里所指的"稳定"和"长久不变"是针对土地承包权而言，那么这也意味着农村土地的经营权可以不再保持"稳定"和"长久不变"。

（三）授权试点：实现立法和改革决策相衔接

虽然中央已经正式提出了"三权分置"改革，但是改革必然要突破曾经建立在"两权分离"基础上的《中华人民共和国农村土地承包法》《中华人民共和国物权法》和《中华人民共和国担保法》，以实现农业用地权利体系的重新安排。在具体上，就涉及如何建立适应"三权分置"的土地权利体系？如何明晰各产权的归属？如何完善各产权的权能配置？如何清晰界定各产权主体的权利与义务？等等②。很显然，正如马克思曾拒绝对共产主义的蓝图进行描绘一样，制度创新的具体细节也很难始于顶层设计，成功的改革总是源自已有社会实践选择的结果。换句话说，制度创新的本质是"违现有之法"，成功的改革总是建立在已有成功"违法"实践之上。如果不从中央的层面授权"违法"，那么很可能使地方的创新实践"走入地下"或"流于形式"。因此，中央的决策智慧是通过授权试点让改革探索符合法治要求，即建立合法的"灰色空间"，即中央给予试点地区一定的试验时间和范围，在此期间内各试点地区可以对需要被突破的条款进行创新。更为重要的是，中央将该程序本身制度化并纳入法制轨道。例如，党的十八届四中全会提出，"实现立法和改革决策相衔接，做到重大改革于法有据、立法主动适应改革和经济社会发展需要"。

---

① 4 项任务包括扎实做好农村土地确权登记颁证工作、建立健全土地流转规范管理制度、构建新型经营主体政策扶持体系以及完善三权分置法律法规。4 项基本原则包括尊重农民意愿、守住政策底线、坚持循序渐进以及坚持因地制宜。

② 宋志红. 中国农村土地制度改革研究：思路、难点与制度建设［M］. 中国人民大学出版社，2017：181.

（四）法制转化：按照"三权分置"要求重构农用地产权体系

中央决策上升为正式制度的最后阶段是把经过时间检验证明是行之有效的"三权分置"改革政策和成功经验形成法律规范。2018 年 12 月，十三届全国人大常委会第七次会议通过了《关于修改〈中华人民共和国农村土地承包法〉的决定》。该新修订法正式重构农用地产权体系，主要体现在：①清晰地界定了集体土地所有权的权利内容。该新修订法细化了集体经济组织在土地发包、流转、用途管制、合理利用、经营权融资担保管理等方面的权利。②明晰地界定了土地承包权的权利内容。承包人的权利包括：产品处置权，即可以决定农产品是否卖、如何买、卖给谁等；依法享有承包地使用、收益的权利，具有生产经营的自主权；依法互换、转让土地承包经营权的权利；依法、自愿、有偿地流转土地经营权的权利；承包地被征收、征用、占用获得补偿的权利；法律、行政法规规定的其他权利。例如，子辈可以依法继承父辈的承包地。在本次修订中，承包人权利中变动最大的就是享有流转土地经营权的权利。也就是说，承包人可自由的以入股、转让等形式流转土地，因此在发生土地流转的条件下，承包人的承包权和经营权是分离的；只有当流转合同到期后，承包人的承包权和经营权才会合二为一。尽管国家允许承包人自由流转土地，但严禁买卖承包地。③明晰地界定了土地经营权的权利内容。土地流转后，除承包人和集体外的第三方获得土地的经营权。其权利包括：依法享有流转土地使用、收益的权利，具有生产经营的自主权；因向承包地连续投资等以提高其利用能力和经济效应而获得相应补偿；经承包人批准和集体登记后，可以将土地经营权作为抵押标的；经承包人批准和集体登记后，可以再流转土地；等等①。

---

① 李飞，周鹏飞.全国人大常委委员刘振伟谈农村土地承包法修改［ER/OL］.（2019-01-04）［2023-11-22］.http://www.zcggs.moa.gov.cn/nccbdggygl/201909/t20190903_6327162.htm.

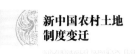

本章以"中央—地方—农民互动创新"的分析框架,考察了从家庭联产承责任制、不得调地政策到"三权分置"改革的农村土地使用权改革的动态过程。较为深入地挖掘和分析了制度创新过程中中央的决策行为、地方的实施行为以及农民的响应行为,以探究三者之间的互动在制度形成和演变中所起的作用。

首先,家庭联产承包责任制改革的互动创新过程是:①中央"以地还利",进行"农民倾向"的土地利益调整。其主要原因包括:第一,国家战略从重工业优先转变为提高国民收入与人民生活水平优先;第二,中央对人民公社制度的边际调整失败,使得原有制度的成本与收益进一步倒挂;第三,中央决策思路的转变,为规避顶层制度创新的风险,让利于民鼓励基层创新。②农民首先发起了"包产到户"的自主改革试图突破原有制度,农民的策略是"走入地下"和"干了再说"。虽然本书承认"穷则思变"是农民甘于冒险的根本性原因,但通过历史考察,本书认为以往三起"包产到户"风潮都是发生在政策有所放松的时候,并非发生在最贫穷的时候。因此,邓小平释放的改革信号和万里"省委六条"释放的放松信号构成了小岗村改革创新行为的条件性原因。③"分省决策"使得贫困地区的地方政府可以为地下或半地下的"包产到户"制度创新提供局部政治保护。分省决策的合法依据是党的十一届三中全会决议中强调的地方积极性和实践是检验真理标准的新思想原则。可以说,中央对地方适当放权在保护基层制度创新萌芽中起到非常关键的作用。④中央总结"包产到户"经验并上升为正式制度。可见,"包产到户"成为中央正式制度安排的过程是"自下而上"与"自上而下"相结合的,而非单向的顶层设计的产物,其制度实施运行也不是由全党动员和政治运动等监管手段维系,而是底层农民群众自发选择和自我实施的稳定结果。

其次,"不得调地"改革的互动创新过程是:①中央回应了农民稳定地权和调整地权的复杂需求，采取了"坚定方向""逐步收紧"和"鼓励创新"的策略，即坚定产权明晰的市场化改革方向，逐步缩小改革目标，鼓励地方政府根据自身资源禀赋积极探索多种模式。根据本书的分析框架，该策略是较为典型的"宽松模式"，既明确了改革方向和改革边界，为地方政府留下创新性空间，又对"政策可行集"作动态调整，显著地增加了正式制度的适应性。②地方政府在中央设定的"政策可行集"内（从既允许小调也允许大调，到仅允许小调，再到"不得调地"），根据地方实际情况进行创新性实施，对土地调整进行了不同程度的抑制，逐步地适应中央政策。③农民一方面对稳定的产权激励做出农业增产和农村土地增效的积极响应；另一方面，由村庄内部不同家庭之间人口相对变动而带来的土地调整压力一直存在，并没有因为中央强调稳定农村土地承包关系的政策而完全消除，显示了在农村土地集体所有制框架内实现长久"不得调地"的政策目标有一定难度，这些挑战将推动农村土地制度进一步演化。

"三权分置"改革的互动创新过程是：①农民的制度需求涌现。随着工业化和城市化的加速发展，农民在实践中产生了大量土地流转的需求，承包者与经营者相分离在实践中已大量存在，现存两权分离的农地产权已无法支撑大规模地权流转活动。②地方政府的先行探索。为了解决制度滞后于实践的问题，地方政府首先开始了突破《中华人民共和国农村土地承包法》《中华人民共和国物权法》等对土地承包经营权流转（尤其是抵押融资）的限制的实践。③中央及时回应了农民的制度需求，经过从理论创新、实践创新、制度创新的严格论证，最终将"三权分置"的实践形态上升为法律形态，成功完成了正式制度的变革。

政策效果及改革评述

第六章
"以地分利"的农村土地"转让权"嬗变：
政府垄断土地一级市场

第六章 "以地分利"的农村土地"转让权"嬗变：政府垄断土地一级市场

以 1998 年《中华人民共和国土地管理法》修订为标志，到 2014 年"三块地"改革启动之前，国家通过财政分权和行政分权等政策工具，加大力度赋权于地方政府，使得地方政府有动力和能力"以地分利"进行城市建设和发展地方经济，而这一过程在实质上形成了对农民的限权，主要表现为农民对农村土地的转用转让权的完全丧失，以及地方政府通过土地用途管制、关闭集体土地市场、国有土地有偿出让等系列制度安排垄断了土地一级市场，形成了地方利益倾向农村土地利益分配格局，最终实现"以地分利"①。

本章讨论的重点是这种地方利益倾向的土地转让权特征是如何形成的。本书通过对改革历程的回顾，把中央、地方、农民的互动行为引入土地转让权建立、执行和嬗变的过程。本章的中心论点是"以地分利"特征的形成是因为中国特殊的二元土地产权和城乡间非对称的土地权利构架，使地方政府得以凭借一系列土地管理制度，在农村土地非农化过程中实际掌握了农村土地转让剩余的实际控制权。中央、地方、农民围绕"土地转让"的互动经验表明，中央自上而下对地方政府攫取行为的制约是困难的，真正的制约力量是自下而上的，它来自农民，可以预见"以地分利"的土地转让权利特征，将会随着农户、各类新型产权代理人以及农村社区精英广泛参与，进一步发生演变，走向地利共享。本章共分为四个部分，第一部分讨论地方政府"以地分利"的农村土地转让权嬗变的原因，第二部分讨论中央的决策行为对制度嬗变的影响，第三部分讨论地方政府的实施行为对制度嬗变的影响，第四部分讨论农民个体的响应行为对制度嬗变的影响。

---

① 本节中"以地分利"中的"分"，是指地方政府通过土地用途管制、关闭集体土地市场、国有土地有偿出让等一系列土地管理制度安排，分享农村土地的转让利益。

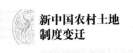
第一节 "以地分利"的农村土地转让权嬗变的原因

本小节分析了地方政府"以地分利"的农村土地转让权嬗变的原因，认为这主要与该时期我国农村土地转让权的界定特征和地方政府的行为特征有密切关系。该时期，我国有关土地的主要法律制度均未对农村集体土地转让权的主体归属、转让程序、执行原则和定价方式等做出明确界定，致使该权利陷入了一个"公共领域"。而该时期，地方政府正从财政分权改革中逐步演化成一个相对独立的利益主体，具有促进财政收入最大化的动机，具备了借助土地要素资源去获取现行制度框架可允纳的最大化垄断租金的能力。由此，地方政府加入对转让权公共领域的"争夺战"中来，正是在这个过程中地方政府逐渐掌握了农村土地转让剩余的实际控制权。

一、农村土地转让权制度安排的缺陷

众所周知，我国农村土地转让权的制度安排面临一个"某种意义上"的巴泽尔困境①。因为在该时期的法律规定中，农村土地转让权没有清楚地界定给任何一个主体，既没有清楚地界定给农民个人或集体，也没有清楚地界定给任何一级政府（国家），而是一个典型的"公共领域"。在这个模糊的权利空间里，政府、集体、农民个人都有动力去争夺其中的利益。之所以在这里指出"某种意义上"的巴泽尔困境，是考虑到权利没有被清楚界定的主要原因是为赶超发展战略服务，而非巴泽尔在此处指出的交易成本，这在下一小

---

① 在巴泽尔的产权模型里，巴泽尔认为公共领域中的财产既可以扩大，也可以缩小，人们往往会对自己的需要和产权界定的成本收益进行比较，相应地改变原来的决定，放弃某些财产，使其化为公共领域的财产；或者对现有的公共领域的财产进行重新界定，使之归自己名下。人们对资产的实际权利不是被法律完全界定的绝对权利，而是具有动态演进特征的相对权利。因为在巴泽尔看来，那些没有被充分而清楚界定的权利，使一部分有价值的产权总是处于"公共领域"，导致相关利益主体在含糊的权利空间里争相攫取剩余利益，这种产权现象被称为巴泽尔困境。

节中再做详细分析，这里不再赘述，以下结合该时期的正式法律制度分析农村土地转让权的"公共领域"是如何塑造的。

我国涉及农村土地转让权的法律主要有三部，分别是《中华人民共和国农村土地承包法》《中华人民共和国土地管理法》和《中华人民共和国宪法》。首先，《中华人民共和国农村土地承包法》为农村土地转让权划定了农用范围。该部法律全面界定了农村土地的农户承包经营权，其要点是在30年内只有农户依法享有承包地使用、收益的权利，且转让的权利被限定为"经营权"，即以土地的农业用途为限。例如，该法律总则中规定没有经过规划的承包地不能被私自改造为建设用地；第十四条赋予了集体对承包地用途的监督权，一旦发现承包人有改变承包用途的行为，集体有权制止；第十七条、第三十三条规定了农户有维持土地农业用途的义务。很明确，该法对农村土地转让权的确认和保护限定在农业用途。其次，在《中华人民共和国土地管理法》中规定了农村土地非农化转让的合法途径。既然农户没有农村土地转让的权利，但随着城市化加速，大规模的农村土地非农化是必然的，谁有农村土地转让的权力呢？《中华人民共和国土地管理法》（1998年8月29日修订）对此并没有进行明确的界定，只是抽象地宣布土地使用权可以依法转让，其途径是通过从土地集体所有制向国有制转变，并且明令农民集体所有的土地使用权不得出让、转让或者出租用于非农业建设[1]。最后，以《中华人民共和国宪法》为指导，保障未来所有非农化转让后的农村土地为国家所有。为什么农民集体所有的土地实现转让，变为城市建设用地的途径必须变更为国家所有呢？这涉及一个宪法准则，即"城市的土地属于国家所有"[2]。该条款的含义不仅是指现有城市土地为国家所有，也包括了未来经转让后变成城市土地的农村土地[3]。换句话说，城市扩展到哪里，哪里的土地就应该变为国有。总的来说，正是通过这三部重要的法律构建起了农村土地转让权的"公共领域"。

---

[1] 《中华人民共和国土地管理法》最早在1986年6月25日经第六届全国人民代表大会常务委员会第十六次会议通过，从1987年1月1日起执行。时隔两年，1988年12月29日第七届全国人民代表大会常务委员会第五次会议决定修改，历时10年的修订期，到1998年8月29日由第九届全国人民代表大会常务委员会第四次会议的通过，从1999年1月1日起执行。

[2] 我国1982年宪法修正案第十条规定：城市的土地属于国家所有。

[3] 周其仁. 产权与中国变革［M］. 北京：北京大学出版社，2017：60.

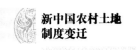
二、地方政府对非农地租的争夺

在农村土地转让权的公共领域中，其权能价值必然以分散的或各种排列组合的形态落入不同利益主体的手中[1]。而该时期，地方政府正从财政分权改革中逐步演化成一个相对独立的利益主体，具有促进财政收入最大化的动机，具备了通过行政分权获取最大化垄断租金的能力[2]。由此，地方政府加入对转让权公共领域的"争夺战"中来，且逐渐掌握了该权利。这一事实是通过两个环节的制度安排完成的，一个是低价征地制度，另一个是高价出让制度。

（1）通过征地制度，农户转让土地的收益表现为获得低价补偿费。正如以上分析所述，要实现对农户的低价补偿，首先，要关闭农村土地转让市场，使"农村土地征收"成为农村土地非农化转让的唯一合法途径，且赋予政府拥有独家垄断的征地权力。例如1992年《国务院关于发展房地产业若问题的通知》和1998年修订的《中华人民共和国土地管理法》中都规定了集体土地的出售必须采用政府先征地，然后再在二级市场上竞售的形式。其次，在垄断征收逻辑下，由于土地没有买卖的市场价格，所以向土地所有者（农民、集体）支付的只是补偿费。例如1998年修订的《中华人民共和国土地管理法》第四十七条规定了具体农村土地征收补偿费及计算方式如表6.1所示。也就是说，政府征收补偿范围仅考虑农村土地原用途、原产值的直接损失，不包括土地转用的最佳用途价值，更不用说农民承包期内的预期收益和转包、租赁、抵押等权利损失[3]。更戳中要害的是，按原用途进行补偿的方法，在实际操作中地方政府拥有较大的自由裁量权，因为年产值不确定、倍数标准有幅度，地方政府往往会在法定范围内压低征地补偿费用[4]。最后，在征地程序和争议解决机制的制度安排上，对农户（集体）的补偿议价能力进行一定程

① 杨继瑞. 我国城市土地使用制度创新的目标模式及基本框架中国房地产 [J]. 中国房地产，1994（5）：22-26.

② 盖凯程，李俊丽. 中国城市土地市场化进程中的地方政府行为研究 [J]. 财贸经济，2009（6）：123-128.

③ 韩树杰. 中国土地收益分配研究 [M]. 北京：经济管理出版社，2016：40.

④ 国土资源部征地制度改革研究课题组. 征地制度改革研究报告 [J]. 国土资源通讯，2003（11）：48-53.

度的削弱，以保障低价征地制度得以维持。例如，1998 年修订的《中华人民共和国土地管理法》将征地程序由之前的协议征地改变为公告征地。也就是说，在征地之前，政府不再听取农户（集体）的意见或建议，而是根据建设规划直接确定征收方案，并以土地征收方案公告的形式在实施征地方案时才告知被征农户①。另外，1998 年修订的《中华人民共和国土地管理法》在争议解决机制上，也明确规定征地补偿安置争议不影响征地方案的实施，以及争议是由政府而不是由法院裁定解决。由此，政府既是运动员，又是裁判员，土地争议上诉无门，只能上访②。

表 6.1 农村土地征收补偿费计算方式

土地类型	补偿项目	计算依据	标准
征用耕地	土地补偿费	该耕地被征收前三年平均年产值	6~10 倍；合计不超过 30 倍；仍不足另行补贴
	安置补偿费	该耕地被征收前三年平均年产值	4~6 倍/人；最高 15 倍/公顷③
	地上附着物补偿费	设区的市政府制定	实际评估值
	青苗补偿费	当季作物产值	1 倍
其他农用地	土地补偿费	该乡镇前三年平均产值	5~8 倍
	安置补偿费	该乡镇前三年平均产值	4~6 倍
	地上附着物补偿费	设区的市政府制定	实际评估值
	青苗补偿费	当季作物产值	3~5 倍
未利用地	土地补偿费	该乡镇前三年平均产值	——
	安置补偿费	不补偿	
	地上附着物补偿费	不补偿	
	青苗补偿费	不补偿	

资料来源：韩树杰. 中国土地收益分配研究［M］. 北京：经济管理出版社，2016：40.

---

① 张清勇. 中国农村土地征收制度改革：回顾与展望［M］. 北京：中国社会科学出版社，2018：26.
② 1998 年修订的《中华人民共和国土地管理法》第二十五条规定"对补偿标准有争议的，由县级以上的地方人民政府协调；协调不成的，由批准征用土地的人民政府裁决。征地补偿、安置争议不影响征用土地方案的实施"。
③ 1 公顷＝15 亩＝10 000 平方米。

（2）通过出让制度，地方政府转让土地的收益表现为高价出让金。随着农村土地转为城市建设用地，农村土地转让的剩余控制权便从农村集体所有者那里转到了地方政府手中。法律在确保政府拥有垄断征用农村土地权利的同时，也确认政府可以向市场有偿出让使用权。1990年，我国正式确立了土地出让制度①。当时，土地市场刚刚起步，土地价值并未充分显化，因此，建立土地出让制度的着眼点，主要是以此促进土地要素资源的有效配置和提升企业经营能力。1994年，财政分权改革后，地方财政寻求预算外收入的动机愈发强烈，同时，中央不再参与土地出让的收益分成，土地出让金全部划归地方所有。因此，地方政府逐步演化为通过土地出让制度，最大限度地追求转让剩余控制的分利集团。虽然在2006年，中央相继出台了两个通知规定土地出让金实行"收支两条线"管理②，但由于监督费用较高，该时期效果并不明显，地方政府难以有动力去落实这一政策，地方政府实际上拥有对土地出让金的控制权和自由使用权③。

三、地方政府的角色转变与预算外收入激励

1949—1978年，我国实行的是高度集中的财政体系，由中央统一对社会资源进行配置，地方政府仅仅只是中央政府在地方的代理人，其只是执行和实现中央的意志，而没有独立发展经济的积极性。改革开放后，中央为了释放地方政府推动经济增长的积极性，开始进行财政分权改革，将财税权利逐步下放给地方。

---

① 《中华人民共和国城镇国有土地使用权和转让暂行条例》第九条规定，"土地使用权的出让，由市、县人民政府负责"；第十一条规定，"土地使用权出让合同应当按照平等、自愿、有偿的原则，由市、县人民政府土地管理部门（以下称出让方）与土地使用者签订"。

② 此处所指两个通知的名称为《国务院关于加强土地调控有关问题的通知》和《国务院办公厅关于规范国有土地使用权出让收支管理的通知》。这两个通知都规定，国有土地使用权出让总价款全额纳入地方预算，缴入地方国库，实行"收支两条线"管理。参见：中共中央文献研究室.十六大以来重要文献选编：下册［M］.北京：中央文献出版社，2008：621；曹康泰.中华人民共和国政府信息公开条例读本［M］.北京：人民出版社，2009：304.

③ 石晓平.我国土地出让制度改革及收益共享机制研究［M］.北京：经济科学出版社，2019：83.

财政分权改革主要分为财政包干制（1971—1985 年）与分税制（1994 年至今）两个阶段。所谓财政包干制，就是通常所说的"分灶吃饭"，中央和地方拥有不同的税基，而不是吃"大锅饭"。在财税包干阶段，城市土地有偿使用制度尚未实施，更未建立正式的土地市场，地方政府通过土地税获取的土地收益并不多，因此地方政府热衷于兴办和发展新企业，通过企业税收和企业利润留存的方式扩大预算外财政收入。从财政包干制开始，地方政府就转变了其所扮演的角色，从单纯听从"命令"的附属机构转变为对地方利益享有主动权和控制权的代理人，被激发出了极大的动力维护市场、推动工业化和发展地方经济。但是财政包干制的弊端也非常突出，一方面，地方政府利用行政权力人为设置市场进入壁垒，以形成本地经营企业的地方保护主义；另一方面通过隐瞒等手段将本应上缴的财政收入留存企业，导致中央财力稀释。这使得中央财政入不敷出，甚至要向地方"借债"，严重地削弱了中央对宏观经济进行干预的能力。因此，中央于 1994 年开始实施分税制改革。

分税制改革表现出财政收入向上集中于中央，而事权下放至地方的特征[1]，这种财权与事权不匹配的做法导致了地方财政入不敷出。尽管中央不断地对地方增加转移支付作为弥补，但其使用受到预算的严格限制。因此，地方政府为了摆脱财政困境和扩大财政使用自主性，有强烈的动力寻求中央控制宽松的预算外收入来开辟新的财源。按照分税制改革之前的方法，地方政府可向所属企业寻求预算外收入，但是分税制改革后，财政部规定国有企业留利和折旧基金不再列作预算外资金。另外，企业所纳属于增值税部分的75%要上缴中央，25%留作地方各级分成。这样一来，尽管企业发展在经济中举足轻重，但它对地方财政收入的贡献却十分有限[2]。因此，地方政府要想寻

---

[1] 中央财政收入占全国财政收入的比重基本都维持在 50% 以上，但支出大部分年份却在 30% 以下，地方财政收入维持在 45% 左右，但是支出比重大部分年份在 65% 以上，2009 年高达 80%，2013 年、2014 年超过 85%。参见：石晓平. 我国土地出让制度改革及收益共享机制研究 [M]. 北京：经济科学出版社，2019：72.

[2] 据个案调查，2002 年 S 县地方制造业对当地 GDP 的贡献份额达 60% 以上，但是，对地方税收的贡献份额只有 27.9%。参见：蒋省三，刘守英，李青. 中国土地政策改革：政策演进与地方实施 [M]. 上海：上海三联书店，2010：132.

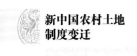
求预算外收入，必须另辟蹊径。随着城市化的推进，1990 年国有土地使用权有偿转让制度正式确立，1998 年住房制度商品化改革，20 世纪 90 年代继续实行的低价征地制度以及我国特殊的农村土地产权制度，这一切围绕"土地转让"的制度环境恰好为地方政府通过追求土地转让收益而扩张其预算外收入提供了绝佳契机。

四、土地市场需求释放、土地价值上涨与外部利润激励

已有研究表明，土地价值的上涨形成模糊农村土地产权的外部利润，显著地改变着围绕着土地的相关利益主体的博弈报酬结构，进而成为土地收益分配制度嬗变的关键动因。而这一时期土地价值快速上涨的根本原因在于土地市场需求的释放。改革开放后，随着社会主义市场经济转型，住房制度商品化改革、工业化城市发展、国民经济和国民收入增长都对城市土地产生了大量需求进而推动了土地价值（价格）快速上涨。

第一，住房制度商品化改革推动土地价值（价格）上涨。土地是一种特殊的物品，由于其稀缺性、用途转换的困难性或者受政府管制等原因限制，土地的供给相对缺乏弹性。因此，在一定程度上，对土地的市场需求决定了土地价格。而房地产作为一种重要的土地产品，其价格决定了土地价格。1998 年中央废除了住房实物分配制度，确立了商品房的市场主体地位，从而为商品房的发展扫清了道路。从表 6.2 可以看到，从 1998 年全面的住房市场化改革以来，住宅商品房的价格就呈现不断上涨的趋势，由 1998 年的 1 854元/平方米上涨至 2014 年的 5 933 元/平方米，增幅达 220.01%，特别是在 2008—2014 住宅商品房价格的上涨幅度最大，年均增长 336.7 元/平方米。同样，土地出让金数据表现出相似增长趋势，2014 年每平方米土地出让金价格是 1998 年的 9.35 倍。由此可以看出，该时期的住房制度商品化改革极大地推动了土地价值上涨。

表6.2 1998—2014年我国住宅商品房单位价格与土地出让金

年份	住宅商品房价格/元·平方米$^{-1}$	土地出让金/元·平方米$^{-1}$
1998	1 854	371
1999	1 857	418
2000	1 948	434
2001	2 017	444
2002	2 092	461
2003	2 197	576
2004	2 608	647
2005	2 936.96	759
2006	3 119.25	1 043
2007	3 645.18	1 211
2008	3 576	1 524
2009	4 459	1 888
2010	4 725	2 503
2011	4 993.17	3 008.50
2012	5 429.93	3 087
2013	5 850	3 259
2014	5 933	3 469.25

资料来源：1998—2010年土地出让金数据来源于：彭作军. 土地出让价格与商品房价格之间相关性的研究［D］. 重庆：重庆大学，2013：80；2011—2014年土地出让金数据来源于国泰安数据库；住宅商品房价格来源于国家统计局数据库。

　　第二，工业化、城市化发展推动土地价值（价格）上涨。随着改革开放的推进，我国工业化和城市化加速发展，1994—2014年，我国第二、三产业占GDP的总比重由69.3%上升至92.8%，第三产业占GDP的比重更是在2014年超过了50%。在此期间，中国城市从193个增加到663个，镇则从2 173个增加到20 312个，城镇化率由1999年的34.78%上升到2014年54.77%，城镇人口从43 748万人增加到74 916万人，见表6.3。这些数据的背后是数千万的农民从农村流向城市，数千万亩农村土地转为城市建设用地。我国城市的经济活动从重工业逐步转向符合比较优势的轻工业，从轻工业简

单的初级生产扩大到更为专业的制造业，以制造业为核心向前后延展，衍生
像银行、保险服务、法律服务、教育等第三产业，进而带动如餐饮、零售、
一般消费性产品和娱乐业。这些日益复杂的城市活动对土地的大量需求，推
动了土地价值（价格）迅速上涨。

表 6.3　中国商品房单位价格与土地出让金

年份	年末总人口/万人	城镇人口/万人	城镇化率/%	城市建成区面积/平方千米
1999	125 786	43 748	34.78	21 524
2000	126 743	45 906	36.22	22 439
2001	127 627	48 064	37.66	24 027
2002	128 453	50 212	39.09	25 927
2003	129 227	52 376	40.53	28 308
2004	129 988	54 283	41.76	30 406.19
2005	130 756	56 212	42.99	32 520.72
2006	131 448	58 288	44.34	33 659.80
2007	132 129	60 623	45.89	65 469.65
2008	132 802	62 403	46.99	36 295.30
2009	133 450	64 512	48.34	38 107.26
2010	134 091	66 978	49.95	40 058.01
2011	134 735	69 079	51.27	43 603.23
2012	135 404	71 182	52.57	45 565.76
2013	136 072	73 111	53.73	47 855.28
2014	136 782	74 916	54.77	49 772.63

资料来源：国家统计局数据库。

　　第三，经济增长推动土地价值上涨。随着社会经济发展以及投资量增加，
土地需求量不断增加，推动土地价格不断上涨[1]。国民收入的增长通过消费需
求的增加，以及消费结构的变化对土地价值产生影响。全国居民的消费水平
由 1990 年的 831.15 元上涨至 2017 年的 22 902 元[2]。日益扩大的消费需求要

———————————

① 曹振良. 房地产经济通论 [M]. 北京：北京大学出版社，2003：202.

② 数据来自国泰安数据库。

求增加生产生活所需的土地产品，进而扩大了土地需求总量。随着居民收入的增加，人们在解决温饱问题之后，对消费水平会有新的要求。从表 6.4 和表 6.5 可以看出，除去食品类，2011 年无论是农村居民还是城市居民，居住类人均消费支出占总支出的比重最大。这就要求有更多的耕地来生产食品，以及更多的建设用地来修建住宅，对食品的需求提高了耕地使用权价格，对住宅的需求提高了土地转让权价格。

表 6.4　农村居民的消费支出构成　　　　　　　　单位：%

年份	食品类	衣着类	居住类	家庭设备、用品及服务类	医疗保健类	交通和通信类	文教娱乐用品及服务类	金融服务消费	保险服务消费	其他商品和服务类
2004	44.8	5.2	16.2	3.9	5.8	8.4	10.8	1.8	0.7	2.5
2005	42.2	5.4	17.5	4.0	6.2	8.9	10.7	1.9	0.7	2.4
2006	41.1	5.7	18.2	4.3	6.6	9.7	10.3	1.4	0.5	2.2
2007	41.5	5.8	18.3	4.5	6.5	9.8	9.1	1.7	0.6	2.3
2008	41.0	5.4	18.1	4.6	9.0	9.4	8.1	1.8	0.6	2.0
2009	39.3	5.6	16.7	5.5	10.4	9.7	8.2	1.6	1.0	2.0
2010	38.3	5.6	15.8	6.2	11.4	9.8	7.8	2.4	0.8	2.0
2011	37.4	6.1	15.5	6.7	12.3	9.7	7.0	2.4	0.8	2.2

资料来源：国泰安数据库。

表 6.5　城市居民的消费支出构成　　　　　　　　单位：%

年份	食品类	衣着类	居住类	家庭设备、用品及服务类	医疗保健类	交通和通信类	文教娱乐用品及服务类	金融服务消费	保险服务消费	其他商品和服务类
2004	33.0	8.1	14.6	4.9	8.9	9.9	12.2	3.3	2.2	2.9
2005	32.0	8.5	14.9	4.8	9.2	10.5	11.7	3.4	2.3	2.8
2006	29.1	8.4	17.7	4.7	8.6	10.7	11.3	2.3	1.6	5.5
2007	29.7	8.5	17.2	4.9	8.6	11.1	10.9	2.4	1.9	4.7
2008	31.2	8.5	16.9	5.1	8.8	10.4	9.9	2.5	1.8	4.8
2009	30.0	8.6	16.8	5.3	9.3	11.3	9.9	2.1	1.7	5.0
2010	29.0	8.7	17.6	5.6	9.2	12.0	9.8	2.9	2.0	3.0
2011	29.4	8.9	16.9	5.6	9.9	11.5	9.9	2.9	2.0	3.1

资料来源：国泰安数据库。

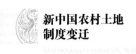
第二节　中央政府的默许、约束与试点改革

本节讨论了中央面对地方政府"以地分利"行为的政策决策，包括两难选择下的默许、不断加强对地方的约束和推动试点改革的尝试。

一、中央对地方政府"以地分利"的默许

（1）赶超战略下中央面临的"两难选择"：以影响农民利益为代价来继续加速城市化，或是抑制城市化来提高农民收益？[①] 众所周知，该时期中央赋予了前者更多权重。我国从第一个五年计划就开始推行重工业优先发展的赶超战略[②]，这个时期的城市偏向政策既是传统社会主义时期赶超战略的遗产，也是其惯性延续。其主观意图的初衷依然是用最短的时间推进城市化发展以追赶发达国家。其手段是扭曲以土地为主的生产要素相对价格，通过要素价格剪刀差获取农业农村剩余向城市和工业提供补贴，并沿用了传统社会主义时期对土地生产要素的计划配置手段以保证土地要素优先、低成本流向城市。例如，1994 年 3 月 25 日，国务院在这一天通过了两个重要文件[③]，其中一个作为 20 世纪 90 年代制定各项产业政策的指导和依据，另一个是作为制定国民经济和社会发展中长期发展战略的纲领性文件，二者都不约而同地提出了

[①] 丰雷，郑博文，张明辉. 中国农村土地制度变迁 70 年：中央—地方—个体的互动与共演 [J]. 管理世界，2019（9）：36-54.

[②] 赶超战略的初衷是从突破资金稀缺对经济增长的制约入手，较快地克服经济结构中因重工业薄弱对增长与发展产生的影响，使国民经济尽快增长，进而用最短的时间达到赶超发达经济的目标。参见：林毅夫，蔡昉，李周. 对赶超战略的反思 [J]. 战略与管理，1994（6）：1-12.

[③] 《九十年代国家产业政策纲要》规定，"为了加快基础设施和基础工业的发展，国家将采取以下政策：……对基础设施和基础工业继续实行低价征用的办法"。《中国 21 世纪议程》提出，"交通通信建设的规划、设计同土地使用规划结合起来，注意节约土地资源，此前提下，对交通、通信建设用地，实行低价征用办法。"参见：中共中央文献研究室. 十四大以来重要文献选编：上册 [M]. 北京：中央文献出版社，1996：752.

继续实行低价征用土地的办法。

（2）财政分权下中央面临的"两难选择"：以影响农民利益为代价来保护地方政府自主性激励，还是牺牲地方政府自主性激励来提高农民土地收益？正如上文所分析，在该时期中央赋予了地方政府自主性激励更多权重。在财政包干体制下，中央通过财政分权"分灶吃饭"的方式使地方政府享有地方经济发展的剩余控制，释放了地方政府的自主性激励，从而建立了稳定的"委托—代理"式治理关系。但是，1994 年分税制改革后，中央上收财权，下放事权，导致地方政府产生大量的财政缺口。据统计，分税制改革后地方财政收入维持在 45% 左右，但是大部分年份的支出比重在 65% 以上。其中，2009 年高达 80%，2013 年、2014 年都超过了 85%[1]。这种财权与事权的错配严重地削弱了央地"委托—代理"关系的稳定性，挫伤了地方政府维护市场促进经济发展的积极性。地方政府借此与中央讨价还价，争取财政预算外收入。为了缓解地方政府的财政压力和保护其自主性激励，中央不得不考虑与地方政府达成另一种隐性合约来重新稳定"委托—代理"关系，即双方通过重新调整对城市土地占有、使用、收益、处分的分配关系，默许地方政府在实际上享有农村土地转让剩余控制权和索取权，从而充实财政预算外收入，而中央仅仅保留法律意义上的所有权和少部分收益权和最终处置权[2]。

二、中央对地方政府"以地分利"的约束

（一）边界约束

中央实行最严格的耕地保护制度，在一定程度上可以看作约束地方政府最大化攫取农村土地转让剩余的边界条件。该边界条件可以理解为，地方政府实施征地的规模再扩张，也不能扩张到破坏最严格的耕地保护制度，以至

---

① 石晓平.我国土地出让制度改革及收益共享机制研究 ［M］.北京：经济科学出版社，2019：72.
② 盖凯程，于平.农地非农化制度的变迁逻辑：从征地到集体经营性建设用地入市 ［J］.农业经济问题，2017，38（3）：17-24.

于威胁到国家粮食安全的程度①。如上所述，地方政府在财政预算外收入和现行土地产权制度外部利润的双重激励下，具有强烈的动机实施征地、卖地活动，因此出现了圈地热、开发区热，甚至出现了大量"鬼城"。1994—2012年，全国土地城镇化率从1994年的41%增长到2012年的51%，全国土地出让金收入高达9 100亿元，全国新增建设用地的53.33%来源于耕地②。甚至有些地方政府预算收入的80%来源于土地出让收益③。为了遏制地方政府毫无约束地滥占耕地"以地生财"，1986年中央将"十分珍惜和合理利用每一寸土地，切实保护耕地"定为基本国策。此后，中央对耕地保护的强度连年加码，1997年甚至将破坏耕地罪、非法批地罪和非法转让土地罪等写入了《中华人民共和国刑法》；1998年，中央强调在将农用地转用为建设用地时必须实施占补平衡的制度以保障耕地不减少；2007年，中央规定了"18亿亩耕地的红线"，这是一条不能突破的法律底线；随后连续两年的一号文件又进一步强调了在经济社会发展中"耕地红线"的不可逾越性以及保护耕地的机制。然而，这并不意味着农用地就再也不能用作他途，就全世界的经验来看，要实现经济的快速发展和城镇化，耕地面积难免会降低。如果耕地减少得过快，粮食安全、生态环境都将受到威胁；如果过度保护耕地，又会牺牲城市化、工业化的潜在收益④。因此，耕地保护的边界约束最大的难点在于在缺乏衡量耕地减少的收益和代价的适当机制下，地方政府拥有大量信息优势，并以"保增长"为由与中央讨价还价。

（二）计划供地

建设用地计划供应制度是中央对于地方政府最大化攫取农村土地转让剩余另一约束性制度。1999年中央规定，农用地转用为建设用地必须获得转用指标，而转用指标由中央下发给各省，再由各省根据实际情况分配给各市县。严格控制建设用地量和最严格耕地保护制度，其约束机制和约束效果大体一

① 周其仁. 产权与中国变革 ［M］. 北京：北京大学出版社，2017：122.
② 数据由作者根据1994—2012年度《中国国土资源年鉴》整理而得。
③ 数据由作者根据1994—2012年度《中国国土资源年鉴》整理而得。
④ 周其仁. 产权与中国变革 ［M］. 北京：北京大学出版社，2017：122.

致，如上所述，城市化进程中，农村土地非农化是刚性的，而计划性的指标很难恰到好处的体现经济发展的需求，中央又不得不在计划指标之外为地方政府保留"发挥"的平衡空间。

（三）预算约束

中央通过实施土地出让金收支两条线管理制度，在一定程度上规范地方政府对农村土地转让剩余的控制。2006 年，中央全面授权地方政府自 2007 年起全权管理和安排土地出让金。然而，这一政策自颁布后许多地方政府并未认真执行①。2009 年，国家相关部门颁布规定，要求地方政府不得减免缓缴或者变相减免土地出让收入，提出了更为严格的管理措施，并加强了对违规行为的惩罚力度。但总的来说效果不佳，地方政府将收入从左口袋挪到右口袋是轻而易举的事，中央对地方实施监督的成本极高，预算约束只能在一定程度上规范地方政府对农村土地转让剩余的控制。

三、中央开启土地转让权改革的试点试验

20 世纪 90 年代初，各地掀起的开发区热、房地产热愈演愈烈，地方政府甚至存在使用违法强征的手段攫取农村土地转让剩余等问题，农民收益分配严重不平衡，因征地而引起的社会矛盾全面激化。为了缓解社会冲突，回应农民对土地收益分配的需求，中央采取了两方面的试点改革，一是征地制度改革试点，二是开展集体建设用地流转试点。但开展这两方面试点改革的思路是不一样的，反映了当时征地制度改革激烈的路线之争。前者的思路是在原有制度框架下进行微调，着力于提高征地补偿和完善征地程序。而后者的思路是赋予农民更为完整的土地产权，限制政府权力，增强农民的博弈能力，寻求对原有制度的根本性突破。

---

① 据统计，2007 年共有 18 省区市的 626.42 亿元土地出让收入未纳入地方政府预算。参见：中华人民共和国审计署."16 省区市国税部门税收征管情况审计调查结果"及"18 省区市财政预算管理情况审计调查结果"［ER/OL］.（2009-07-27）［2023-11-24］. http://www.audit.gov.cn/n11/n536/n537/c45988/content.html.

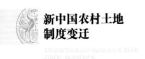

（一）以提高补偿为主的征地制度改革试点

2001 年、2002 年，国土资源部先后启动了两批征地制度改革试点①，以探索征地补偿安置和征地程序改革。此次试点取得了一些重要改革成果：在征地补偿方面，提出了采用统一年产值标准或实行征地区片综合地价的方式提高实际补偿金额，且创新性地将失地农民纳入社会保障体系。在征地程序方面，增加了征地前的告知、确认和听证等程序②。同时，文件还确立了为被征地农民建立社会保障等制度。总的来说，这一轮试点改革相比原有制度具有较大的改进和完善，但正如以上所述，这轮改革保持了原有的博弈局面，妥协于既得利益集团，未触及征地制度的实质性改革，是一种温和的改革方式。例如，虽然提高了补偿标准，完善了征地程序，但终究还是由地方政府决定补偿标准，农民无权参与定价协商，地方政府依然是农村土地转让剩余的实际控制者，难以从根本上解决与农民的矛盾。

（二）集体建设用地入市试点改革

1995—2003 年，中央分别启动了江苏、浙江、安徽以及广东试点，以探索农民集体建设用地在不改变土地所有制性质的前提下进行流转。以江苏苏州和浙江湖州试点为例，试点的基本做法是区别对待"圈内圈外"，即在城市规划区内仍然保留征地制度，但城市规划区外允许符合条件的农村非农建设用地直接进入市场③。流转的形式包括出让、出租、入股和联营。流转的收益按照"谁所有谁收益"的原则，政府仅收取土地流转收益金的 5% 作为手续

---

① 2001 年第一批试点包括上海的清浦、江苏的南京和苏州、浙江的嘉兴和温州、福建的福州和厦门以及广东的黑山和顺德 9 个城市。2002 年第二批试点包括北京的通州、河北的石家庄、辽宁的沈阳、黑龙江的绥化、安徽的马鞍山、河南的洛阳和新乡、广东的广州、广西的南宁以及四川的成都 10 个城市。

② 这些成果得到中央的认可，并集中体现在《国务院关于深化改革严格土地管理的决定》（国发〔2004〕28 号）文件中。该文件确定了提高补偿标准、建立社会保障制度等主张，要求省、自治区、直辖市人民政府制定并公布各市县征地的统一年产值标准或区片综合地价，征地补偿做到"同地同价"。参见：中共中央文献研究室. 十六大以来重要文献选编：中册. 北京：中央文献出版社，2006：402.

③ 农村非农建设用地直接入市流转的条件包括：已经依法取得的镇、村集体非农建设用地使用权（主要是乡镇企业用地）和符合土地利用总体规划、村镇建设规划和其他相关流转条件的规划。

费，剩下均归属于农民、集体。此次试点体现了中央相关部门对打破原有利益格局所做出的努力，显然，与原有框架下的征地制度改革相比，具有根本性的突破，在一段时间内取得了明显效果。例如，在增加农村集体收入渠道和增加农民土地收益的同时，吸引了外来投资，促进了农村经济结构调整。但在 2003 年前后，由于城乡土地市场整顿，所以入市改革停止了①。

（三）以缩小征地范围为主的征地制度改革试点

在实质上，若明确了集体建设用地可以入市，也就缩小了征地范围；若缩小了征地范围，那么征地范围以外的农村建设用地便可以入市转让。2008 年，党的十七届三中全会正式提出允许"圈外"②的集体土地可以依法参与非公益项目。2010 年，国土资源部便启动新一轮征地制度改革试点。试点的重要成果包括了三个方面：一是严格界定公益性和经营性建设用地，并制定土地征收目录，只有在征收目录中的项目才能启动征收程序；"圈外"土地若用于非公益性项目，那么可以不采用征地的方式，经批准后可以采用入市流转等方式参与非公益项目③。二是对征地补偿安置进行了有益探索，例如武汉市在"城中村"改造中，使集体经济组织成为改造的主体，根据各村的土地状态和城市规划要求，以项目开发的方式实施改造，赋予了集体经济组织更多的剩余控制权和自主性激励④。三是完善了被征地农民社会保障制度，推进了失地农民社会保障与城镇职工基本养老保险体系相对接。

但总的来说，由于对"缩小征地范围"方面的探索，将动摇地方政府在土地一级市场的垄断地位，进而使得地方政府没有动力去推进缩小征地范围方面的探索。因此，本轮"缩小征地范围"方面的改革，并未取得成效⑤。

---

① 国务院决定整顿城乡土地市场，在这个背景下，有关决策层对集体土地进入市场的认识出现反复，改革试点事实上停止了。参见：黄小虎. 征地制度改革的历史回顾与思考［J］. 上海国土资源，2011（2）：7-13.

② "圈外"是指在土地利用规划确定的城镇建设用地范围外。

③ 唐建. 征地制度改革的回顾与思考［J］. 中国土地科学，2011，25（11）：3-7.

④ 张清勇. 中国农村土地征收制度改革：回顾与展望［M］. 北京：中国社会科学出版社，2018：40-41.

⑤ 甘藏春. 中国社会转型与土地管理制度改革［M］. 北京：中国发展出版社，2014：239-240.

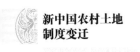

第三节　地方政府的扩征、变通与地方探索

本节讨论了地方政府面对中央决策的应对策略。例如，当中央选择默许策略时，地方政府就进行土地"扩征"；当中央加强对地方的约束时，地方政府就通过各种变通方式减弱中央的约束；当中央推动试点改革时，部分地方政府也通过创新性实施进行了探索。

一、中央的"默许"策略与地方的"扩征"策略

正如上文分析，中央对赶超战略的超高权重与央地双方在财税制度上的互动博弈，一定程度上可以解释地方政府的扩征行为。1994年分税制度改革后，地方政府事权与财权错配，导致了巨大的财政缺口，中央为了稳定"委托—代理"关系，缓解地方政府的财政压力和保护其自主性激励，不得不为地方政府寻求预算外收入留有制度余地，而我国特殊的二元土地产权和城乡间非对称的土地权利构架，尤其是地方政府在一级土地市场的垄断权，为地方政府追求土地出让收益从而扩张其财政收入提供了绝佳契机。这样一来，中央默许下的偏向地方高收益的土地收益分配制度，使土地与地方财政之间建立了紧密联系，由此，地方政府的财政扩张就成了农村土地扩征的内在逻辑。

（一）财政扩张并非依赖土地税的再分配机制

从国际经验来看，土地税及与土地相关的财产税通常是地方财政收入的重要来源[1]。例如，纽约市房地产税占政府财政收入的34%，而多伦多、蒙特利尔和墨尔本等城市，房地产税的收入甚至占地方财政收入的一半以上[2]。而

---

[1]　蒋省三，刘守英，李青. 中国土地政策改革：政策演进与地方实施 [M]. 上海：上海三联书店，2010：110.

[2]　北大—林肯中心. 土地制度的国家经验及启示 [M]. 北京：科学出版社，2018：140.

中国的"土地税"收入规模虽逐年攀升，但总体来说，在地方财政收入中所占比例依然较低，这种现象与国际一般经验有所不同。以归属于地方政府支配的房地产五税为例①，1999 年，地方房地产五税的规模为 378.22 亿元，此后 15 年间，该数值以年均 27%的速度增长，远高于同期地方税收收入的年均增长率（18%）和地方本级财政收入年均增长率（19%），并在 2014 年达到 13 818.69 亿元（见表 6.6），但依然仅占地方税收收入的 23%，占地方财政收入的 18%，可见，其对地方财政的贡献远小于土地出让收入对地方财政的贡献。这种财政收入格局，跟我国土地税收设置的"重转用，轻保有"制度有重要关系，这一点在后文的讨论中再做详细分析，这里仅指出我国地方的财政扩张与国际一般经验不同，并非强调再分配手段的税收分享。

表 6.6　土地税收收入

年份	①房地产五税合计/亿元	②地方税收收入/亿元	③地方本级财政收入/亿元	①占②的比重/%	①占③的比重/%
1999	378.22	4 934.93	5 594.87	8	7
2000	448.93	5 688.86	6 406.06	8	7
2001	500.31	4 716.30	7 803.30	11	6
2002	676.13	5 308.70	8 515.00	13	8
2003	900.66	6 303.60	9 849.98	14	9
2004	1 207.78	7 863.70	11 893.37	15	10
2005	1 590.60	9 531.30	15 100.76	17	11
2006	1 961.92	15 233.58	18 303.58	13	11
2007	2 755.34	19 252.12	23 572.62	14	12
2008	3 656.62	23 255.11	28 649.79	16	13
2009	4 812.32	26 157.44	32 602.59	18	15
2010	6 529.86	32 701.49	40 613.04	20	16
2011	8 228.45	41 106.74	52 547.11	20	16

---

① 房地产五税是指：房产税、城镇土地使用税、土地增值税、耕地占用税和契税。

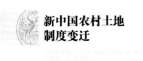

表6.6(续)

年份	①房地产五税合计/亿元	②地方税收收入/亿元	③地方本级财政收入/亿元	①占②的比重/%	①占③的比重/%
2012	10 127.98	47 319.08	61 078.29	21	17
2013	12 246.43	53 890.88	69 011.16	23	18
2014	13 818.69	59 139.91	75 876.58	23	18

资料来源:中国财政年鉴(2000—2015)。

（二）财政扩张依赖于农村土地扩征来获取土地出让金[①]

土地出让金在地方政府可支配财政收入中占绝对比重,因而对地方政府意义重大。如表 6.7 所示,1998—2014 年,国有土地使用权出让金规模从 507.7 亿元激增至 40 385.86 亿元,年均增长率为 31%,远高于同期地方财政收入的年增长率(18%)和 GDP 年均增长率(10.1%)。16 年间,土地出让金对地方本级财政贡献率占 50% 左右,甚有年份高达 69%。地方政府若要保持土地出让金的收入规模,就必须不断地通过土地征收来确保不缺地、不断地和持续供地,由此,扩征便是地方政府在财政激励下的理性逻辑。表 6.8 展示了 2004—2014 年我国土地扩征、土地出让和城市扩张的规模和特点。由表 6.8 可知,第一,我国征地规模巨大,其中大部分为农用地。10 年间地方政府共征地 427.95 万公顷,其中农用地面积为 320.03 万公顷,农用地中 65% 为耕地。第二,征地规模保障了出让规模。2004—2010 年,地方政府通过协议或招拍挂的方式共出让土地面积 281.51 万公顷,占征地面积的 66%。第三,征地规模和出让规模的扩大,直接推动了城市化的发展。2014 年城市建成区面积相比 1978 年时,扩大了 6.7 倍。

---

① 土地出让金是指地方政府以土地所有者身份,通过协议或招、拍、挂等出让方式一次性收取 40 年、50 年或 70 年的土地出让价款。

表 6.7 我国土地出让金收入与地方财政收入的对比

年份	①地方本级财政收入/亿元	②国有土地使用权出让金收入/亿元	②占①的比重/%
1998	4 983.95	507.70	10.19
1999	5 594.87	514.33	9.19
2000	6 406.06	595.58	9.30
2001	7 803.30	1 295.89	16.61
2002	8 515.00	2 416.79	28.38
2003	9 849.98	5 421.31	55.04
2004	11 893.37	6 412.18	53.91
2005	15 100.76	5 883.82	38.96
2006	18 303.58	8 077.64	44.13
2007	23 572.62	12 216.72	51.83
2008	28 649.79	10 259.80	35.81
2009	32 602.59	17 179.53	52.69
2010	40 613.04	28 197.70	69.43
2011	52 547.11	31 140.42	59.26
2012	61 078.29	26 652.40	43.64
2013	69 011.16	39 072.99	56.62
2014	75 876.58	40 385.86	53.23

资料来源：2007—2012 年数据来自：韩树杰. 中国土地收益分配研究［M］. 北京：经济管理出版社，2016：27；2013—2014 年数据由作者根据全国财政决算及国家统计局网站数据，经整理计算而得。

表 6.8 土地扩征与城市扩张相关数据

年份	城区面积/万公顷	建成区面积/万公顷	①土地征地面积/万公顷	②征收农用地面积/万公顷	③征收耕地面积/万公顷	④土地出让面积/万公顷	②占①的比重/%	③占①的比重/%	④占①的比重/%
2004	—	304.06	19.57	15.65	10.97	18.15	79.97	56.06	92.77
2005	—	325.21	29.69	23.34	16.13	16.56	78.59	54.33	55.77
2006	—	336.60	34.16	25.38	16.97	23.30	74.28	49.67	68.20

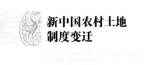

表6.8(续)

年份	城区面积/万公顷	建成区面积/万公顷	①土地征地面积/万公顷	②征收农用地面积/万公顷	③征收耕地面积/万公顷	④土地出让面积/万公顷	②占①的比重/%	③占①的比重/%	④占①的比重/%
2007	—	354.70	30.19	22.31	14.82	23.50	73.89	49.1	77.82
2008	1 781.10	362.95	30.40	22.32	14.91	16.59	73.42	49.05	54.56
2009	1 754.64	381.07	45.10	35.12	21.68	22.08	77.86	48.06	48.96
2010	1 786.92	400.58	45.92	34.52	22.87	29.37	75.16	49.79	63.96
2011	1 836.18	436.03	56.87	39.58	26.18	33.51	69.6	46.02	58.92
2012	1 830.39	455.66	51.78	38.85	24.63	33.24	75.03	47.57	64.21
2013	1 834.16	478.55	45.31	33.76	20.69	37.48	74.51	45.67	82.73
2014	1 840.99	497.73	38.96	29.20	18.12	27.73	74.94	46.51	71.19

资料来源：城区面积、建成区面积数据来自《中国统计年鉴》(2005—2015)；土地征收面积、征收农用地面积、征收耕地面积数据来自《中国国土统计年鉴》(2004—2015)。

（三）土地金融进一步强化了地方政府的扩征激励

土地出让金固然规模巨大，但地方政府并不满足于此，而志在借由土地出让金和储备土地为杠杆所撬动的抵押贷款。根据蒋省三等人的个案调研显示：2003年，某地方政府进行城市基础设施建设投资总额中，2.65%为预算内资金，1.48%为政府性基金，32%为土地出让金，而63.78%的资金都为银行抵押贷款[①]，融资规模之巨大，远胜于土地出让金，形成了巨额地方债务。根据审计署地方性债务审计报告显示，在1996年时，各级政府几乎全部都举借了债务。如表6.9所示，抵押贷款总额的增长速度非常快，2010—2014年，年均增长率高达28%，远高于土地出让金的年均增长率（9%）。然而，由土地出让金撬动的这些地方债务，地方政府又承诺由未来的土地出让金来偿还，这样就形成了一个自增强的循环系统，加深了地方政府对扩征的依赖。据统计，2014年，全国各级地方政府承诺使用土地出让收入为第一偿债来源的债

---

① 蒋省三，刘守英，李青. 中国土地政策改革：政策演进与地方实施 [J].上海：上海三联书店，2010：114.

务，占负有还偿责任债务余额的平均比重为 40% 左右，福建、海南、重庆、北京等省市高达 50% 以上，浙江、天津甚至超过 60%①。当然，这种自增强循环并非长久稳定的，一旦土地价格下降或者土地供给被制约，地方政府将面临艰巨的偿债风险，甚至引发金融危机，因此，土地财政和土地金融的不可持续性显而易见。

表 6.9　全国 84 个城市处于抵押状态的土地面积和抵押总额

年份	处于抵押状态的土地面积/万公顷	①土地抵押贷款总额/万公顷	②土地使用权出让金/万公顷	①：②
2010	25.82	3.53	2.82	1.25
2011	30.08	4.8	3.11	1.54
2012	34.87	5.95	2.67	2.23
2013	40.39	7.76	3.91	1.98
2014	45.1	9.51	4.04	2.35

资料来源：2010—2014 年《中国国土资源公报》。

二、中央的"约束"策略与地方的"变通"策略

中央虽然不得不默许地方政府偏向土地收益的分配制度和地方政府的扩征行为，但由此形成的地方土地财政和土地金融，不仅引发了大量被征地农民的不满，还威胁到国家粮食安全，其风险也是显而易见的。因此，中央必须约束地方政府的扩征行为。正如上文分析，中央给出了三个方案：第一，边界约束；第二，计划供地；第三，预算约束。接下来，我们逐一分析地方针对中央这"三板斧"的应对策略。

（一）以占补平衡化解边界约束

"最严格耕地保护制度"在一定程度上可视为约束地方政府扩征的边界条件，可解读为：实施征地的规模再扩张，也不能扩张到威胁国家粮食安全的

---

① 数据由作者根据 2010—2014 年度中央、地方预算执行和其他财政收支的审计工作报告整理而得。

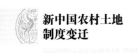

程度。中央甚至明确表示，18亿亩耕地红线不可逾越，可见制度之严，决心之大。但问题在于，全世界没有一个国家不减少一点耕地而又实现了工业化、城市化发展[①]。一方面，城市发展必然要占用耕地；另一方面，为了粮食安全又不能减少耕地。为了解决这个矛盾，占补平衡制度便应运而生。其要点是占用了多少耕地来建设城市，就开垦多少荒地来弥补损失。有了这个政策工具，那么边界约束便有了变通的可能，只要扩征的收益大于开垦的成本，那么地方政府的扩征行为仍然有利可图，甚至利用中央与地方信息不对称的优势，多占少补、占优补劣或先占后补的情况也时有发生。因此，最严格的耕地保护制度很难对地方政府形成实质上的制约。

（二）用指标交易弱化计划供地

如上文分析，孤立地规定耕地保护很难对地方扩征行为形成实质上的制约，但若与"计划供地"配套实施，形成用地审批、指标管制和耕地保护三位一体的约束体系，那么对地方政府的制约就大大加强了。用地审批，是指农村土地转用、耕地占用、大面积耕地占用根据不同级别的政府机构，按照不同的标准加以审批。指标管制，是指通过编制土地利用总体规划和控制土地转用总量的方法，对农村土地转用实行指令性计划管理。中央根据土地利用总体规划和适当考虑各地经济发展速度，给各省下达农用地转用指标，再由各省根据实际情况分配给各市县，各市县不得突破农用地专用计划指标。这样一来，中央就为地方筑起了两道坚实的堤坝，以保证扩征冲动不至于决堤。但问题在于，无论是行政审批还是指标管制，都无法灵敏地反映耕地转用的真实收益和机会成本，更无法恰到好处地满足各地经济发展的复杂需求。这样一来，当地方的扩张冲动遭遇指标管制的时候，地方政府就能以经济发展为筹码与中央讨价还价。这时候，中央依然面临最底层的两难选择，是牺牲经济来实现耕地保护，还是牺牲耕地保护来发展经济？或者如何以最小的耕地减少为代价，得到粮食安全、城市化、农民收入等目标在内的较大收益？这是行政配置机制不能达到的，因此中央不得不为地方政府通过市场机制获

---

① 周其仁. 产权与中国变革 [M]. 北京: 北京大学出版社, 2017: 122.

取建设用地指标预留制度空间。因此，建设用地指标市场交易体系逐渐得以建立，江苏"万倾良田建设工程"、天津"宅基地换房"、重庆"地票"制度都是典型的例子，其实质是实现城乡建设用地增减挂钩的节余指标的市场流转，满足地方的扩征需求。只要扩征的收益大于购买指标的成本，那么扩征就有利可图。这样一来，计划供地的制约效果在一定程度上被指标交易弱化了。

（三）土地违法与资金管理违规违纪

正如上所述，耕地保护和计划供地在某种程度上是一种软约束，地方政府均可利用其他合法的政策工具减轻其约束力度。因此，中央必须建立相对刚性的约束机制。于是在 1997 年，国家将破坏耕地罪、非法批地罪和非法转让土地罪等正式写入《中华人民共和国刑法》。2007 年，中央又规定实行收支两条线管理。然而，无论中央采取何种约束方式，都要付出监督成本，尤其是土地遥感等相关监测技术还不够成熟的情况下，想要对全国广袤的土地利用进行精确的监督，无一遗漏的发现地方政府的违法行为是不容易的。相反，地方政府却在处理地方事务中拥有得天独厚的信息优势，可以利用中央与地方政府之间的信息不对称使得中央的监督成本剧增，从而为自己创造获利空间，甚至利用信息模糊性在合法性基础上提出自圆其说的理性解释而逃脱追责。这样一来，扩征的收益往往大于惩罚的成本，因此，刚性约束下的违法违规冲动依然很难控制。如表 6.10 所示，经调查发现，1999—2014 年，各级地方政府违反规划批地、违法占用耕地或违规低价供地等土地违法案件高达 4 万余件，所涉土地面积达 9 万公顷，而且越是基层，越是拥有更多信息的政府，其违法率越高。其中，县级和乡级地方政府所涉土地违法案件占省、市、县、乡四级地方政府总所涉案件的 85%。另外，在土地出让收支管理方面，根据审计署调查，地方政府广泛存在违规违纪问题。例如，拖欠的土地出让收入未能做到应收尽收、未按规定编制土地出让收支预算等。

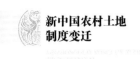

表6.10 我国省、市、县、乡级政府土地违法案件查处情况

年份	总数		省级机关		市级机关		县级机关		乡级机关	
	件数/件	面积/公顷	件数/件	土地面积/公顷	件数/件	土地面积/公顷	件数/件	土地面积/公顷	件数/件	土地面积/公顷
1999	6 495	4 111.2	62	122.12	322	393.86	1 828	1 840.99	4 283	1 754.23
2000	7 364	7 376.66	70	274.07	3 420	560.98	1 473	4 657.08	2 401	1 884.53
2001	3 729	5 633.95	81	543.58	249	1 168.71	1 428	2 292.51	1 971	1 629.15
2002	3 243	4 439.38	75	168.64	321	1 010.53	1 271	2 156.93	1 576	1 103.28
2003	4 461	9 296.71	69	121.25	219	1 467.92	1 939	4 946.56	2 234	2 760.98
2004	2 281	8 178.33	20	20.77	107	1 220.23	948	4 333.93	1 206	2 603.4
2005	1 870	4 293.13	31	27.92	315	589.83	701	1 763.18	823	1 912.2
2006	1 945	9 899.36	21	42.69	110	1 010.56	732	4 833.01	1 082	4 013.1
2007	2 720	12 984.1	134	1 447.82	167	1 308.81	986	5 055.73	1 433	5 171.74
2008	1 520	5 459.29	56	394.12	83	712.65	634	2 221.02	747	2 131.5
2009	1 362	4 407.17	37	334.88	57	216.86	498	2 136.81	770	1 718.62
2010	1 300	5 483.96	43	249.97	51	341.19	588	3 447.52	618	1 445.28
2011	1 396	5 548.5	43	947.04	41	366.69	532	2 503.49	780	1 731.28
2012	1 043	2 834.4	20	209.99	34	187	394	1 585.56	595	851.85
2013	1 582	3 116.68	20	57.26	87	270.49	525	1 497.6	950	1 291.33
2014	1 843	4 354.14	30	403.61	85	360.44	558	1 540.27	1 170	2 049.82

资料来源:《2000—2015年中国国土统计年鉴》。

通过以上分析可以看出,中央的"三板斧"均是从土地资源的行政配置或行政管理入手,这种做法的好处是不突破原有的制度框架,保证了经济平稳运行;劣势是其终究是软约束。地方政府手持经济发展和信息不对称两大筹码与中央讨价还价,使得中央"三板斧"的功效大大减弱,虽然增加了地方政府"征地—出让—融资"模式的成本,但无法从根本上改变地方政府该行为模式的报酬结构。

除了中央一再加紧对地方的约束，地方政府的改革压力还来自农民。地方高收益偏向的农村土地收益分配制度的特点是地方政府通过"征地—出让"模式，将原来属于农民集体所有的土地强制性变为国家所有，并控制了土地非农化过程中的大部分转让剩余。尽管这些收益都用于城市建设和发展经济，但在被征地的农民眼中，他们以永失土地的代价换来的补偿与地方政府所得收益相差巨大。由此，越来越多的农民产生不满情绪，引发大量征地纠纷，农民或抵制征地，或群体性上访，甚至聚集围攻政府，使地方政府征地与维稳成本剧增，深刻地改变着地方政府原有的报酬结构。因此，地方政府不得不进行改革，重新调整土地利益分配。不过，不同的地方政府的探索思路截然不同，这些思路大致分为三种：一是在法律许可范围内做出变通和让步，直接提高征地补偿，这种思路被多地广泛采用。二是承认现行制度的合理性，对原有制度框架进行微调，着力于保障失地农民的长远生计，这种思路以嘉兴模式为代表。三是赋予农民更为完整的土地产权，改变政府垄断一级市场的做法，寻求对原有制度的根本性突破，这种思路以南海模式为代表。

（一）调高土地年产值的标准，改按区片综合价补偿

改按区片综合价补偿，是一种在法律许可范围内作出变通和让步的办法①。江苏、浙江、广东等地都实行区片综合价补偿。江苏省南通市港闸区于2006年实施了区片综合地价补偿后，补偿金额相比原政策实现了38%～57%的增长。如表6.11所示，城乡接合部的村庄区片价格增长至10万～15万元/亩，比原政策每亩的补偿价高出4.7万～6万元。近郊区的区片价为6.7万～7.2万元/亩，比原政策每亩的补偿价高出3.2万～3.8万元。另外，郊区村和偏远村的补偿价均实现了40%左右的增长。

---

① 征地区片综合地价是指在城镇行政区土地利用总体规划确定的减少用地范围内，依据地类、产值、土地区位、农用地等级、人均耕地数量、土地供求关系、当地经济发展水平和城镇居民最低生活保障水平等因素，划分征地区片，并采用积算价格方法测算区片征地综合补偿标准。

表 6.11 2006 年江苏省南通市港闸区征地区片价实行前后征地补偿价格对比表

区片代表	区片价格/万元·亩$^{-1}$	与产值倍数法差额/万元·亩$^{-1}$
秦灶八里庙村等 10 个城乡接合部的村	10.0～10.5	4.7～6.0
唐闸长岸村等 8 个近郊村	7.3～9.1	3.2～3.8
幸福蒋坝村等 24 个郊区村	6.7～7.2	2.7～3.3
陈桥北村等 5 个偏远村	5.9～6.5	1.9～2.5

资料来源：张芃. 区片价制度对征地主体利益分配的影响 [J]. 中国土地科学，2012, 26 (3)：76.

（二）嘉兴模式

嘉兴模式是以"土地换保障"的安置方式进行征地补偿，从而调整农村土地非农化流转过程中农民所获得的收益的模式。其核心内容是土地被征用以后，失地农民将手中的土地承包经营权置换为城镇社会保障，进入社会养老保险体系，当其达到退休年龄后按月领取养老金。在实质上来说，土地所换取的保障是土地承包经营权的价格，但在实践中往往会突破法律规定的补偿倍数，且高于以往土地补偿费和安置补偿费实际发到农民手中的金额。因此，这一模式得到农民的积极响应，对减少征地纠纷、保障被征地农民的长远生计和促进社会稳定具有积极意义。但总体来说，嘉兴模式的改革方法依然是对原有制度框架的微调，总体思路是提高征地补偿和完善征地程序。

1. 嘉兴模式的产生

1993 年之前，嘉兴市按照 1986 年公布的《中华人民共和国土地管理法》的要求，以"谁征地，谁安置"原则，对农民以"招工"和"货币"相结合的方式进行安置。在计划经济时期，这种"农转工"的安置方式是农民摆脱身份符号和弱势地方的捷径，他们从此进入企业或事业单位，实现了向上流动，因此，这种运作方式有效且矛盾较小。但是，随着社会主义市场经济体制的建立，企业逐步完成市场化转型和用工制度改革，不仅原有的"招工"安置方式难以为继，且越来越多原先已经安排工作的"征地工"面临下岗危机。尤其是 20 世纪 90 年代初，国有企业改制，大量"征地工"下岗，当时几百名失业的"征地工"聚集到政府部门，要求政府出面解决这个问题。不断爆发的群体事件，使政府必须直面失地农民的补偿安置方式变革的问题。这个时期，社会保障制度刚刚开始建立，于是，嘉兴市政府将其与农民安置补偿问题联系起来，以解决失地农民的长远生计问题。这样既可以在一定程度上消除货币安置的隐患，又能平息被征地农民的不满。同时，经嘉兴市政府核算，按照1992年的社保缴纳标准，7 000元就能交满10年的社会养老保险，而当时发给被征地农民的一次性安置费是3 000~7 000元，因此缺口不是很大，在政府的承担范围之内，由此，"土地换保障"的制度构想得以产生①。

2. 嘉兴模式的做法

嘉兴市自1993年开始，在"土地换保障"的征地安置方式上尝试创新，经过九年的探索，得到国土资源部的认可，于2001年设立试点，形成较为成熟的《嘉兴市征地制度改革试点方案》。改革的具体做法包括以下三个方面：一是由政府主导实施统一征地。为解决以往多头征地、补偿政策不一、安置方法各异而造成的征地矛盾，嘉兴市明确了政府对土地征收的主体责任，统一制定被征地人员的补偿、安置、"农转非"等政策，统一实施征地工作，征地办公室、劳动局、社会保障局和公安局协同开展具体业务办理。二是明确失地农民社会养老保险安置的经费来源及使用方式。嘉兴市政府不再将安置补偿费支付给被征地集体组织，而是统一用于失地农民社会保险统筹和生活补助，落实到安置人员个人账户上。三是按不同年龄段对被征地人员分别进行社会安置，具体分流安置办法如表6.12所示。

表6.12 失地农民分流安置办法

征地时的年龄	分流安置办法
男满60周岁，女满50周岁	户口"农转非"，并为其一次性缴纳15年养老保险统筹费，从次月开始按月发放养老金
男45~60周岁，女35~50周岁	户口"农转非"，并为其一次性缴纳15年养老保险统筹费，到退休年龄后按月发放养老金，退休前每月发放一定的生活补助费和医疗包干费

---

① 胡平. 中国农村土地征收制度变迁及改革展望 [M]. 北京：中国社会科学出版社，2016：86-100.

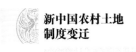
表6.12(续)

征地时的年龄	分流安置办法
男 16~45 周岁，女 16~35 周岁	户口"农转非"，具体安置方式可由本人选择： (1) 自谋职业加养老保险。一次性发放部分自谋职业费（8 000元/人），并根据其在农村的劳动年限（从 16 周岁起1算），每满一年为其购买一年的养老保险统筹费，最高为 15 年，本人可以继续购买基本养老保险和大病医疗保险。两年后没有职业的，可申领《失业证》。 (2) 自主择业。征地时发给《征地人员手册》（凭该手册可享受与城镇失业人员《失业证》同等待遇，即在市区范围内可享受招工、经商、税收等方面的各项优惠措施），直接进入劳动力市场。并按其农村劳动年限，每满两年为其购买一年养老保险统筹费，最高为 15 年。对未就业者每月发放生活补助费和医疗包干费，最长不超过两年。 (3) 自谋职业。自愿办理自谋职业手续的，一次性发给全部自谋职业费，由本人继续参加基本养老保险和大病医疗保险。两年后没有职业的，可申领《失业证》
征地时满 16 周岁的失地农民或在校学生	以每人 3 000 元为基数，再按每岁 200 元的标准一次性发放征地安置补助费，给予办理"农转非"，当其达到劳动年龄或学习毕业后，发给《失业证》，直接进入劳动力市场

资料来源：《嘉兴市征地制度改革试点方案（2001）》。

3. 嘉兴模式的成效

嘉兴模式取得的成效是明显的。一方面，被征地农民切实通过"土地换保障"的政策获得了实惠，变相地提高了他们所获得的征地补偿，缓解了他们对生活保障的后顾之忧。按照 2002 年嘉兴市失地农民养老保险的缴费标准进行估算，支付一名失地人员的安置费用达 6.8 万元，加上农民到退休年龄前领的补助金 8 万~9 万元，以及退休后领取的退休金，农民对"土地换保障"的预期收益明显高于以往的补偿方式[①]。据统计，1993—2009 年，嘉兴全市已经有 35.9 万名被征地农民参加养老保险，应保对象的参保率达 100%，其中已有 11.19 万人正在按月领取养老金。据嘉兴市国土资源局关于信访情况的统计也佐证了一结论，2003—2006 年，全市一共征收农村土地 17.28 万

① 浙江省嘉兴市国土资源局. 确保农民长远生计无忧：浙江省嘉兴市实行征地制度改革的做法 [J].
国土资源通讯，2006（6）：34-36.

亩，被安置的所有失地农户中，没有碰到抵制土地征收"钉子户"，也未发生过一起因对安置政策不满而造成的群体上访事件①。因为征地纠纷的减少，地方政府也节约了监督、执法、协调成本，提高了征地效率，并且促进了失地农民市民化，推进了城市化进程。

从长远来说，嘉兴模式将面临极大的财政压力和运行风险，其可持续性和可扩展性都值得商榷。"土地换社保"的实质是土地承包经营权价格，但却与土地的市场价值无关，依然是一种计划式的刚性补偿方式，与养老保险费缴费标准挂钩，由地方财政统筹支付和最后兜底。1993 年，制度初设时，征地数量有限，涉及人数较少，且养老保险缴费起点低、年限短，资金缺口不大，由政府托底的额外支付尚可承受。但制度设计时并未经过严格论证和精确测算，随着征地规模的扩大、失地农民数量的增加及缴费标准的提高，财政压力不断加大。据嘉兴市社会保障局的一位负责人介绍，"目前一次性打入社保局的钱按照现在的支付水平只够维持失地农民七年半的养老金发放，剩下的缺口都要由政府财政来托底支付"②。从静态计算，按现有入保人数，县政府平均每年需要出资 7 000 万~8 000 万元，支付高峰期是 2033—2037 年，届时每年需要支付 1.5 亿元左右③。财政补贴缺口越来越大，对地方财政实力的要求也越来越高。另外，考虑到现行地方财政（土地财政）的不可持续性，土地换保障模式的运行风险也日益加大，因此嘉兴模式的可持续性与可扩展性都值得思考。

（三）南海模式

南海模式是一种农村集体经济组织通过乡村统一规划和承包经营权确股相结合的方式，在不改变农村土地集体所有制性质的基础上，实现农村土地非农化利用和分享农村土地非农化收益的模式。这种模式重新界定了转让权，

---

① 浙江省嘉兴市国土资源局.确保农民长远生计无忧：浙江省嘉兴市实行征地制度改革的做法 [J].
　　国土资源通讯，2006（6）：34-36.
② 胡平.中国农村土地征收制度变迁及改革展望 [M].北京：中国社会科学出版社，2016：116.
③ 蒋省三，刘守英，李青.中国土地政策改革：政策演进与地方实施 [M].上海：上海三联书店，
　　2010：277.

打破了国家征地垄断农村土地非农化的格局，使土地收益分配的调整有利于农民。据刘守英等专家调查，南海自 1992 年开始实施土地股份制改革，到 2002 年，采用出资入股方式流转的土地已然占南海全市工业用地的半壁江山，农民通过土地入股的形式，分享了土地增值收益，在实际物质利益上共享了城市化、工业化的发展成果。

南海模式的产生跟它独特的地理位置、历史生产方式以及改革开放的历史时期具有重要关系。南海历史上曾广泛采取"桑基鱼塘"的生产方式，这种的生产方式的基本作业单位是基塘，难以按户承包。因此，在 20 世纪 70 年代，当地农民在村内按照"价高者得"的竞投原则取得基塘经营权[①]。到 20 世纪 80 年代，随着改革开放的推进和中央关于放活农村工商业的政策出台，南海农民开始将集中转包的范围由基塘逐步扩大到所有农村土地，参与竞投者由组织内成员向组织外部成员扩展，并将转包费变为租金。由此，在 20 世纪 90 年代初期，南海农村就在事实上完成了"三权分置"。有了"三权分置"的实践基础，20 世纪 90 年代初，南海少数几个村自发开展了关于土地股份制改革的尝试。到 1992 年，南海政府充分利用对外开放和经济特区的政策优势，在坚持农村土地集体所有制的前提下率先尝试将土地出租给企业[②]。1993 年，土地股份改革在地方政府的推广下，已遍及全区农村。

南海区政府总结并规范了两条基本做法：一是在保护耕地和城镇规划的框架下，进行三区规划[③]。二是在全村村民的充分协商和自愿认同的基础上，将集体财产、土地和农民承包权折价入股。以南海罗村镇下柏村为例，1993 年 7 月，下柏村成立农业股份公司，通过土地股份制改革取得对社区土地的经营权，然后将各村小组所有农田、鱼塘、空地收归农业股份公司，统一进行三区规划。商住区批给村民建房，农业保护区和工业区则以招标的方式出租经营。其中，农业保护区的鱼塘每年收取租金 20 多万，菜田每年收取租金 10 多万元。工业区通过"三通一平"开发后进行土地或厂房出租，土地租期

<hr />

① 刘雪梅.土地承包经营权确股的"南海模式"研究 [J].国家行政学院学报，2016（4）：103-107.
② 周其仁.产权与中国变革 [M].北京：北京大学出版社，2017：110.
③ 三区规划就是把土地功能区划分为农田保护区、经济发展区和商住区。

一般为 50 年。到 2002 年，已有 60 多家公司进驻，年租金收入 600 万元以上，并按 2%、3%、5% 的比例逐年递增。各类经营收取的租金和利润留作年底分红，分红按股权发放。下柏村的股份构成和股权设置如表 6.13 所示，首先根据村实际情况确立股东资格，其次将村里全部集体财产和土地折成股份，配股给具有股东资格的农户成员，并根据不同成员的情况设置基本股、承包权股和劳动贡献股，还规定了股权处置和附加条款的相关内容。

表 6.13 南海罗村镇下柏村股份构成与股权设置

股东资格	1. 行政村内常住农业人口
	2. 结婚嫁出第二年取消股份，娶入的人口下半年享受股份
	3. 死亡者第二年取消股份
	4. 应征入伍者服役期间享受股份，提干或退伍迁出取消股份
	5. 户口迁出包括自理口粮者取消股份
股权设置	男 16~57 岁为 1 股；女 16~55 岁为 1 股；男 57 岁，女 55 岁以上的享有 70% 股份；16 岁以下的小孩享有 50% 股份
股权分配	51% 集体积累股；41% 作社员分配股
股权处置	股权没有继承权，不得转让、赠送、抵押
附加条款	1. 违法犯罪者从执行之日起取消股份，刑满后经审查确定恢复股份
	2. 不够间隔抱生第二胎的，到间隔时才享受股份

注：根据蒋省三等人的调研材料总结所得。

资料来源：蒋省三，刘守英，李青. 中国土地政策改革：政策演进与地方实施［M］. 上海：上海三联书店，2010：194-195.

南海模式的推行取得了良好的成果，在某种程度上来说取得了三赢的局面。于农民而言，他们不仅分享了农村土地非农化的租金，将土地承包权下的劳动收入延伸到股权下的财产收入，并且将土地留在了自己手中，永久享有股份分红权①。于企业而言，使用集体土地，手续简单、价格便宜，降低了

---

① 1994—2000 年，部分村社农民人均股红分配从 1 016 元增加到 1 951 元，多数地区农民的股红收益占农民年均纯收入的 1/4~1/3，甚至有的高达 1/2。参见：蒋省三，刘守英. 土地资本化与农村工业化：广东省佛山市南海经济发展调查［J］. 管理世界，2003（11）：91.

初创企业的创业门槛。在南海区，一个企业如果想要通过征地方式取得土地，不仅手续复杂，还要支付高昂的土地税费和土地出让金，如表 6.14 所示，若要取得工业用地，每亩地要支付 2 万元左右的土地税费、15 万~40 万左右的土地出让金，而取得商业用地的土地出让金高达 40 万~150 万元。与此形成鲜明对比的是，若使用集体土地，仅需支付每亩每月 500 元的租金。于地方政府而言，虽然在短期内对财政收入确有不良影响，但从长远来看，以集体土地启动工业化，降低了工业化门槛，加速了城市化发展，从而扩大了税基，增强了财政收入的可持续性。

表 6.14　2000 年南海区一亩农村土地转为非农建设用地的大致费用

征地/元·亩$^{-1}$			租用集体土地/元·亩$^{-1}$
税费	耕地占用税	4 000	均数每亩每月 500 元
	征地管理费	1 500~1 800	
	垦复基金	10 000	
	农业保险基金	6 000	
	农田水利建设费	1 333	
土地出让金	工业用地	15 000~400 000	
	商业用地	40 000~1 500 000	

注：根据蒋省三、刘守英的调查研究总结所得。

资料来源：蒋省三、刘守英. 土地资本化与农村工业化：广东省佛山市南海经济发展调查 [J]. 管理世界，2003（11）：88.

虽然，南海模式取得的成果得到了公认，但却踩到了土地法律的边缘，甚至直接与"农民集体土地使用权不得出让、转让或者出租于非农建设"的法律条款相抵触。因为 1998 年《中华人民共和国土地管理法》明确规定，除例外情况外①，农村土地转用须征用为国有。很显然，南海模式并不严格符合

---

① 1998 年修订的《中华人民共和国土地管理法》规定的例外情况仅包括："农民集体所有的土地的使用权不得出让、转让或者出租用于非农业建设；但是，符合土地利用总体规划并依法取得建设用地的企业，因破产、兼并等情形致使土地使用权依法发生转移的除外。"

以上任何一种情形，但是第二种情形中，关于"联营"却留下了一定的模糊空间，如果刻意将"联营"解释为"合作"，而不是"组织共同体"，那么集体合股组织对外出租场或厂房的做法尚且踩在法律的边缘。但无论如何，这种"合作"都不受法律的保护，一旦发生纠纷，最终受害者仍是农民，因为法院的判决结果绝不会支持农民、集体的财产性收入，只能是将土地使用权还给农民、集体，土地租金返还交租者，同时一般还要求农民、集体向承租方返还建筑物的投资。尽管面临法律困境，但南海模式的地方实践仍具有重要意义①，且为后期全国修改土地管理法提供了地方性的经验基础。

第四节 农民个体的抗争、退出与隐性交易

本节讨论了农民对地方政府"以地分利"行为的应对策略，包括抗争策略、退出策略和隐形交易行为。

一、农民的抗争策略

政府在垄断征地权的同时，还垄断了对农民补偿的定价权，这就意味着农民没有还价权，也就不存在制度化还价机制。因此，地方政府对农民的补偿通常接近低限，甚至即使是接近低限的补偿款，也常常被地方政府截留，从而引发极大的民愤。在缺乏平等协商地位和协商机制的情况下，农民并不会逆来顺受，他们还有一条路可以走，就是抗争。农民抗争通常是合情合理的，是农民群众进行的缺少政治体制保护的行动②。他们通过增加地方政府征

---

① 南海模式正式提出"集体非农建设用地的转让权"或"集体非农建设用地合法进入土地市场"的问题。

② 肖唐镖. 中国农民抗争的策略与理据："依法抗争"理论的两维分析 [J]. 河海大学学报（哲学社会科学版），2015，17（4）：27-34.

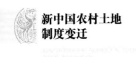
地执行成本的方式，来改变其报酬结构，迫使地方政府做出让步，从而提高自己的土地收益。征地博弈中，不乏充满农民智慧和无奈的抗争策略。

（一）机会主义抗争

这类抗争通常来说是非对抗性的，是"钻空子""打擦边球"的机会主义。例如，为了争取更多补偿款而突击扩建或修建生产生活设施、突击迁移户口和生子等。另外，也有人利用村干部身份或各种人脉关系，争取在地上房屋、数目等附属物价格评估、土地面积、补偿人口数量方面获得差别化补偿①。这类抗争充满机会主义，其风险与收益并存。

（二）借势抗争

所谓借势抗争，既包括借"农民身份之弱势"又包括借"集体行动之强势"，既包括借"农民的内部之势"又包括借"社会的外部之势"。具体而言，"弱势"是一件既温柔又坚韧的武器，在征地过程中，失地农民诉诸"生存权""公平""正义"等话语与政府进行博弈，为了博取社会同情和关注，甚至以老弱病残出面，以增加谈判筹码。"强势"和"内部之势"，则诉诸村内有组织有计划的集体行动，表现为在少数领袖人物带领之下结成临时组织，强制拒绝政府的补偿安置方案。而"外部之势"是指借助网络媒体、外部舆论的力量，将政府不恰当征地行为及其负面影响进行曝光，或者诉诸高层政府，对地方政府施压。

（三）依法抗争

农民的依法抗争是指农民以国家法律、政策依据和官方认同的价值观，通过上访、申请裁决、诉讼或组织民意代表与地方政府进行有礼有节地抗争，旨在利用官方价值来向地方政府施压促使地方政府做出有利于农民的补偿、安置政策②。尤其是充分运用中央对地方征地的约束政策（耕地保护制度、审批制度）和农民被告知、签字同意和获得征地补偿的明确权利，与地方政府展开抗争。例如，2000年的河南登封铁路征地案，库庄村农民王某岳向登封

---

① 祝天智.边界模糊的灰色博弈与征地冲突的治理困境 [J].党政视野，2014（2）：97-108.
② 王军洋，金太军."依法抗争"的效力与边界：兼议农民抗争研究的走向 [J].社会科学战线，2016（1）：166-173.

市城管法庭起诉登封铁路公司，后引发大规模登封铁路沿线被征地农民的上诉上访活动，最后在 2003 年终于迫使地方政府将全部截留的补偿款（427.6 万元）足额退还给沿线农民。

（四）暴力抗争

当农民对征地方案存在争议时，通常由人民政府进行协调进而达成一致，或者由人民政府做出最终裁决。政府这种既当运动员又当裁判员的行为，使农民感到极度不公平。因此，在面对政府的强征行为时，农民要么屈从，要么以命相搏，这容易使征地冲突演变成暴力流血事件。例如，2014 年发生的晋宁事件，云南某村百余名村民以武力护地，与商业项目建设人员发生大规模暴力冲突，造成了 8 人死亡、18 人受伤的严重后果[①]。

二、农民的退出策略

农用地与非农用地的土地价值相距千里，正如上文所述，通过政府征地而进行农村土地非农化开发所产生的巨额土地增值收益，与农民毫不相关。因此，面对地方政府的扩征行为，除了抗争，农民（集体）还有充分的动力退出征地博弈，与其被动地争取补偿金，不如在含糊其词的转让权利空间当中，积极地利用自己的优势参与对农村土地转用租金的争夺。例如，一些农民（集体）在现行法律的边缘上绕开了征地，充分利用《中华人民共和国土地管理法》的"除外"条款[②]，以入股、租赁等多种形式直接向非农建设土地的最终需求者供地[③]。这种退出策略在沿海发达地区的农村多有所见，只是许多实际操作没有被公开报道。以下列举已经被公开报道的广东南海模式、江苏昆山模式以及上海农村模式。

---

① 人民网舆情监测室. 晋宁县征地冲突事件舆情分析 [ER/OL]. (2014-10-31) [2023-11-24]. http://yuqing.people.com.cn/n/2014/1031/c210114—25946195.html.

② 该时期使用的是 1998 年修订的《中华人民共和国土地管理法》，其规定任何单位和个人进行建设，需要使用土地，必须依法申请使用国有土地，但兴办乡镇和村民建设住宅经依法批准使用本集体经济组织农民集体所有的土地除外。

③ 周其仁. 产权与中国变革 [M]. 北京：北京大学出版社，2017：110.

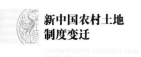
（一）广东南海模式

南海模式是农村集体经济组织通过"乡村统一规划"和"土地股份制改革"相结合的方式，在不改变农村土地集体所有制性质的基础上，直接向外商出租土地或修建厂房出租，村民凭股权分享农村土地非农化收益的模式。这种模式将农民手中只能农用的承包经营权转为非农用的股权，直接由集体股份公司对外供地，绕过了政府征地，手续简单租金优惠，吸引了大量企业来南海投资建厂，不仅促使南海的土地价格飙升，并且将飙升的土地增值收益留在了农村。据刘守英等专家调查，南海区自1992年开始实施土地股份制改革，到2002年，这种没有经过征地改变集体所有制的工业用地多达7.3万亩，已然占南海全区工业用地（15万亩）的半壁江山①。

（二）江苏昆山模式

1992年以前，昆山市的农民在传统务农的生产方式下，一亩地一年收入800元左右。1992年开始，昆山经济技术开发区被国务院批准为国家级开发区，政府征地时一亩地的出让金达20多万元，而农民得到的征地补偿最多也就2万元/亩。因此，昆山的农民开始想办法绕开政府征地，分享农地非农化收益。他们的做法是村集体先通过复垦等方式获得新增建设用地指标，然后以村内招标的形式由村民竞租，租期50年②。"中标"的村民自发、自愿组成投资合作组织进行农村土地非农开发，或投资建厂，或修建工商业基础设施对外出租，所得收益尽数归属于农民私人，同时，农民私人也独立承担对外租赁厂房设施的市场风险。与南海模式一样，昆山模式在保留了土地集体所有性质的基础上，绕开了政府征地，实现了农村土地非农化开发，直接向外资供地。昆山模式利用增量开发的方法进行非农建设，其非农收益没有在集体组织内进行平分，而是完全由农民私人获取。这种模式极大地刺激了农民投资土地的热情。

---

① 蒋省三，刘守英，李青.中国土地政策改革：政策演进与地方实施 [M].上海：上海三联书店，2010：192.

② 何柏希.乡村治理下的土地流转研究：以南海和昆山模式为例 [J].商情，2014（19）：309-309.

（三）上海光联村模式

1990 年以前，光联村的村民以从事传统农业为主，尽管光联村在上海算是人均土地面积最大的村之一，可是每年的人均收入不足 600 元。1990 年以后，随着上海郊区高速公路等重大基础设施的完善，郊区地理位置的优势越来越明显，也吸引了越来越多的外商前来投资办厂。地方政府通过征地实现农村土地非农化开发，出让给工业项目可获取收益 25 万元/亩，房地产项目则高达 100 万元/亩，而农民获得的征地补偿不过 5 000 元/亩。因此，无论是村民，还是外资企业，均有动力绕开政府征地而获得建设用地。1990 年，关联村集体出资成立上海关联实业有限公司，将村民承包的土地收回，进行非农建设。土地收回的村民不仅可免去全部农村土地负担，还可以得到人均 600 元补助。然后由该公司进行开发经营，统一实施土地整理，根据市场需求盖标准厂房对外租赁，所得收益在集体内部分配。1993 年，关联村引进了两家企业，仅用三年时间，就全部收回了建设标准厂房的投资。到 2003 年，关联村引进了 40 家企业，村庄收取的土地租值飙升，已然成为远近闻名的亿元村。在上海，像光联村这样由集体组织（企业）进行农村土地非农化开发而致富的农村还有很多。据统计，在 2002 年，上海市出现的亿元村就达 238个，其中经济收入在 10 亿元以上的有 6 个[①]。

三、农民的隐形交易策略

改革开放后，我国工业化进程加速发展，急速而复杂的经济变化从客观上要求有效率地实现大规模土地资源"转让"以适应新的经济结构，土地价值也随之飙升，与传统社会主义时期不可同日而语。正如上文所述，面对巨大的土地利益，地方政府采用扩征、违征或变通策略以攫取更多的土地转让剩余，农民（集体）除了抗争，也积极地想办法，以退出和绕开政府征地，隐蔽地进行土地所有权或使用权的交易，参与到"土地转让剩余"的争夺赛中来。

---

① 周其仁. 产权与中国变革 ［M］. 北京：北京大学出版社，2017：116.

在此背景下，隐形交易并不是简单的违法行为，而是各方利益主体在现行法律框架下围绕土地转让剩余进行博弈而产生的均衡结果和固有现象。隐形交易的核心是实现土地流转和交易，实质是农民集体参与分享土地转让剩余，产生根源是上位立法严重滞后于经济社会发展而导致的法律执行不力。首先，对于农民（集体）来说，隐蔽的自主转让与正式的征地补偿所得土地收益可谓是天壤之别，而地方政府监督此类交易的成本极高，往往无力顾及。因此，农民（集体）在巨额土地利益的刺激下，擅自将农用地转为经营性建设用地，直接向企业出租，或者新建农民新村、农家乐、小产权房等隐形交易行为，往往收益很大，而且风险很小，有利可图。其次，对用地企业来说，通过与农民（集体）私下交易获得土地比起通过政府征地获得土地，不仅节约了包括搜寻成本、谈判成本和寻租成本在内的大量交易成本，还有手续简单、周期灵活和拿地快捷的优点，特别是对小型、初创、新兴等资本实力有限的企业来说尤具吸引力，它们倾向于与农民（集体）以土地合作为掩护进行私下交易，地方政府往往很难察觉。并且，如果企业与农民（集体）发生土地纠纷，法院的判决往往也是有利于企业的，因为现行法律的框架下，农村土地的转用与转让属于违法行为，农民由此而享有的财产权收益不受法律保护。因此，对用地企业来说，进行土地隐形交易往往有利可图；然而，对地方政府来说，杜绝农村土地隐形交易不仅监督执法成本巨大，并且不合时宜。且不说农村土地隐形交易由于俯拾皆是、规模巨大和错综复杂等特征而使地方政府无法有效地实施监督，即使在技术上可以解决监督的效率问题，但由此引发的尖锐社会矛盾、新兴企业活力丧失、城市吸引力下降和经济发展减缓，绝不是地方政府可以承受的损失。因此，对地方政府来说，杜绝农村土地隐形交易往往代价很大而收益很小，得不偿失，只能任其无序发展。

"隐形交易"的自发、无序和快速发展，具体表现为以下两个方面。一是农户的私搭乱建[①]。一些农户在土地利益的驱使下，私自在农地上兴办农家乐、民宿等餐饮业、旅游业，或修建出租房等。这种隐形交易在城中村、城

[①] 朱明芬，常敏. 农用地隐性市场特征及其归因分析 [J]. 中国农村经济，2011 (11)：10-22.

郊村和经济发达村尤为普遍。如表 6.15 所示，在朱明芬等对 144 个样本村的调研中，平均每村的农户私自搭建面积为 36.4 亩，而东部地区村均违章搭建面积达 50.2 亩显著高于中部地区（27.8 亩/村）和西部地区（20 亩/村）的村均违章搭建面积。但无论东西部，此类隐形交易已然村村俯拾皆是，甚至得到部分村干部的默许、放任，甚至推波助澜。二是集体经济组织擅自租让。一些村集体擅自将机动地、耕地甚至基本农田转为经营性建设用地，直接向企业出租，租期长达 30 年或 50 年。也有一部分农田用于农家乐、度假村等非农业经营。在沿海发达地区的一些县区，农村新增违规集体建设用地总量与地方政府获批的年度实际用地量旗鼓相当。在北部和中西部地区的一些大城市周边，全部耕地包括基本农田擅自转为建设用地的现象已经不是个例，乡镇政府和村委会征用农户承包地发展各种餐饮业、旅游业的现象已十分普遍①。如表 6.15 所示，在朱明芬等对 144 个样本村的调研中，村集体擅自出租的村均面积达 32.7 亩，东部地区为 50.7 亩/村，中部地区为 18.6 亩/村，西部地区为 12.7 亩/村。

表 6.15 2000—2010 年 144 个样本村农用地违法非农利用结构

区域	宗数/个	总面积/亩	其中	
			农户违章搭建面积/亩	村集体擅自出租面积/亩
东部	3 220	15 758.3	3 615.7	3 651.8
东部村平均	44.7	218.9	50.2	50.7
中部	617	2 753.7	667.2	446.5
中部村平均	25.7	114.7	27.8	18.6
西部	874	4 820.7	960.4	607.8
西部村平均	18.2	100.4	20	12.7
144 村平均	32.7	162	36.4	32.7

资料来源：朱明芬，常敏. 农用地隐性市场特征及其归因分析 [J]. 中国农村经济，2011（11）：10－22.

---

① 蒋省三，刘守英，李青. 中国土地政策改革：政策演进与地方实施 [M]. 上海：上海三联书店，2010：306-307.

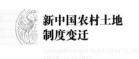

　　农户的隐形交易策略，虽属无奈之举且无法杜绝，但其危害极大。首先，隐形交易大量毁占耕地、良田，甚至基本农田，动辄几百亩，甚至上千亩，有的县区其规模甚至与建设用地指标旗鼓相当。其次，隐形交易不受政府监控，由此带动的投资、融资、就业、收入、贸易等真实信息无法被政府统计，可能造成重要经济变量的全面扭曲，影响宏观经济的安全运行。值得深思的是，明明法律已经十分严苛，但为什么土地转用转让的隐形市场规模如此之大，近乎失控。这是因为往往越是严苛的制度，越是无法实施，而无法实施的制度，等于没有制度。

本章小结

　　自 1998 年《中华人民共和国土地管理法》修改以来，国家通过财政分权和行政分权等政策工具，加大力度赋权于地方政府，使得地方政府有动力和能力"以地分利"进行城市建设和发展地方经济，而这一过程在实质上形成了对农民的限权，形成了地方利益倾向的农村土地利益分配格局，主要表现为农民对农地的转用转让权完全丧失，地方政府通过土地用途管制、关闭集体土地市场、国有土地独占建设用地市场和国有土地有偿出让等一系列制度安排，实现了对土地一级市场的垄断。

　　本章讨论的重点是，这种地方利益倾向的土地转让权特征是如何形成的？本书通过对改革历程的回顾，把中央、地方、农民的互动行为引入土地转让权建立、执行和嬗变的过程。本章的中心论点是，"以地分利"特征的形成，是因为中国特殊的二元土地产权和城乡间非对称的土地权利构架，使地方政府得以凭借一系列土地管理制度，在农村土地非农化过程中掌握了农村土地转让剩余的实际控制权。中央、地方、农民围绕"土地转让"的互动经验表明，中央自上而下对地方政府攫取行为的制约是困难的，真正的制约力量是自下而上的，它来自农民，可以预见"以地分利"的土地转让权利特征将会随着农户、各类新型产权代理人以及农村社区精英广泛参与，进一步发生演变，走向地利共享。本章主要分为以下几个部分：

首先，本章分析了地方政府"以地分利"的农村土地转让权嬗变的原因，认为这主要与该时期我国农村土地转让权的界定特征和地方政府的行为目标特征有密切关系。该时期，我国有关"土地"的主要法律制度，均未对农村集体土地转让权的主体归属、转让程序、执行原则和定价方式等做出明确界定，致使该权利陷入了一个"公共领域"。而该时期，地方政府正从财政分权改革中逐步演化成一个相对独立的利益主体，具有促进财政收入最大化的动机，具备了借助土地要素资源去获取现行制度框架可允纳的最大化垄断租金的能力。由此，地方政府加入对转让权公共领域的"争夺战"中来。正是在这个过程中，地方政府掌握了农村土地转让剩余的实际控制权。

其次，本章分析了中央、地方、农民三者之间的互动对制度嬗变的影响。本书首先从中央面临的两对"两难选择"入手，分析了中央为何在"以地分利"的转让权嬗变问题上采取了默许策略。然而，正是由于中央的默许，刺激了地方政府的扩征行为，进而又引发了农民的抗争、退出和隐形交易行为，这些行为不仅累积了社会矛盾、金融风险，甚至威胁到粮食安全。因此，中央不得不约束地方政府的扩征行为，中央主要采取的措施有：边界约束、计划供地和预算约束。但遗憾的是，这些措施都是一些配套性的制度安排，而未触及农村土地转让权本身，因此，很难对地方政府形成实质上的制约，地方政府往往能通过变通实施巧妙地绕过中央的制约，例如占补平衡可以弱化边界约束，指标交易可以弱化计划供地，甚至直接采取土地违法与资金管理违规违纪行为，因为中央对全国广袤的土地利用进行精确的监督，无一遗漏的发现地方政府的违法行为是不容易的。相反，地方政府却在处理地方事务中拥有得天独厚的信息优势，可以利用央地之间的信息不对称使得中央的监督成本剧增，或者利用信息模糊性在合法性基础上提出自圆其说的理性解释而逃脱追责。可见，自上而下的约束是困难的，地方政府在实际上掌握了农村土地转让剩余的控制权，"以地分利"的农村土地转让权由此形成。

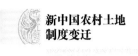
最后，本章还分析了自下而上的约束对制度嬗变的影响。正如上一部分所分析，自上而下的约束是困难的，事实上，真正能形成对地方政府制约的力量是自下而上的，它来自农民。在缺乏产权保护的情况下，农民并不会逆来顺受，他们通常采用三种策略参与到土地转让权剩余的争夺赛中来。一是抗争。农民抗争虽总是让人联想到反面意义的画面，但其实它通常是合情合理的。因为，他们能通过增加地方政府征地执行成本的方式来改变其报酬结构，迫使地方政府做出让步，从而提高自己的土地转让收益。二是退出。农民与其被动地争取征地补偿金，不如积极地利用自己的优势参与对农村土地转用租金的争夺。例如，一些农民（集体）在现行法律的边缘上绕开了征地，充分利用《中华人民共和国土地管理法》的"除外"条款，以入股、租赁等多种形式直接向非农建设土地的最终需求者供地。这种退出策略在沿海发达地区的农村多有所见，只是许多实际操作没有被公开。三是隐形交易。农民可以利用地方政府的监督困难，想办法、钻空子，退出或绕开政府征地，以隐蔽的方式进行土地使用权的交易。因为地方政府若要杜绝农村土地隐形交易，不仅监督执法成本巨大，并且不合时宜。且不说农村土地隐形交易俯拾皆是、规模巨大和错综复杂，地方政府往往无法有效地实施监督，即使在技术上可以解决监督的效率问题，但由此引发的尖锐社会矛盾、新兴企业活力丧失、城市吸引力下降和经济发展减缓等后果，绝不是地方政府可以承受的。因此，对地方政府来说，杜绝农村土地隐形交易往往代价很大，而收益很小，得不偿失，只能任其无序发展。可见，"以地分利"的农村土地转让权，将会随着农户、各类新型产权代理人以及农村社区精英广泛参与，进一步发生演变，最终走向地利共享。

政策效果及改革评述

第七章
"地利共享"的农村土地"转让权"改革:
"三块地"试点改革

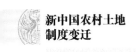
2014 年开启的土地征收、集体经营性建设用地入市和宅基地试点改革，简称"三块地"试点改革。其制度创新历程是 2014—2019 年。2014 年，中央颁布《关于农村土地征收、集体经营性建设用地入市改革、宅基地制度改革试点工作意见》为改革启动的标志。2019 年，经十三届全国人大常委会第十二次会议通过新一轮《中华人民共和国土地管理法》修正案，标志着"三块地"改革成果正式完成法制转化，上升为正式制度。

"三块地"试点改革以来，国家以极大的政治决心和政治勇气继续赋权于农民，努力破除城乡二元结构，推动经济高质量发展和城乡融合发展，在此基础上探索农村土地增值收益在中央、地方与农民之间的合理分配机制，力图形成"地利共享"① 的分配格局。例如，国家拓展了农村集体经营性建设用地使用权权能，使农民获得了更多土地转让收益。政府征地以区片综合地价取代原来的年产值倍数法，提高了对农民的补偿标准，以及通过调节金或税收对土地转让（使用权交易）收益进行调节等。

在此基础上，本章讨论的重点是，"地利共享"的"三块地"改革是如何形成的？本书通过对改革历程的回顾，把中央—地方—农民的互动行为引入"三块地"试点改革的制度创新的过程。本章共分为四部分，第一部分讨论了"地利共享"的农村土地转让权改革的原因；第二部分探索集体经营性建设用地入市改革中，中央—地方—农民的互动创新过程；第三部分探索农村土地征地制度改革中，中央—地方—农民的互动创新过程；第四部分探索宅基地管理制度改革中，中央—地方—农民的互动创新过程。

---

① 本节中"地利共享"是指农村集体土地转用转让（非农使用）领域的地利共享，是涉及农村土地利益最大化，也是我国农村土地改革最为滞后的一个领域。而农村承包地（农地农用）的流转早在 2003 年就以《中华人民共和国农村土地承包法》的法律形式予以认可，且农村承包地流转收益全数归农，因此不属于本章讨论的范畴。

第一节 "地利共享"的农村土地转让权改革的原因

本节分析了"地利共享"的农村土地转让权改革的原因，通过宏观、中观、微观三个维度的讨论，可知高质量发展必然要求破除城乡二元结构，再加上地方政府以地谋发展模式不可持续和农民隐形交易规模庞大，对农村土地转让权改革产生了"倒逼"力量。

一、经济高质量发展要求破除城乡二元结构

党的十八大以来，我国经济发展战略逐渐从高增速发展阶段进入到高质量发展阶段[1]，而从实质上破除城乡二元结构是高质量发展战略的必然要求。城乡二元结构最根本的原因在于中国特殊的二元土地产权和城乡间非对称的土地权利构架所造成的农村要素价格扭曲，尤其是对农村土地转让权的界定一直处于巴泽尔困境。虽然，改革开放后，急速的经济变化要求加快资源转让，进而使政府一直承受着重新界定农村土地转让权的压力，但关于农村土地转让权改革始终未能触及实质。之所以这个领域的改革一直滞后于经济发展的要求，这跟我国改革开放以来的城市化战略密切相关。中央一方面需要以土地利益来换取城镇化的加速发展。另一方面，也需要缓和城镇化发展过程中出现的土地利益冲突。在两难抉择中，中央赋予了"加速城市化"更高的权重。但同时，中央也下定决心开启了破除城乡二元结构之路，并做出了诸多破除城乡二元结构的努力，取得了巨大的成就。例如从"少取"的角度，中央对"农村税费"进行改革，在2006年废除了农业税，这为统一城乡税制破除了一个严重的障碍；从"多予"的角度，中央将农村的交通、水利等基础设施、文化教育、社会保障等纳入公共财政覆盖范围，并制定了涉及教育、

---

[1] 高帆. 中国城乡土地制度变迁演变：内在机理与趋向研判［J］. 社会科学战线，2020（12）：62.

医疗、养老等多个方面的社会保障制度等①。

然而，城乡二元结构依然是我国最大的结构性问题之一。2012 年在农村从事农业生产的人口占全国总人口的 34%，也就是说，有大约 4.6 亿的人口依然以生产农产品为生。而城乡居民之间的收入中位数相差 14 967 元，二者存在较大的收入差距。当然，除了收入差距以外，乡村在基础设施、教育、卫生、社会保障等众多方面都远落后于城市。由于最根本的问题没有得以解决，因此在缩小城乡差距、突破二元结构方面很难有质的飞跃。因此，要想在实质上突破城乡二元结构，非触及更深层次的利益格局调整不可。很显然，"三块地"改革，牵涉着复杂的利益格局调整，要触动一些既得利益者的"奶酪"。以习近平同志为核心的党中央必须以更大的政治勇气和智慧，敢于向"农村土地转让权领域"积存多年的顽瘴痼疾开刀，打好破除城乡二元结构的攻坚战。

二、地方政府"以地谋发展"模式不可持续

事实上，"三块地"改革的第一大阻力来自地方政府。曾经有学者断言，如果让农民成为土地交易的主体，大多数的市委书记都反对②。自从 1994 年中央开始实行中央与地方财税分权体制，土地出让收入就划归地方政府，那么地方政府扩大地方税收最直接、最有效的办法就是低价征收农民的土地，转手在一级市场上通过竞价的方式将低成本土地高价出卖给企业，以获得高额的土地出让金。但"三块地"的改革使得农民的土地可以不经过地方政府征收而直接进入一级市场交易，进而改变了之前"低价征收、高价出让"的供地模式。这一重大的利益调整举措，无疑是给地方政府"断奶"③。然而，长期以来，地方政府正是依赖这种以地谋发展的模式，推动经济高增长和加

① 韩俊.加快破除城乡二元结构推动城乡发展一体化 [J].理论视野，2013 (1)：19-21.
② 庞清辉.农地征收改革：走出"伪城镇化"迷途 [J].中国新闻周刊，2012 (46)：50-51.
③ 宋志红.中国农村土地制度改革研究：思路、难点与制度建设 [M].北京：中国人民大学出版社，2017：157.

速工业化、城市化的发展。例如，地方政府运用土地宽供应政策工具保障了经济的高增长，并通过维持低工业地价促进了工业化的快速发展，以及通过城市面积扩张和土地融资加快了城镇化发展[①]。

但问题在于，随着近年来城镇化率越来越高，以地谋发展模式的地方政府收益正面临边际递减，尤其是东部沿海发达地区，已频频遭遇困境。主要问题包括：第一，土地出让金增速下降明显。2007 年和 2010 年全国土地出让金分别为 7 285 亿元和 29 397.98 亿元[②]，2008 年、2009 年、2010 年、2011 年和 2012 年全国土地出让金增长率分为 36.5%、67.4%、71.2%、13.8%、−13.7%[③]。由此可知，2012 年以前土地出让金一直保持正增长，尤其是 2010 年增长率达到最大值。但到了 2012 年，土地出让金增长率转正为负，东部地区下降率甚至超过 20%。第二，土地出让面积增速放缓。2000—2007 年全国土地出让面积的平均增长率为 26.23%，而 2008—2012 年全国土地出让面积的平均增长率为 9.96%，仅为 2000—2007 年平均增长率的 37.97%，其中东部地区的土地出让面积的平均增长率为 9.06%，甚至低于全国土地出让面积的平均增长率。第三，土地价格刚性上涨。全国城市综合地价在 2010 年 3 月份为 2 715 元/平方米，但两年后的 2012 年 12 月份综合地价就上涨到 3 129 元/平方米，上涨了 15.2%，年均增长率为 7.35%；其中商业用地价格上涨尤为明显，由 2010 年的 4 822 元/平方米上涨到 2012 年的 5 843 元/平方米，年均增长率达 10.07%。从表 7.1 可知，2008 年东部地区土地价格为 789 万元/公顷，而到了 2009 年土地价格上涨至 1 006 万元/公顷，增长幅度达 27.5%，随后两年的增长率虽低于 2009 年，但也达到了 17.7%。2012 年土地价格较 2011 年仅下降 0.11%，价格依然维持在 1 182 万元/公顷左右。东部沿海地区的三大重点区域长江三角洲、珠江三角洲、环渤海地区的土地价格分别上涨了 5.32%、8.78%、6.99%，其中工业用地价格上涨幅度较大，分别达 8.75%、10.53%、7.19%。

---

① 刘守英. 直面中国土地问题 [M]. 北京：中国发展出版社，2014：98.
② 汤林闽. 中国土地出让金收支状况：2007—2014 年 [J]. 财经智库，2016（1）：83-100，142.
③ 刘守英. 直面中国地问题 [M]. 北京：中国发展出版社，2014：100.

很显然，"以地谋发展"模式不可持续。其原因在于：

（一）"以地谋发展"模式带来了经济风险

"以地谋发展"模式的发展方式之一就是以地融资，但是这种方式会导致地方政府出现潜在的债务风险和放大宏观经济波动。从地方政府债务风险来看，从1997年至2010年经过13年的债务积累，中国地方政府的债务规模占GDP的比重处于50%~55%。以欧盟标准作为衡量债务风险的指标来看[1]，中国地方政府的债务规模已经基本达到了欧盟标准的上限。更重要的是，2010年年底以中国地方政府作为偿还主体的债务达3.08万亿元，其中有81.2%的债务是以土地出让金作为抵押，并且有近60%的债务会在未来的10年内到期。近年来地方政府从出让土地中获得收益的不稳定性增强[2]，以及由此带来的实际可支配收入的减少，导致地方政府极容易出现潜在的债务风险。从放大宏观经济波动来看，中央可以通过调整货币量和土地供给量来控制固定资产投资以调节经济发展"冷热"程度。因此，当中央增加土地供给时，地方政府采用以地融资方式获得资金，进而加大固定资产投资以促进经济发展；反之，地方政府对固定资产的投资减少，经济发展速度减缓。这一放大机制在1997—2007年的发展实践中变现得尤为明显[3]。

表7.1 各地区土地出让面积及价格情况

地区	2008年		2009年	
	出让面积/万公顷	单价/万元·公顷⁻¹	出让面积/万公顷	单价/万元·公顷⁻¹
东部	8.67	789	12.51	1 006
中部	4.15	449	4.76	493
西部	3.76	412	4.81	467
全国	16.58	618	22.08	778

---

① 欧盟认为一国的公共债务规模占 GDP 的比重应该在 60% 以下。参见：刘守英. 以地谋发展模式的风险与改革［J］. 国际经济评论，2012（2）：92-109，7.

② 刘守英. 直面中国土地问题［M］. 北京：中国发展出版社，2014：104-106.

③ 刘守英. 以地谋发展模式的风险与改革［J］. 国际经济评论，2012（2）：7，92-109.

表7.1(续)

地区	2011 年		2012 年	
	出让面积 /万公顷	单价/ 万元·公顷$^{-1}$	出让面积 /万公顷	单价/ 万元·公顷$^{-1}$
地区				
东部	15.62	1 257	12.27	1 270
中部	9.85	768	8.72	816
西部	8.25	760	11.3	548
全国	33.72	992	32.29	895

资料来源：刘守英. 直面中国土地问题［M］. 北京：中国发展出版社，2014：100-102.

（二）"以地谋发展"模式带来了系统性金融风险

中国城市化建设的资金主要来自地方政府，而地方政府筹措发展资金的方式只有两种：一是地方政府收支盈余的财政收入，其中土地出让金占据了较大比重；二是以储备土地作为抵押从银行获得抵押贷款。2010 年年底，以地方政府作为偿还主体的债务中有 74.84% 的资金来自银行抵押贷款。地方政府将这些资金投入到盈利能力弱、回报周期长的基层设施建设项目中，但想从这些项目中获得充足的资金来偿还银行贷款则较为困难，因此地方政府依然只能通过土地出让金来偿债。但是，近年来土地出让金波动加大，从土地获得未来现金流变得不稳定。更有甚者，2010 年年底部分地方融资平台依靠"借新偿旧"的方式来偿还债务[①]。因此一旦土地出让金的意外减少使得地方政府的收入不能覆盖债务，那么银行的不良贷款率将急剧增加，极端情况下会诱发银行体系的金融风险。

（三）"以地谋发展"模式带来了社会风险

在官员的升迁机制和地方政府的 GDP 崇拜下，再加之 1994 年中央与地方财税分权后土地出让收入划归地方，在这种政治和经济激励之下多征、多占、多出让土地的违规过度征地现象频发。2010 年，全国违法用地的数量为 6.6

---

① 刘守英. 以地谋发展模式的风险与改革［J］. 国际经济评论，2012（2）：92-109，7.

万件，面积为 67.7 万亩，占用耕地 27 万亩[①]。但在征地过程中地方政府处于博弈占优方，其给予农民的征地补偿相对较低。为了捍卫土地和自己的利益，农民不得不与地方政府产生摩擦；更有甚者采用较为极端的方式来提出自己的利益诉求，寄希望于通过非正当方式来解决问题。农民与地方政府之间的征地冲突激化了社会矛盾，危及了社会稳定。

（四）"以地谋发展"模式带来了制度风险

在全面建成小康社会的总体目标之下，地方政府除了要以经济建设为中心，还要将大量资金投入到教育、水利、保障性安居工程等各个民生领域，这些资金最主要的来源就是地方政府的"土地财政"。但是，随着土地出让金收入的波动性加大，而民生领域的支出又具有刚性，仅依靠"土地财政"获得的资金难以兑现民生保障的承诺。

因此，地方政府必须以"三块地"改革为契机，积极地参与到城市发展模式的转型升级中来，探索可持续性建设资金累积机制，摆脱"土地财政"依赖。

三、数量庞大的农村土地隐形交易倒逼改革

农村土地隐形交易的自发、无序和快速发展，对中国土地问题稍加关注的人，都可以非常容易地感觉到，集体建设用地的实际使用和流转状况，已经大大超越了法律限定的范围。例如，在很多城市的城乡接合部，其很多批发市场、农贸市场等并非乡镇企业，但实际使用了集体建设用地；在大城市的城郊，大量企业租用农民（集体）的土地建厂房、仓库等。此外，大量存在而且屡禁不止的"小产权房"也是很好的例证。这些突破法律规定的做法，一些是在官方批准的集体建设用地流转试点的旗号下有组织开展的创新，一些则纯粹属于市场主体自发的交易[②]。

[①] 刘守英，王志锋，张维凡，等."以地谋发展"模式的衰竭：基于门槛回归模型的实证研究 [J].
管理世界，2020，36（6）：80-92，119，246.
[②] 宋志红. 中国农村土地制度改革研究：思路、难点与制度建设 [M]. 北京：中国人民大学出版社，
2017：192.

农村土地隐形交易极难监管,任其无序发展危害极大,会倒逼政府主动规范"三块地"制度,而最先受到冲击的就是我国18亿耕地红线和国家粮食安全。首先,隐形交易大量毁占耕地、良田、甚至基本农田,动辄几百亩,甚至上千亩,有的县区其规模甚至与建设用地指标旗鼓相当。其次,隐形交易不受政府监控,由此带动的投资、融资、就业、收入、贸易等真实信息无法被政府统计,可能造成重要经济变量的全面扭曲,影响宏观经济的安全运行。值得深思的是,明明法律已经严苛规定农民(集体)所有的土地使用权不得出让、转让或者出租用于非农建设[1],但为什么土地转用转让的隐形市场规模如此之大,近乎失控。这是一个有趣的悖论,越是严苛的制度,越是无法实施,无法实施的制度,等于没有制度。正如黄小虎总结到:"只有放开集体建设用地市场,才管得住,不放,看起来很严,实则不管"[2]。

第二节 集体经营性建设用地入市改革:中央—地方—农民的互动创新过程

本节通过引入中央—地方—农民的互动行为,对农村集体经营性建设用地入市的制度创新过程进行了分析。在这个过程中重点观察了中央的科学决策,地方的创新性实施和农民个体的响应对制度创新的积极作用。

一、农村制度需求:正式制度远不能满足经济实践的要求

经济变化要求加快资源转让,而现行法律远远不能满足经济实践的要求。

---

[1] 1998年修订的《中华人民共和国土地管理法》第六十三条规定:"农民集体所有的土地使用权不得出让、转让或者出租用于非农业建设"。

[2] 黄小虎. 放开集体建设用地市场时机已经成熟 [J]. 国土资源导刊,2009 (9):52.

主要表现为：①在中国这种特殊的城乡二元关系的情况下，城乡居民在居住环境、教育、基础设施、社会保障以及收入之间存在较大差距，这导致大量的农民从乡村流入城市。1978—2017 年，乡村人口比例由 82.1% 下降到 41.5%，而城镇人口比例由 17.9% 增加 58.5%[①]，由此可见，有超过 40% 的乡村人口进入城市。这种"单线流动"导致乡村人口凋敝，大量宅基地荒芜。在增加收入的动机下，村民希望能够出租或出售闲置的宅基地。②改革开放以来，我国经济快速发展，而经济发展需要大量的土地作为基础，土地价格的不断上涨凸显了土地作为资的巨大价值。但在传统的征地供应模式下，地方政府垄断了土地一级市场，并且在征地过程中拥有绝对的主导权，所以农民获得的土地补偿较少，农民并不能依靠土地分享经济发展带来的高收益。因此，在直接的经济动机的激励下，农民有让土地直接入市的强烈要求。③随着城市化和经济的不断发展，早期位于农村的低廉的建设用地的价格飞涨，这主要是因为传统的"低价征地、高价转让"的模式造成地方政府违规违法征地行为大量发生，容易激发社会矛盾。为了缓解征地冲突，地方政府让渡了部分利益给农民。而且欲在城乡接合部落户的中小企业，也有着避开征地模式的强烈动机，因为相比之下，集体经营性建设用地成本更低，周期更短，交易更加灵活。④人口过快增长导致人地关系紧张，这一直制约着我国社会经济的发展。一方面，保护 18 亿亩耕地红线的任务十分严峻；另一方面，农村大量存量建设用地闲置。因此，整理和重新利用这些闲置土地也是经济发展的需要。

二、地方先行先试：对集体建设用地流转的改革探索

一些地方政府很早就开始对集体建设用地流转进行改革探索。例如，广东省佛山市南海区，早在 1992 年，凭借经济特区和对外开放的政策优势，率先开始了对集体建设用地流转的探索。南海区政府在坚持集体土地所有权制

---

① 杜启平. 城乡融合发展中的农村人口流动 [J]. 宏观经济管理，2020（4）：64-70，77.

度的基础上，允许村集体将集体建设用地以租赁的形式将使用权转让给企业。随后苏州市于 1996 年开始了以土地厂房入股形式流转土地的模式。南海区和苏州市是我国最早开始探索集体建设用地流转的地区。此后，1999 年国土资源部在全国范围内部署了集体建设用地流转试点，试点地区包括广东、上海、浙江、江苏等多个省市。2005 年广东省成为全国第一个通过政府令的形式将长期存在的土地隐形流转市场合法化的地方政府，其希望通过政令能够规范管理土地流转市场。事实上，在中央提出"三块地"改革之前，除了广东、上海、浙江、江苏等发达的东部地区外，安徽、湖北、河南等中部地区以及四川、重庆、新疆等西部地区都相继开展了相应的试点工作。由此可见，集体建设用地流转的试点工作基本覆盖了东中西部所有重要的省、市、县。经过长期的试点工作，各省、市都相继出台了省级层面的政府规章和市级层面的管理规定。这些地方探索在承受改革风险的同时，为集体建设用地流转改革积累了宝贵的经验①。

三、中央启动改革：逐步确认改革方向

为了规范和管理土地隐形流转市场，国务院自 20 世纪 90 年代起在东部和中部发达和较发达地区的多个省市开展了集体建设用地流转试点工作。经总结试点经验出台了相关文件②，认为地方政府应放松对集体建设用地流转的限制。该文件从正反两个方面对土地流转做出了规定：一方面集体建设用地未经法律允许不得随意被出售或租赁；另一方面符合政府规划的集体建设用地可以流转。但具体如何流转，尚缺乏可操作性的规则。2008 年，党的十七

---

① 宋志红. 中国农村土地制度改革：思路、难点与制度建设［M］. 北京：中国人民大学出版社，2017：194.
② 此处相关文件是指《国务院关于深化改革严格土地管理的决定（2004 年）》，文件规定："禁止农村集体经济组织非法出让、出租集体土地用于非农业建设。……禁止城镇居民在农村购置宅基地。……在符合规划的前提下，村庄、集镇、建制镇中的农民集体所有建设用地使用权可以依法流转。"参见：中共中央文献研究室. 十六大以来重要文献选编：中册［M］. 北京：中央文献出版社，2006：402.

届三中全会进一步通过了相关文件指明了集体建设用地进入市场流转的改革路径①，提出集体经营性建设用地可以进行市场化的交易，不再经过国家的征地过程②。另外，该决定还勾画了城乡建设用地"统一市场、同地同权"的目标，但出于种种原因，并未出台相关实施措施。党的十八届三中全会的决定，在这个问题上沿袭了党的十七届三中全会决定的精神，并提出了更为大胆的改革方案，取消了对集体经营性建设用地"圈外"的规定③，而只是强调了应符合规划和用途管制，这就意味着，"圈内"和"圈外"的集体经营性建设用地都可以直接入市。2014 年年底，国家出台文件正式从中央层面开启了集体经营性建设用地入市的试点④。随后，国家在全国 33 个县市开展了"三块地"改革的试点工作，这些试点地区暂停实施与土地管理相关的法律，这标志着"三块地"改革试点正式启动。此次"三块地"改革试点方案直接确立了集体经营性建设用地入市的改革方向，并且就试点工作作出了具体部署，要求各试点就"明确入市范围途径、合理的土地增值收益分配机制以及建立健全市场交易机制"等方面内容进行探索，表明这一改革终于迈出了实质性的一步。

四、地方试点试验：重新界定转让权的实践经验

"三块地"改革试点工作自 2015 年起，至 2019 年结束。经过五年的试点

---

① 2018 年 10 月 12 日，党的十七届三中全会通过了《中共中央关于推进农村改革发展若干重大问题的决定》，该决定提出："逐步建立城乡统一的建设用地市场，对依法取得的农村集体经营性建设用地，必须通过统一有形的土地市场、以公开规范的方式转让土地使用权，在符合规划的前提下与国有土地享有平等权益。"参见：中共中央文献研究室. 十七大以来重要文献选编：上册 [M]. 北京：中央文献出版社，2009：668.

② 虽然允许集体经营性建设用地可以进行市场化的交易，但是国家对入市流转的集体经营性建设用地作了限定，即属于土地利用规划确定的城镇建设用地范围外的集体经营性建设用地。参见：中共中央文献研究室. 十七大以来重要文献选编：上册 [M]. 北京：中央文献出版社，2009：668.

③ "圈外"是指属于土地利用规划确定的城镇建设用地范围外的集体经营性建设用地。

④ 2014 年国家出台了《关于农村土地征收、集体经营性建设用地入市、宅基地制度改革试点工作的意见》正式从中央层面开启了集体经营性建设用地入市的试点。参见：全国人民代表大会常务委员会办公厅. 中华人民共和国第十三届全国人民代表大会第二次会议文件汇编 [M]. 北京：人民出版社，2019：59.

工作，入市改革已形成相对成熟的规则体系。

（一）四川省郫都区试点经验

2008年，郫都区结合成都市城乡统筹改革试点，采用将农村小而散的建设用地整理后异地入市的方法开展集体建设用地流转，交易集体建设用地13宗（249亩），成交额1.38亿元，为农村集体经营性建设用地入市改革奠定了实践基础。自2015年开始试点以来，为了平衡好各方主体之间的利益关系，合理安排利益分配格局，既充分调动各方积极性，又体现社会公平正义，使集体经营性建设用地入市改革的顺利推进，郫都区形成了土地增值收益在国家、集体、个人之间分配的分配机制。

就政府收益而言，政府可以以调节金的方式收取。土地增值收益调节金在土地价款内，最低收取比例不低于土地使用权交易总价款的13%，转让、出租的不低于评估价的3%；与契税相当的收益调节金，由受让方（承租方）缴纳，收取比例为土地使用权交易总价款的3%。同时，土地根据用途、入市方式以及区位等因素来决定调节金的收取比例：若土地用于建设工业、矿业等仓库，那么不管土地基价属于第几级，采用招拍挂方式入市的土地都按13%的比例来征收调节金，采用协议方式入市的土地都按23%的比例来征收调节金；若土地用于商业和服务业，那么根据入市方式以及区位等因素分为6种不同的比例来征收调节金，具体见表7.2。

表7.2　郫都区土地增值收益调节金征收比例

类型	工矿仓储用地		商服用地	
招拍挂	基准地价一、二、三级	13%	基准地价一级	30%
			基准地价二级	24%
			基准地价三级	15%
协议	基准地价一、二、三级	23%	基准地价一级	40%
			基准地价二级	33%
			基准地价三级	25%

资料来源：曲卫东，闫珍. 集体经营性建设用地入市税费征收现状及体系建设研究［J］. 公共管理与政策评论，2020，9（1）：73-83.

就集体成员与集体组织之间的分配关系而言，除去政府已经提取的调节金后，剩余的部分在集体成员与集体组织之间进行分配。原则上至少80%的土地增值收益要以公积金、公益金、风险金的形式提留于集体组织，这些资金主要用于集体经济的进一步发展，少部分也可以用于改善基础设施。剩余的20%由村民以土地入股分红的形式获得。2016年，郫都区全区完成24宗农村集体建设用地入市，土地成交总面积314.1亩。宗地出让最高单价86.85万元/亩（商业用地），租赁最高单价1.6万元/亩（仓储用地），入市总价款1.901 9亿元，政府收取土地增值收益调节金3 819.493 1万元，与契税相当的调节金440.291 3万元；集体组织获得土地增值收益1 807.37万元，农民分得土地增值收益2 951.84万元①。

（二）贵州省湄潭县试点经验

贵州省湄潭县在推进农村集体经营性建设用地入市改革中，明确了直接入市、调整入市、整治入市和分割入市4种入市途径，以及拍卖、挂牌、协议3种入市方式。截至2017年5月底，湄潭县共入市25宗，其中就地入市9宗、调整入市15宗、城中村整治入市1宗。同年12月，湄潭县完成了全国首例宅基地分割登记入市②。

在土地增值收益分配方面的探索，湄潭县明确了上缴国家财政的比例为土地成交价款的12%。在集体和个人层面，摸索出"三定一议"的入市土地收益分配新机制，即集体经济组织留存比例不得少于净收益的40%，且该收益主要用于公益事业。在集体成员内部，分配比例和分配形式由集体经济组织成员民主决议确定。2016年，湄潭县将原来上缴国家财政的基准由土地成交价款调整为增值收益，并按照工业用地（20%）、综合用地（20%）、商服用地（25%）等不同用途土地征收不同比例的调节金。截至2017年5月底，

---

① 杨敏，慕楠.协同创新，促进农村土地制度改革：郫都区集体经营性建设用地入市调研报告［M］//高延利，等.中国土地政策研究报告（No.3）［M］.北京：社会科学文献出版社，2018：112.

② 李卫红，韩敏，张莉娟.农村集体经营性建设用地入市增值收益分配模式研究：以贵州省湄潭县为例［M］//国土资源部土地整治中心.土地政策蓝皮书：中国土地政策研究报告（2018）［M］.北京：社会科学文献出版社，2018：164-165.

在湄潭县入市的共 25 宗土地中，有两宗土地交易是按照试点初期规定的 12%的比例上缴调节金，其余的 23 宗土地交易都是根据入市用途以增值收益为基准征收的调节金。在集体和个人分配增值收益层面，试点初期入市的两宗土地所获得的增值收益是按照 4∶6 的比重在集体和个人之间进行分配，其余 23 宗入市土地所获得的增值收益是按照 3∶7 的比重进行分配的。总之，截至 2017 年 5 月底，湄潭县土地入市总成交金额 1 718.5 万元，地块成本约 1 223.88 万元，增值收益 494.62 万元，其中政府收益 110.44 万元，集体收益 118.7 万元，个人收益 265.48 万元[①]。

（三）浙江省德清县试点经验

浙江省德清县明确了建设用地的入市主体是农村集体经济组织。根据建设用地的不同属性确定了就地入市、异地调整入市两种入市途径；同时明确了出让、租赁、作价出资等入市方式，以及招标、拍卖、挂牌和协议等交易方式。截至 2017 年年底，德清县共完成入市土地 131 宗（856 亩），成交金额 1.88 亿元[②]。

德清县以"同权同价同责"为出发点，通过实施"按类别、有级差"的两种土地增值收益调节金收取标准，确定土地增值收益调节金的合理比例，建立基于用途管制下不同用途和区位的合理比价机制（见表 7.3）。同时，遵循"谁所有，谁受益"的原则，以兼顾集体与农民的权益，实现土地增值收益的公平合理分配。例如，砂村入市交易 20 亩土地，拍卖成交价格为 1 150 万元，其中 32%作为土地增值调节金上缴地方财政，剩余 782 万元收益归村集体所有[③]。结合政策与民主意愿，经大多数村民同意，本次土地拍卖收益不直接均分给村民，而是以追加股权的方式返还。在地方政府引导下，砂村建

---

① 李卫红，韩敏，张莉娟.农村集体经营性建设用地入市增值收益分配模式研究：以贵州省湄潭县为例［M］//国土资源部土地整治中心.土地政策蓝皮书：中国土地政策研究报告（No.3）［M］.北京：社会科学文献出版社，2018：165.

② 陈红霞，赵振宇.基于利益均衡的集体经营性建设用地入市收益分配机制研究［J］.农村经济，2019（10）：55-61.

③ 沈国民，关涛，蒋明利，等.农村集体经营性建设用地入市的制度建设与利益调节：浙江德清经验剖析［M］//高延利，李宪文，唐健，等.中国土地政策研究报告.北京：社会科学文献出版社，2017：260.

立的股份量化规则如下①：①初始股民资格按照在册农村户口，以及上学、进城等原因离开本村的迁出户来确定。其中，迁出户的数量有 227 户，他们需要以现金入股，获得股民身份。初始量化的股本为 3 130 股，每股 5 500 元。②股民数量采取"生不增、死不减"的原则进行固化。股份在三年内不分红、不转让。地块入市收益返还后，每股价值增加到 8 000 元，增长幅度达到 45%。这体现了充分尊重民情民意，符合"谁所有，谁受益"的原则，基本实现了兼顾国家、集体和农民个人的利益，使集体和农民切实享受到改革带来的红利。

表 7.3　德清县集体经营性建设用地土地增值收益调节金收取比例

出让方式	缴纳人	所处区域	收取比例	备注
出让、租赁	出让（出租）人	位于县城规划区的	商服类用地按 48% 缴纳；工矿仓储类用地按 24% 缴纳	—
		位于乡镇规划区的	商服类用地按 40% 缴纳；工矿仓储类用地按 20% 缴纳	—
		其他地块	商服类用地按 32% 缴纳；工矿仓储类用地按 16% 缴纳	—
	受让（承租）人	—	按成交地价总额的 3% 缴纳调节金	—
使用权作价出资（入股）	出让方（土地所有权人）	—	—	于作价出资（入股）形成的股权发生转移时缴纳
	受让方	—	—	—
转让	转让方	—	商服类用地按 3% 缴纳；工矿仓储类用地按 2% 缴纳	按照使用权转让收入总额计征调节金

资料来源：陈红霞，赵振宇.基于利益均衡的集体经营性建设用地入市收益分配机制研究 [J]. 农村经济，2019（10）：55-61.

① 沈国民，关涛，蒋明利，等.农村集体经营性建设用地入市的制度建设与利益调节：浙江德清经验剖析 [M] // 高延利，李宪文，唐健，等.中国土地政策研究报告.北京：社会科学文献出版社，2017：260.

五、农民制度响应:受到农民的广泛欢迎

(1)入市相比于以往的征地,集体农民明显分享了更多的土地增值收益。以往采用征收模式,农民可以获得土地征收补偿,而集体没有收益。集体土地入市过程中按照壮大集体经济的要求,部分入市收益留存集体,因此集体农民收益等于集体与农民收益之和。根据何芳等的调研数据[1],商办用途或工业用途集体土地入市与征收中集体农民收益比较如表7.4所示,可知商办用途地块入市比征收集体农民收益显著提高,特别是上海松江和江苏武进入市地块,每亩收益分别增加61.45万元。

表 7.4 集体与农民土地增值收益分配形式和比例

地区	分配形式	分配比例/%	
		集体	农民
浙江德清	股份合作社分红	—	—
四川泸县	股份分红、按年现金分配	10	90
江西余江	一次性现金分配	≥60	<40
四川郫都区	分红	≥80	<20
上海松江	股份合作社定期分红	100%(农村建设+资产运营)	分红
重庆大足	安股分红、按年金分配、一次性现金分配	≥30	<70

资料来源:何芳,龙国举,范华. 试点地区集体建设用地入市增值收益分配及满意度探析[M] // 高延利,张建平,吴次芳,等. 中国土地政策研究报告. 北京:社会科学文献出版社,2019:242.

(2)入市相比于以往的征地,农民集体的收益分享比例更大,满意程度更高,因此农民集体积极支持入市。总体来说,各试点地区农村基层工作人员对入市收益的分配表示满意。因为相比于征收,在入市时农村集体组织可以获得土地出让的增值收益作为集体资金积累,用于农村基础设施建设或对外投资等。此外,入市还给当地农民增加了就业机会。不少受访者提道,"入

---

[1] 何芳,龙国举,范华. 试点地区集体建设用地入市增值收益分配及满意度探析[M] // 高延利,张建平,吴次芳,等. 中国土地政策研究报告. 北京:社会科学文献出版社,2019:232-248.

市对我们经济上也有好处嘛。他这个项目进来了，也可以招我们当地的老百姓去打工，这个附加效应还是挺好的""基础设施建设起来之后，可以带动我们村的经济、增加就业机会，让在外打工的人可以有机会回来工作"①。在对农村基层工作人员的访谈中，他们均赞成入市改革，认为"入市更好一些，因为入市农民拿到的钱更多一些"②。同时，大部分人希望能降低政府调节金的比例，使农村集体获得大部分的土地增值收益。

（3）大部分个体农户都积极支持入市，但满意度在地区之间存在差异。这主要与农户的分配比例有较大关系。由表7.4可知，各地区的个体农户分配比例有较大的不同，四川泸县、重庆大足、江西余江等地个体农户的分享比例在40%～90%之间，农户的满意度也比较高，上海松江以股份合作社定期分红的形式与个体农户分享收益，虽然农民收益有很大增幅，但是主要得益于地区土地价值较高，集体农民收益所占比例并不高，因此农民满意度并不是很高。松江区的农民认为，"征收是一次性拿几万元，入市按照现在资产公司的运作模式每年400多元，实质上到底两者哪个多，由于年限的不确定也分不清楚"③。

（4）农民集体的满意度转化为自发入市行为仍面临挑战。虽然大部分农户认可集体经营性建设用地将要带来的积极效应，但我国大部分农村集体经营性建设用地具有细碎与分散的特征，使农民自主入市的复杂性和不确定性程度加大，同时也面临较大的投资资金约束，如果没有地方政府的积极推动，农民集体入市意愿转化为自发入市行为将面临障碍。

六、中央制度决策：将成功的实践经验上升为正式制度

作为对改革试点成熟经验的提炼总结，2019年8月，我国通过了新一轮

---

① 何芳，龙国举，范华.试点地区集体建设用地入市增值收益分配及满意度探析［M］//高延利，张建平，吴次芳.中国土地政策研究报告.北京：社会科学文献出版社，2019：232-248.

② 何芳，龙国举，范华.试点地区集体建设用地入市增值收益分配及满意度探析［M］//高延利，张建平，吴次芳，等.中国土地政策研究报告.北京：社会科学文献出版社，2019：232-248.

③ 何芳，龙国举，范华.试点地区集体建设用地入市增值收益分配及满意度探析［M］//高延利，张建平，吴次芳，等.中国土地政策研究报告.北京：社会科学文献出版社，2019：232-248.

《中华人民共和国土地管理法》修正案，完成了从农民诱致创新，到地方试点经验总结，再到中央决策完成法制转化的制度创新全过程。新法案破除了农村集体经营性建设用地不能入市的法律障碍，解决了农地与市地不能同地同权同价的问题。肯定了农民的首创，赋予了农民更加充分的土地权益保障。例如，1998 年修订的《中华人民共和国土地管理法》的第四十三条规定①，只有在三种特殊情况下②，企业和城市居民才能直接获得农村集体建设用地，其他情况均需要通过政府先征地后出让模式获得。这一限制使得农村建设用地无法进行市场化配置，无法显化其市场价值，更是将农民排除在共享经济发展的土地红利之外。因此，在本次所有的试点地区，集体经营性建设用地入市改革都受到了广大农民的热烈欢迎，是农民群众支持的改革决策。新《中华人民共和国土地管理法》允许集体经营性建设用地在一定条件下可以流转给有需要的企业或个人，同时还赋予土地使用者再次流转土地的权利。这些重大的制度突破，为城乡融合发展破除了制度性障碍。

第三节　农村土地征收制度改革：
中央—地方—农民的互动创新过程

　　本节通过引入中央—地方—农民的互动行为，对"土地征收改革"的制度创新过程进行了分析。并重点观察了中央的科学决策、地方的创新性实施和农民个体的响应对制度创新的积极作用。

---

① 1998 年修订的《中华人民共和国土地管理法》中的第四十三条规定："任何单位和个人进行建设，需要使用土地的，必须依法申请使用国有土地；但是，兴办乡镇企业和村民建设住宅经依法批准使用本集体经济组织农民集体所有的土地的，或者乡（镇）村公共设施和公益事业建设经依法批准使用农民集体所有的土地的除外"。

② 三种特殊情况是指办乡镇企业、建设村民住宅以及建设乡（镇）村公共设施和公益事业。

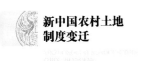
一、农民制度需求：对征地制度更加公平的迫切需求

　　征收权和财产权之间的矛盾总是持久存在的，在各个国家都是如此。征收权是国家公共管理权或者警察权的重要组成部分，是政府必不可少的权力，也是对公民财产权的合法限制，是一个社会成员在面对社会公共利益时所必须做出的必要限度的牺牲。但政府的征收权有滥用的危险，必须对政府的征收权作出严格的限制。因此，各个国家都会根据各国的实际情况在行使征收权和保护财产权之间取得一个平衡。我国长期以来在工业化和城市化发展战略的影响下，赋予了征地效率更高的权重，导致政府征地权过大，而对财产权保护不足，因而征收拆迁引发的社会矛盾十分突出①。

　　（一）宪法和其他法律规定屡屡被地方性法规架空

　　我国没有一部统一的征收征用法对各种财产的征收征用做出规定。对集体土地、集体土地上房屋以及城镇房屋等不同类型财产的征收规定分散在多部法律、行政法规和地方政府规章之中②。然而，《中华人民共和国宪法》（以下简称《宪法》）是总纲性的规定，《中华人民共和国物权法》（以下简称《物权法》）的规定仍然相当抽象和原则化，《中华人民共和国土地管理法》对征收集体土地有较为详细的规定，对征收国有土地使用权有简略的规定。因此，实践中的操作基本上是以具有可操作性的地方性法规为依据。如此一来，宪法和其他法律的规定很容易被地方政府的规定架空，而地方政府又是征收法律关系的一方当事人，可见地方政府兼任了运动员和裁判员角色。这也就不难理解为何宪法和其他法律规定的原则屡屡落空，地方政府以实质违法的地方规定作为其违法行政的合法的外衣。

　　（二）限制征收范围的"公共利益"形同虚设

　　由于征收权的行使必然会带来政府与公民之间的冲突。故此，征收权力

────────────

①　宋志红.中国农村土地制度改革：思路、难点与制度建设［M］.北京：中国人民大学出版社，2017：331-344.

②　对集体土地、集体土地上房屋以及城镇房屋等不同类型财产的征收规定散见于《宪法》《物权法》《中华人民共和国土地管理法》《中华人民共和国房地产管理法》。

的行使必须受到非常严格的限制。我国相关法律规定,国家征收土地是以实现公共利益为前提①。但事实上,一些模糊规定和特殊规定导致"公共利益"这一征收前提形同虚设:第一,由于我国法律对"公共利益"的定义较为模糊,所以在实际的征地过程中,凡符合规划需要占用农民集体所有土地的,无论是城市建设还是基础设施、矿山、军事设施等建设,均被硬塞入"公共利益"这一模糊概念中,这变相扩大了征地范围。第二,《宪法》规定了我国城市土地和农村土地的二元所有制。随着城市化和工业化的快速发展,城市的面积也在不断扩张,将大量城市周边原属于农民集体所有的土地包括进城市的范围。在城乡二元土地所有制的规定下,政府只能通过最简单也是最直接的方式——征收土地,将新增进城市的土地改变权属,而无须考虑其是否用于与公共利益相关的建设和项目。

因此,在一些模糊规定和特殊规定下,在实际征地过程中,我国集体土地征收范围被隐性扩大。征地项目不仅包括基础设施项目和城乡公益性项目,还包括房地产等城市经营性项目,而这些项目中的一部分并没有体现法律规定的征地以公共利益为前提的特定条件。

(三)政府主导的征地程序存在缺陷

1. 征地程序缺乏公众参与:公告征地而非协议征地

自1998年修订《中华人民共和国土地管理法》以来,明确规定了在征地的过程中是否征收、在多大范围内征收、被征收人的确定、征收补偿的范围和标准、安置补偿方案等均由政府机关享有全权决定权,同时也由政府机关组织实施②。虽然1998年修订的《中华人民共和国土地管理法》中规定了政府要听取被征地公众的意见,但是在实际操作过程中由于交易成本较高,所以听取意见的程序就被省略掉了。被征地农民几乎只有在实施征地前的最后

---

① 1998年修订的《中华人民共和国土地管理法》的总则中明确指出:"国家为了公共利益的需要,可以依法对土地实行征收或者征用并给予补偿。"

② 1998年修订的《中华人民共和国土地管理法》第四十六条和第四十八条规定:"国家征用土地的,依照法定程序批准后,由县级以上地方人民政府予以公告并组织实施""征地补偿安置方案确定后,有关地方人民政府应当公告,并听取被征地的农村集体经济组织和农民的意见。"

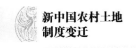
环节，才能通过政府的公告知晓关于征地和补偿的具体情况。不少地区的公告都流于形式甚至不公告，这主要是因为地方政府存在故意省略的情况，唯恐让公众知道后增加征收工作的阻力。征收工作的不公开和公众参与的缺乏，加剧了征收工作的不公平、不公正。由于缺乏公众的有效参与和对政府权力的有效监督，政府既是运动员又是裁判员，政府的征收权很容易不当扩张和滥用，从而使得被征收人的权益得不到有效保障。同时征地争议裁决制度的不完善，使一些问题难以及时解决，进而容易导致征地冲突。由此可见，1998 年修订的《中华人民共和国土地管理法》的规定使得政府与被征地方之间的协商关系变得不再必须，而政府是以公告的方式告知被征地方征地的具体情况，农民只能在政府的主导下被动参与并积极配合。

2. 征地程序缺乏争议解决机制：无相关的司法救济程序

根据《中华人民共和国土地管理法实施条例》的规定①，在政府主导的征地方案确定后，针对最核心的补偿争议问题，若农民存在异议，那么这些异议和意见都会被政府所听取，但至于是否被采纳的问题并没有任何约束程序。不仅如此，根据相关条例的规定②，即使在农民和政府之间存在关于征地补偿的争议，政府也可以不考虑这些争议而强制征地，被征收人没有任何合法的制约手段。同时，相关条例规定，地方政府对争议可以做出最后的裁决③。这也反映了地方政府既是运动员又是裁判员的特殊权力。但是按照行政法的基本原理，若农民对政府的裁决不服的，应当向法院提起行政诉讼。然而，由于《土地管理法实施条例》中模糊的规定，时至今日，这仍然是一个

① 《中华人民共和国土地管理法实施条例》第二十五条规定："市、县人民政府土地行政主管部门根据经批准的征收土地方案，会同有关部门拟订征地补偿、安置方案，在被征收土地所在地的乡（镇）、村予以公告，听取被征收土地的农村集体经济组织和农民的意见。征地补偿、安置方案报市、县人民政府批准后，由市、县人民政府土地行政主管部门组织实施。对补偿标准有争议的，由县级以上地方人民政府协调；协调不成的，由批准征用土地的人民政府裁决。征地补偿、安置争议不影响征用土地方案的实施。"

② 《中华人民共和国土地管理法实施条例》规定："征地补偿、安置争议不影响征用土地方案的实施"。

③ 《中华人民共和国土地管理法实施条例》第二十五条规定："对补偿标准有争议的，由县级以上地方人民政府协调；协调不成的，由批准征收土地的人民政府裁决。"

有争议的话题，实践中各地做法不一，有一些地方明确规定可以就该裁决提起行政诉讼①，但更多的人民法院选择"不予受理"，即便受理，也多驳回诉讼请求，或者受理后不处理、拖延处理等②。因此，有效的司法救济程序在解决征地争议方面具有非常重要的作用，它既可以限制地方政府的部分权力，又可以保护农民的利益。

3. 征地程序缺乏规范性：无公共利益审查环节以及政府征地行为不规范

（1）无公共利益审查环节。土地征收的目的，必须是出于公共利益的需要。这既是国际惯例，也是我国《宪法》《中华人民共和国土地管理法》《物权法》等明确规定的内容。但如前文所述，一方面，从实体内容来看，这一规定被其他内容相互矛盾的规定架空；另一方面，现有征收程序设计也没有为征收目的的审查留下任何空间。或许我们可以说，政府已经将这一审查程序内化到了对征收项目的审批程序中，但实际情况是，在当前的集体土地征收程序中，几乎没有考虑这些项目是否属于公共利益的问题，大量纯经营性的项目也采用征收方式获取土地。

（2）政府征地行为不规范。地方政府在征地过程中的不规范行为包括：越权征用土地③、违规征用土地④，以及一些项目用地未批先用、边报边用。2010年，全国违法用地的数量达6.6万件，面积达67.7万亩，占用耕地27万亩。也正是因为这些违规征地的现象频繁发生，导致2010年和2011年征地冲突频繁发生。2003—2012年媒体共报道了127个征地冲突，而2010年和2011年征地冲突的发生次数占总次数的62%⑤。

---

① 例如《湖南省征地补偿安置争议裁决暂行办法》（湘政办发〔2006〕17号文）规定："当事人对裁决决定不服的，可以依法向人民法院起诉。"

② 丰雷，张清勇. 20世纪90年代中后期以来的征地制度变迁：兼论1998年《土地管理法》修订的影响［J］. 公共管理与政策评论，2020，9（3）：29-48.

③ 越权征用土地指省级政府非法行使了应由国务院行使的审批权，越权批准征用土地。

④ 违规征用土地指地方政府在地类和权属上弄虚作假，或直接与农民集体签订协议，规避土地征用依法审批。

⑤ 刘守英. 以地谋发展模式的风险与改革［J］. 国际经济评论，2012（2）：7，92-109.

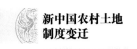

（四）征地补偿标准不科学

1. 缺乏清晰、明确的补偿原则和标准

我国对土地的征收补偿，缺乏清晰、明确的可量化标准。早在1953年国家就规定了应该给予征用土地公平合理的补偿①，但仅仅规定了地上的附着物的补偿，并没有规定如何补偿被征收的土地。《物权法》规定了应足额支付相关补偿费用。此处所谓"足额"并非要求征收补偿应该是"足额"的，而仅仅是要求在征收补偿确定之后，要足额予以支付，而不能中途予以截留瓜分。因此，这里的"足额支付"并不是征地补偿的原则。另外，2004年国务院发文要求②，在征地过程中要保证被征地农民至少能够过上和征地前一样的生活。为了达到这一目标，国务院放松了《土地管理法》中对土地补偿费与安置费的总和不得超过被征土地年产值的一定倍数的限制，即规定增加的安置补助费没有上限。但具体补偿多少才能保证农民生活水平不降低？不管是法律与行政法规，还是国家和有关部委发布的相关文件，都没有明确而清晰的标准。在实践中，政府对征地补偿更倾向于"适当补偿"这种模糊的标准。

2. 对被征收财产本身价值的补偿严重不足

1998年修订的《中华人民共和国土地管理法》规定，在征地过程中，被征地农民所获得的征地补偿是按照产值倍数（6～10倍）来计算③。此种产值倍数法并不能充分反映被征收土地的市场价值。为了解决该问题，2004年全国开始采用统一年产值法计算征地补偿。统一年产值法是以某一测算范围内主要农作物为基准，综合农用地类型和等级、多种经营水平以及资本投入等

---

① 1953年的《国家建设征用土地条例》中规定："对被征用土地上的房屋、水井、树木等附着物及种植的农作物，……，按公平合理的代价予以补偿""在城市市区内征用土地时，地上的房屋及其他附着物等，……，按公平合理的代价予以补偿。"参见：全国人民代表大会常务委员会法制工作委员会. 中华人民共和国法律汇编（1979—1984）［M］. 北京：人民出版社，1985：387.

② 2004年国务院发布的《国务院关于深化改革严格土地管理的决定》中强调："使被征地农民生活水平不因征地而降低。"参见：中共中央文献研究室. 十六大以来重要文献选编：中册［M］. 北京：中央文献出版社，2006：402.

③ 1998年修订的《中华人民共和国土地管理法》第四十七条的规定，具体计算土地补偿费的公式为：土地补偿费=被征地亩数×前三年平均年产值×补偿倍数（6～10倍），这里的年产值是指以土地原用途所获得的产值。

因素计算出一个标准收益值。但这种计算方法忽略了土地的区位、供求关系等因素，因而其并不能反映土地的真实市场价值。此外，1998 年修订的《中华人民共和国土地管理法》规定的"6~10 倍"这个倍增幅度过小，与土地市场价值仍有天壤之别。以福建省 2011 年的情况为例：按照年产值的 10 倍计算，征收一亩耕地的土地补偿费为 11 000 元①。这一标准显然低于被征收耕地的真实市场价值，尤其是潜在价值。

二、地方先行先试：对征地制度的改革实践

针对以上社会制度需求，国土资源部早在 1999—2002 年就启动了两批试点城市进行征地制度改革，鼓励地方政府从提高征地补偿、改进征地程序、缩小征地范围三个方面进行制度创新，为征地制度改革提供实践经验。此次地方探索在完善征地补偿和改进征地程序两个方面的创新做法，有效地缓解了因征地引发的各种矛盾。在征地补偿方面，部分试点地区从以下方面直接或间接提高了补偿标准：第一，以实际年产值作为计算征地补偿的基准，同时相应提高补偿倍数。第二，以区片价格作为征地的标准价格。与产值倍数法相比，区片价格综合考虑了当地经济发展状况等因素，因此区片价格能反映被征土地的真实市场价格。第三，以协商的方式确定补偿费用。在这种方式下，征地单位和被征地农民协商的基础是土地的区位和市场供给状况。第四，以征地补偿费用入股的方式间接提高补偿标准。农民以征地补偿费入股，通过资产股份量化而获得原始股份，农民按股分红。但是，由于对缩小征地范围方面的探索可能会动摇地方政府在土地一级市场的垄断地位，进而使得地方政府没有动力去推进缩小征地范围方面的探索。因此，本轮缩小征地范围方面的改革，并未取得成效②。

---

① 宋志红. 美国征收补偿的公平市场价值标准及对我国的启示 [J]. 法学家，2014 (6)：171.
② 类似的观点还可见：甘藏春. 中国社会转型与土地管理制度改革 [M]. 北京：中国发展出版社，2014：239-240；唐健. 征地制度改革的回顾与思考 [J]. 中国土地科学，2011 (11)：3-7.

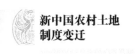
三、中央启动改革：部署征地制度试点改革

为了回应农村诱致性需求，中央结合乡村振兴的国家发展战略调整土地利益格局，制定相应的农村土地改革政策。调整的重点是要在农地非农化利益分配格局上，改变以往农村向城镇输血的模式，使农村与城市共享发展成果，增加农民集体土地利益和土地财富总量。党的十八届三中全会首先对深化征地制度改革作出重要部署，提出了"提高农民在土地增值收益中的分配比例"的改革任务。2014 年，习近平总书记主持召开会议，审议通过了《关于农村土地征收、集体经营性建设用地入市、宅基地制度改革试点工作的意见》，强调将征地制度与其他"两块地"结合起来进行联动改革，并明确地给出支持的和明令禁止的制度创新行为边界，要求"三块地"改革在坚守公有制性质不变、耕地红线不突破、农地利益不受损三条底线上有序推进。同时，也指明了征地制度试点改革中要探索的主要方向①。随后，2015 年年初，全国人大常委会授权国务院在 33 个试点县（市、区），突破现行相关法律条款进行制度创新。例如，人大授权试点地区突破 2004 年修订的《中华人民共和国土地管理法》第四十七条关于土地补偿年产值标准的限制，强调试点地区可以根据地区的实际情况、土地区位等因素探索制定新补偿标准。此外，为改革本身立法，使改革与立法相结合，也是本次中央制度决策的重大创新。

四、地方试点试验：深化征地制度改革的实践经验

（一）内蒙古自治区和林格尔县

内蒙古自治区和林格尔县于 2015 年被国务院设为改革试点，在 33 个试点中，是最早进行征地制度改革的试点之一。该县对征地制度改革的探索包括以下方面②：

---

① 征地制度试点改革中要探索的主要方向包括探索缩小征地范围，规范征地程序、完善被征地农民的保障机制以及探索建立兼顾多方的土地收益分配机制等问题。

② 徐进.和林格尔县土地征收和入市改革统筹推进及城乡统一建设用地市场体系探索研究［M］//国土资源部土地整治中心.土地政策蓝皮书：中国土地政策研究报告（No.3）［M］.北京：社会科学文献出版社，2018：122-124.

1. 缩小征地范围

基于"公共利益"依法对农村土地进行征收，这既是国际通行做法，也符合我国宪法的规定，但难点在于如何对"公共利益"进行界定，因为这里面天然地包含了个体财产保护与政府提升公共利益义务之间的矛盾。和林格尔县在探索这一制度的创新时，采用了列举法和征询法，一方面，严格地区分了公共利益与非公共利益，明确提出，经认定不属于公益性建设项目的，不得动用征地权。另一方面，也保留了一定的灵活度，因为考虑到随着经济社会的发展，对公共利益的认定可能会发生变化，即使再详尽的列表也无法穷尽公益性用地的类型。为此和林县对公共利益的范围保持了适当的开放性，也就是说，对未列入《和林县土地征收目录（试行）》的项目，由县政府组织相关部门召开听证会，以确定是否属于公益性用地范围。总之，通过一套合理的、可操作的程序性机制，可以消除对公共利益的争议。

2. 完善征地程序

第一，增加公共利益审查环节。在征收审批阶段，县政府需要审查建设项目是否属于公共利益性质。若被认定为是公共性建设项目，那么可以批准征地；反之，若被认定为不属于公共性建设项目则不予批准。第二，建立社会稳定风险评估机制。在征地前，要求政府对农民意愿进行充分的调研，评估征地存在的社会稳定风险并形成报告，作为推进征地项目的重要依据。第三，建立制度化民主协商机制。改变过去公告后即可征地的做法，将召开土地征收方案听证会与签订补偿安置协议作为征地工作必要的一环，保障了被征地与政府就征地补偿内容进行民主协商的权利。第四，健全矛盾调解机制。过去的征地争议由征地政府调解，政府既当运动员又当裁判员，难以保障被征地农民的合法权益。和林格尔县探索建立了独立的"争议协调裁决委员会"，为被征地农民提供诉求救济渠道。

3. 完善征地补偿安置方面的研究探索

第一，完善土地征收补偿标准。以统一年产值标准为基础，结合土地市场价值、农用地生产收益等情况，综合计算征地片区的加权地价，并制定了征地片区综合地价补偿标准。相较以前以年产值法计算的补偿费，这种补偿方式使得每亩的补偿费用上涨了 10%~21%。第二，强化养老保险制度。和林格尔县通过两种方式为被征地农民缴纳社保费用：一是由农民本人和政府按照 30% 和 70% 的比重分担社保费用；二是由征地单位向政府设立的社会养老保险专户上预存被征地农民的养老保险。第三，加大就业培训力度。和林格尔县以园区企业为培训基地，开展创业就业培训，通过推荐农民优先就业园区企业，鼓励补贴农民自主创业，借助留地、物业、商铺等安置被征地农民。例如，大新营子村的土地被征收后，政府为该村的每位农民保留了 1 亩集体建设用地，这使得每个农民能够享受到土地增值带来的收益。

（二）河北省定州市

河北省定州市于 2015 年被国务院设为改革试点，在 33 个试点中，是最早进行征地制度改革的试点之一。该县对征地制度改革的探索包括以下方面①：

1. 缩小征地范围

不同于和林格尔县采用的列举法，定州市在界定公共用地四条原则的基础之上，采用了概括性规定②，相比列举法更加灵活，其优点是地方政府在实施征地项目时，对"公共利益"的判定拥有更多解释权，更加适合正在加速城市化进程的地区，但缺陷是对政府权力的约束仍然较为薄弱。作为对约束政府权力的补充，定州还建立了听证会机制，通过召开听证会的方式，判断和严格审查土地是否具有公益性质。

2. 完善征地程序

定州市在完善征地程序中，也增加了风险评估、民主协商、协议签订等更有利于农民利益保护的环节。在风险评估环节中，定州市的评估内容更加

---

① 张清勇. 中国农村土地征收制度改革：回顾与展望 [M]. 北京：中国社会科学出版社，2018：67-70.

② 此处概括性规定是指："在土地利用总体规划确定的城镇用地范围内，实施城市规划建设的，以及在土地利用总体规划确定的城镇建设用地范围外，符合国防和外交需要；由政府组织实施的能源、交通、水利等基础设施建设的需要；由政府组织实施的科技、教育、文化、卫生、体育、环境和资源保护、防灾减灾、文物保护、社会福利、市政公用、机关团体等公共事业的需要；由政府组织实施的保障性安居工程建设的需要；法律、行政法规规定的其他公共利益的需要等五种情形需要进行建设的可以动用土地征收权。"

丰富，除了对社会稳定风险的评估，还加入了生态环保以及实施难易等方面内容的评估。在民主协商环节，定州市采用了两轮协商的方式，分别是政府与被征地村委会协商征收协议、政府与村民协商补偿安置标准。

3. 完善征地补偿安置

针对过去征地补偿是政府"一口价"、补偿"一次性"的问题，定州市政府确定了片区价+粮食补贴、土地补偿+安置补助费、协商补偿安置等多种补偿安置方式，补偿标准由"静态"变为"动态"、安置方式由"单选"变为"多选"，被征地农民可以根据自身的实际情况选择不同的补偿和安置方案。

（三）成都市郫都区

成都市郫县区于 2016 年经中央改革办批准，进行征地制度改革试点。该区对征地制度改革的探索包括以下方面[①]：

1. 缩小征地范围

郫都区政府采用列举法制定了征地目录，规定在以下几种情形需要进行建设的可以动用土地征收权，包括国防和国家机关建设需要，政府组织实施的基础设施建设、公共事业、保障性安居工程建设、旧城区改建等需要，重大产业化项目建设的需要，其他公共利益需要。

2. 完善征地程序

为了保护农村集体经济组织、农村居民或其他权利人的参与权、知情权、监督权等合法权益，使征地过程和补偿工作公平、公开、公正，郫都区建立了土地征收联合调查、社会稳定风险评估、三公告制度、补偿安置纠纷协调等机制。将征后实施的调查步骤调整到征地报批前，从原来的 9 个环节精简到 5 个，使征地程序更加精简，过程更加透明。第一，土地征收联合调查。由区国土资源局、被征地区域镇政府（街道办）、村组干部和村民代表或议事会成员组成不低于 6 人的联合调查登记工作组，对农村集体经济组织、农村居民和其他权利人所拥有的农村集体土地、青苗和地上附着物等合法财产进

---

① 案例素材来源于作者的调研资料，包括《成都市郫都区农村土地征收制度改革文件汇编（2017年）》《郫都区土政三项试点工作报告》《成都市郫都区国土资源局征地补偿安置方案公告（2018年）》《征收土地确认协议书（郫都区三道堰消防站）》等。

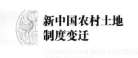
行调查登记。第二，社会稳定风险评估。在调查过程中，充分提取村集体、农民的意见，形成征地社会风险评估报告，并将其作为政府是否征地的依据。第三，三公告制度。包括联合调查阶段，调查登记成果在被征地区域进行书面公示，以及征地报批前预公告和征收方案批准后公告。

3. 完善征地补偿安置

第一，分类实施社会保障。在被征地农民中，分年龄段实施社会保障，例如 16 周岁以下为其购买城乡居民医疗保险，16 周岁以上则为其提供城镇职工社会保险。第二，积极扶持再就业再创业。为符合条件的被征地农民提供公共就业创业服务和优惠扶持政策。对有就业、创业和培训愿望的被征地农民，由区就业服务管理机构免费提供一次技能培训、一次创业培训和三次就业岗位推荐；若被征地农民通过个人直补方式参加中长期技能培训并实现就业的，按所缴培训费 80% 标准给予培训补贴。鼓励被征地农民自主创业，给予其在小额贷款、政策咨询、后续扶持等方面优先保障；对创业成功的农民，在办理工商营业执照正常经营 3 个月后给予每个项目 4 000 元补贴，正常营业 1 年后再给予 6 000 元补贴。第三，大力开展就业援助。鼓励社会职介机构优先推荐被征地农民就业，并对吸纳就业的企业发放相应的补贴。

五、农民个体响应：被征地农民的满意度有较大提升

（一）多元化的征地补偿制度提高了被征地农民的纵向经济获得感

纵向经济获得感是指征地前后农民经济获得感的变化，这种纵向经济获得感的提高主要来自两个方面：一是逐渐完善的土地征收补偿动态调整机制使得被征地农民的土地补偿金逐年提高，其至部分地区已经突破农地一年产量 30 倍的上限。例如，浙江省杭州市 2002 年的补偿标准是菜地、园地、水田按照年产值倍数的方式一次性补偿约 15 万元/亩，林地的补偿标准是 9 万元/亩，并提供 3 万元/人的安置补助费。随着杭州市城市土地价值的不断显现，2009 年杭州市区采用了片区综合价格作为补偿标准，按照各片区的经济发展和地理区位将土地划分为 4 个等级，并依据开发性安置和货币化安置给予不同的补偿标准，林地和安置补助费相较于 2002 年分别提高了 22% 和

50%，总体上看即使第四等级土地的货币化补偿标准也比 2002 年高 1.5 万元/亩。随着杭州市房价、物价的持续上涨，原先的征收补偿价格，尤其是安置补偿，已经逐渐不能满足被征地农民的现实需求，因此 2014 年杭州建立了货币补偿的动态调整机制，所有区片的区片综合价上涨 1 万元/亩，安置补助费从原先的 4.5 万元/人上涨到 4.8 万元/人[①]。二是强化多元化的社会保障，保障了被征地的农民在失地后的医疗、教育、养老等方面的基本权利，基本实现了被征地农民老有所养、病有所医和教有所学。

（二）相较于未征地农民，被征地农民的收入和福利显著提升

2011 年吴次芳研究团队在全国的东中西部进行了大范围的调研，结果显示，被征地农户的年收入和生活水平总体高于未被征地农户。例如，2010 年，被征地农民的收入中，除了就业工资、投资收益、房租等，还有政府各项补助，使得被征地农民户均收入达 3.804 5 万元，而未被征地农民户均收入为 3.422 9 万元，被征地农户比未被征地农民年收入高出 11.15%。汪险生和郭忠兴也通过 2014 年中国家庭追踪调查数据证明了征地能够提高被征地农民的收入[②]。汪险生等进一步研究发现，征地改善了农户整体福利，尤其以中等收入/消费组农户的收入/消费提升得最为显著[③]。

（三）农民对征地程序的满意度有所提升

相较于改革以前的"两公告一登记"的征地程序，改革后各试点的征地程序遵循"民主、法治、公平、公开、效率"五大原则。在征收前，充分听取被征地村委会、被征地农民和行业专家的意见，并进行社会稳定风险评估，将形成的风险评估报告作为政府是否征收土地的重要参考依据；在征收中，与被征地村委会、被征地农民协商补偿安置标准和土地征收协议，并以公告的形式告知，同时与被征地村委会、被征地农民签订土地征收协议；在征收后，建立矛盾协调处理机制和后续监管程序。陈浩和葛亚赛对长三角地区 858

---

① 浙江省土地勘测规划院，浙江大学土地与国家发展研究院.农村土地制度改革：浙江故事 [M].北京：科学出版社，2018：93-95.

② 汪险生，郭忠兴.被征地农民的收入下降了吗？：来自 CFPS 数据的证据 [J].农业技术经济，2017（6）：14-27.

③ 汪险生，郭忠兴，李宁.土地征收对农户就业及福利的影响：基于 CHIP 数据的实证分析 [J].公共管理学报，2019，16（1）：153-168.

户被征地农民数据的研究结果表明，征地程序的完善，尤其是将农民纳入征地补偿方案决策的过程，对农民关于征地满意的提升具有显著影响[1]。刘向南等以及齐睿等分别证明了征地过程中程序性权利得到保障以及过程规范、结果公开、地点合理的听证会可以提高被征地农民的满意度[2]。

综上所述，征地制度的改革逐步完善了征地补偿制度、规范了征地程序，这使得被征地农民获得感、满足感以及福利得到了提升，同时也解决了被征地农民的后顾之忧，基本实现了"老有所依"。尽管获得感、满足感以及福利的提升使得农民逐渐接受和支持土地征收，但是由于经济发展水平和土地价值的不同，沿海城乡接合部的农民大多更盼望征地拆迁。赵晶晶等研究发现，东部和中部地区的被征地农民的经济获得感高于西部地区，这也佐证了沿海城乡接合部的农民大多更盼望征地拆迁这一观点[3]。不可否认的是，在不少地方土地征收补偿标准较低，补偿制度不完善，是被征地农民不满意的重要原因。

六、中央制度决策：将成功的实践经验上升为正式制度

通过对 33 个试点县（市、区）4 年探索经验的提炼与总结，2019 年 8 月，我国通过了新一轮《中华人民共和国土地管理法》修正案，完成了中央决策的法制转化，解决了近年来由于土地征收制度不完善引发的社会矛盾积累较多的问题。中央对征地制度作出三项重要改革：一是首次明确地界定了土地征收的公共利益范围。过去，虽然我国宪法规定，政府动用征地权应基于公共利益。但由于没有明确公益性征地的范围，使得对各类征地项目到底是否属于公益性质无法进行清晰的界定，再加之集体建设用地不能直接进入

---

[1] 陈浩，萬亚赛.征地满意度、非农就业与失地农民市民化程度探析［J］.西北农林科技大学学报（社会科学版），2015，15（1）：65-71；齐睿，郭明晶，周涛.被征地农民征地听证会满意度影响因素研究［J］.中国土地科学，2017，31（6）：13-20.

[2] 刘向南，吕图，严思齐.征地过程中程序性权利保障与农民满意度研究：基于辽宁省6市30村的调研［J］.中国土地科学，2016，30（5）：21-28.

[3] 赵晶晶，李放，李力，等.被征地农民的经济获得感提升了吗？［J］.中国农村观察，2020（5）：93-107.

市场交易，因而政府通过征地的形式在二级市场上出让土地就成了唯一的土地供给方式，其直接后果就是有时地方政府的征地行为并不是出于公共利益的目的，而是想要依靠土地获得财政收入。因此，不断扩大的征地范围和规模，严重损害了农民的土地财产权。新《中华人民共和国土地管理法》采用列举的方式，严格区分了公益性和非公益征地范围，使宪法中"公共利益"的设定不再形同虚设①。二是明确了征收补偿的基本原则是保障被征地农民原有生活水平不降低、长远生计有保障。旧法未将土地市场价值和农民长远生计问题纳入征地补偿标准的计算，导致补偿标准偏低。新《中华人民共和国土地管理法》改变了这一做法，将保障被征地农民原有生活水平不降低、长远生计有保障的补偿原则上升为法律，并规定征地补偿的计算基准不再是原始用途土地的年产值，而是要将土地产值、土地市场价值甚至地区城镇居民的生活水平纳入征地补偿的计算范围，形成区片综合地价，政府征地补偿标准以区片综合地价为依据。三是规范了土地征收程序。首先，新《中华人民共和国土地管理法》将原来"两公告一登记"修改为"调查、评估、公告、听证、登记和协议"，对被征地权利人拥有的土地、青苗和地上附着物进行调查登记，同时启动征地前社会稳定风险评估。其次，征地补偿安置方案要至少公告30天。如果对补偿标准有异议，权利人有权提出听证申请，政府应召开听证会充分听取村集体意见、村民意见、专家意见，并修改完善相应标准。最后，政府必须与拟征收土地的所有权人、使用权人就补偿安置等签订协议，方可实施征地。总之，本轮征地制度的三项重大改革，其实质是对地方政府的"限权"，尽管实施效果还有待时间检验，但这是中央为保护农民的农地权益努力达成的重大进步。

---

① 2019年《土地管理法》增加第四十五条规定，因军事和外交需要、由政府组织实施的基础设施、公共事业和扶贫搬迁、保障性安居工程建设需要以及成片开发建设，确须征收的，可以依法实施征收。

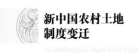

第四节 宅基地管理制度改革：中央—地方—农民的互动创新过程

本节通过引入中央—地方—农民的互动行为，对"宅基地管理制度改革"的制度创新过程进行了分析。在这个过程中重点观察了中央的科学决策，地方的创新性实施和农民个体的响应对制度创新的积极作用。

一、农民制度需求：宅基地管理制度远远不能满足实际生活要求

（一）当前宅基地管理制度的封闭性特征

当前的宅基地管理制度具有封闭性特征，表现在宅基地的转让权和收益权都受到了极大限制。在转让权方面，依据《中华人民共和国土地管理法》的相关规定，宅基地使用权不得单独转让或出租。另外，根据国务院、国土资源部和建设部等出台的一系列政策性法规，禁止宅基地及其地上附属物被转让给本集体经济组织成员以外的人，包括城镇居民。在收益权方面，既然宅基地使用权禁止对外转让，那么相应的财产价值毫无疑问是不被法律所承认的。另外，《中华人民共和国担保法》第三十七条第二项规定，宅基地使用权禁止抵押，因此宅基地的抵押权也是被法律禁止的。由此可见，当前的宅基地管理制度仅仅满足农村居民对宅基地的自住需求，具有程度较高的封闭性特征。这种具有封闭性特征的产权设计，最早是出于对宅基地保障功能的实现，保障农民住有所居，不会因决策失误或者其他原因而导致其流离失所，既可以有效避免工商资本进入农村宅基地市场，也能使进城失败的农民可以返乡生活。正如贺雪峰所指出的那样，农民的返乡退路是中国社会的稳定器，极大地提高了中国在高速发展中对经济周期和各种危机的应对能力[①]。但是，随着工业化和城市化的发展，特别在沿海发达地区的村庄，大多数农民工逐

---

① 贺雪峰. 论土地资源与土地价值：当前土地制度改革的几个重大问题 [J]. 国家行政学院学报，2015（3）：31-38.

步在城市安居乐业，融入城市生活，宅基地的保障功能也逐渐丧失其应用环境。然而，宅基地作为一种非常重要且稀缺的土地资源，却日益显示出其独特的市场价值，有利于带动农村经济发展，也有利于减轻城市的住房压力。因此，在现实经济实践中，突破宅基地管理制度的隐形流转行为已大量存在，封闭式的宅基地管理制度在发达地区和大城市近郊屡屡被突破，表现出对经济实践较高程度的不适应性。

（二）封闭性的宅基地管理制度无法满足实际流转需求

长期以来，我国对宅基地的出让、转让或出租有着较为严格的限制，例如相关法律法规规定：宅基地的转让仅限于本"农民集体"之内，转让给本"农民集体"之外的农民也是禁止的[①]。然而，在城镇化推进过程中，随着大量农民外出务工，有的甚至举家外出或已在城镇定居，大量农村宅基地随之闲置下来。据统计，中国农村宅基地的平均闲置率为15%，而在沿海发达地区，例如浙江、江苏、福建等部分农村甚至高达60%[②]。同时，中国经济的快速发展对土地和住宅的需求快速增加，导致转让或出租土地和住宅的价格快速上涨。尤其是在城乡接合部，大量外来务工人员对住房的客观需求与宅基地的身份限制之间的矛盾，导致农民有通过"迂回手段"买卖或出租宅基地，将闲置的固定资产转变成现金收入的需求。在法律法规限制宅基地流转和经济社会发展客观需求的矛盾下，在农村农民自发催生形成了宅基地隐形流转市场。在深圳的"城中村"或者城郊，农民甚至在宅基地上建起了十几层的高楼出租。调查显示，在北京、上海等发达地区农村宅基地私自向外流转的比例超过40%，甚至在上海市城南村有80%左右的宅基地被出售给外地人，湖北省的荆州市有接近三成的宅基地被出租或转让。即使在我国最南端的三亚市，近郊农村也有超过85%的房屋出租率，而城乡接合部则有超过两成的

---

① 还例如国务院办公厅出台的《关于加强土地转让管理严禁炒卖土地的通知》第二条规定："农民的住宅不得向城市居民出售，也不得批准城市居民占用农民集体土地建住宅"。

② 宋志红. 中国农村土地制度改革：思路、难点与制度建设 [M]. 北京：中国人民大学出版社，2017：282.

房屋出租率[①]。总之，现有的宅基地管理制度并不能满足经济快速发展情况下对土地的需求，同时土地和房价的上涨也引起了农民对诱人经济利益的追逐。宅基地隐形流转市场的形成就是为了规避法律的限制和风险而增加财产性收入。

（三）封闭性的宅基地管理制度无法满足农户的财产需求

财产性收入是个人工资之外的收入，即个人通过无形资产、有形资产获得的收入。农民的财产性收入包括银行存款的利息收入、红利收入、土地或房屋的出租收入、流转土地的收入等。由表 7.5 可知，虽然从 2013—2019 年农民居民财产性收入的年均增长率为 11.6%，但是从财产性收入占可支配收入的比重来看，农村居民财产性收入的基数还是偏低。2013—2019 年财产性收入占可支配收入的平均比重为 2.22%，其中最高为 2019 年的 2.35%，最低为 2013 年 2.07%，占比均没有超过 2.5%。以农村居民财产净收入最高和次高的北京、上海为例，2013 年北京和上海农村居民财产净收入分别为 2 023元、1 587 元，占可支配收入的比重分别为 11.03%、8.26%[②]。由表 7.5 可知，2013—2019 年工资性收入、经营净收入、财产净收入、转移净收入对农村居民可支配收入增长的平均贡献率分别为 44.31%、27.80%、2.72%、25.15%，工资性收入的贡献率是财产净收入贡献率的 16.3 倍。由此可见，财产净收入是农民可支配收入中急需提高的部分。

表 7.5　全国农村居民人均可支配收入的构成

收入类型	年份						
	2019	2018	2017	2016	2015	2014	2013
可支配收入/元	16 021	14 617	13 432	12 363	11 422	10 489	9 430
工资性收入/元	6 583	5 996	5 498	5 022	4 600	4 152	3 653

---

① 中央党校地厅级班（第 52 期）农村改革发展支部第三课题小组，等. 因地制宜推进农村宅基地流转 [J]. 农业经济研究, 2009 (12)：5-9.

② 刘志昌，夏侠. 城市化进程多渠道增加农民财产性收入的比较研究 [J]. 社会主义研究, 2015 (2)：100-106.

表7.5(续)

收入类型	年份						
	2019	2018	2017	2016	2015	2014	2013
经营净收入/元	5 762	5 358	5 028	4 741	4 504	4 237	3 935
财产净收入/元	377	342	303	272	252	222	195
转移净收入/元	3 298	2 920	2 603	2 328	2 066	1 877	1 648
财产净收入占可支配收入的比重/%	2.35	2.34	2.26	2.20	2.21	2.12	2.07
工资性收入的贡献率/%	41.81	42.03	44.53	44.85	48.02	47.12	41.81
经营净收入的贡献率/%	28.77	27.85	26.85	25.19	28.62	28.52	28.77
财产净收入的贡献率/%	2.49	3.29	2.9	2.13	3.22	2.55	2.49
转移净收入的贡献率/%	26.92	26.75	25.72	27.84	20.26	21.62	26.92

注：从2013年起，国家统计局开展了城乡一体化住户收支与生活状况调查，2013年及以后数据来源于此项调查。与2013年前的分城镇和农村住户调查的调查范围、调查方法、指标口径有所不同。

资料来源：国家统计局网站。

从财产性收入的结构来看，以农村居民财产净收入最高的北京市为例，如图7.1所示，在2011年以前财产性收入主要由转让承包土地经营权收入、土地征用补偿、租金、集体分配股息和红利、利息构成，占比超过80%；2011年之后财产性收入主要由转让承包土地经营权收入、租金和集体分配股息和红利三部分构成，占比超过95%。其中，租金一直是财产性收入中的主要部分。由此可见，与土地以及土地之上附着物相关的流转或租赁收入是财产性收入的主要部分，只有增加与土地相关的财产性收入才能提高总财产性收入。但是从全国层面来看，土地流转所带来的收益占比依然很低，宅基地等土地资产的财产功能基本上没有发挥任何作用，也体现不出任何其他价值。这主要是因为宅基地管理制度限制了农民对宅基地的处置权。总之，当前宅基地管理制度下，农民的宅基地除了自用，基本上发挥不了其他的价值，无法流转、无法抵押。

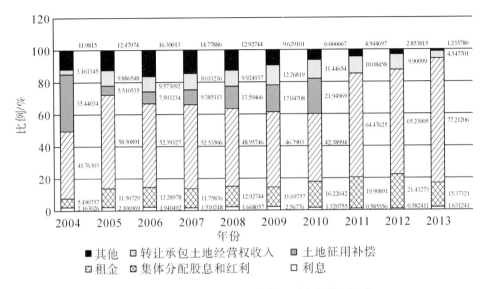

图 7.1　2004—2013 年北京市农民财产性收入构成

资料来源：刘志昌，夏侠.城市化进程中多渠道增加农民财产性收入的比较研究［J］.社会主义研究，2015（2）：100-106.

二、地方先行先试：城乡建设用地增减挂钩

（一）早期的地方实践

在法律严格限制宅基地对外流转的条件下，地方政府最早变通地探索盘活宅基地的一种方法是城乡建设用地增减挂钩。这样就可以通过村庄整治或农民集中居住的办法，复垦原本分布零散的宅基地使其变为耕地，从而获得城镇建设用地新增指标。例如，早在 2000 年，浙江省就将整理复垦农民宅基地而增加的有效耕地面积，按照 72% 的比例折抵为新增建设用地指标①。浙江省属于东部沿海发达地区，特殊的区位和发达的民营经济催生出较高的用地需求。尽管法律并不允许，但在现实中，乡村社会中已大量出现农户的自发退出行为以满足市场用地需求，农户在脱离农村举家搬迁后，将原来村里的

———————

① 沈国明，关涛，谭荣，等.农村土地制度改革：浙江故事［M］.北京：科学出版社，2018：131.

宅基地卖给本村或者外来农民，或者通过村民自治的方式，进行宅基地整理，再引入市场机制进行宅基地区位有偿竞价，实现农村整理上的收支平衡。同时，地方政府也面临土地用途管制下的建设用地指标紧张，在 2000 年中央鼓励各地进行小城镇建设的背景下，浙江省创造性地引入市场机制，通过构建折抵、复垦指标有偿调剂等政策，整理农村居民点引导村民集中居住，腾退闲置、低效的宅基地来获得建设指标，以满足快速增长的城镇建设用地需求①。这一类似的做法在其他一些地方也存在，实质上就是城乡建设用地增减挂钩的雏形。

2004—2005 年，中央回应地方诱致性需求，正式推进城乡建设用地增减挂钩改革试点工作②。这一改革政策推出后，得到了地方政府的积极响应，再加上第一批试点地方的示范效应，各地相继效仿，一些并没有被列入试点范围的地、市、县，也开始开展各种不同形式的增减挂钩。例如，天津的"以宅基地换房建设示范小城镇"、成都和重庆的"地票交易"、成都的"拆院并院"、嘉兴的"两分两换"、江苏的"万顷良田"等。此外，还有其他各种以"新村建设""新民居建设""城乡统筹""城乡发展一体化"等名义推进的"撤村并居"和"农民上楼"活动。虽然全国各地对土地增减挂钩的叫法各有不同，但其实质其实是一样的，都是将城镇建设用地增加与农村建设用地减少相挂钩③。其中，成都和重庆的"地票交易"以城乡建设用地增减挂钩政策为基础在市场化方向上更进一步。除了将宅基地复垦为耕地外，河南周口创造性地将坟地平整为耕地来增加耕地面积，从而增加城镇建设用地。

① 沈国明，关涛，谭荣，等. 农村土地制度改革：浙江故事 [M]. 北京：科学出版社，2018：131-139.

② 2004 年国务院出台了《关于深化改革严格土地管理的决定》，该决定提出："鼓励农村建设用地整理，城镇建设用地增加要与农村建设用地减少相挂钩。"这是有关城乡建设用地增减挂钩政策最早的规定。依据这一规定，国土资源部于 2005 年出台《关于规范城镇建设用地增加与农村建设用地减少相挂钩试点工作的意见》并选取天津、浙江、江苏、安徽、山东五省（市）作为第一批试点。

③ 政府通过将农民从农村迁到城镇集中居住，同时将迁出农民的宅基地等复垦为耕地，从而获得与复垦新增耕地等量的新增城镇建设用地指标，政府再依据此指标在城市周边征收等量耕地用于城市建设。

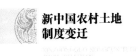

（二）存在的主要问题

中央制定"增减挂钩"政策的初衷是解决城镇建设用地紧张与农村建设用地闲置之间的矛盾，并通过土地整理复垦、农民集中居住等举措，在不减少农村耕地的同时增加城镇建设用地指标，并使得村镇布局更合理、耕地更集中，解决乡村空心化问题，为原本高度分散的留守人口提供更高水平的社会公共服务。政策的初衷是很好的，在政府垄断的土地转让体系下，首先从"项目区联动整理和指标的腾挪"的小切口打开城乡建设用地要素自由流动的局面，既有利于迅速适应经济实践的需求，也有利于稳健从容地推进土地制度的系统性改革。但即使具有良好初衷的政策，也可能被一些地方政府激进实施导致政策偏差。由于国土资源部下达计划指标的有限性和稀缺性，地方政府普遍有通过增减挂钩创造计划外指标，从而获得土地财富的冲动。因此，该项政策虽然有一些成功的典型案例，但一些地方政府的"宅基地换房""农民上楼""承包地流转"等举措也备受批判，甚至引发了一些激烈的社会矛盾。

（1）一些地方政府将"土地增减挂钩"片面理解为通过在城乡转换建设用地指标，并将该指标在市场上进行交易以获得巨额的土地财富。为获取建设用地指标，地方政府倾向于过度推动"土地增减挂钩"，这也导致地方政府主导了农民集中居住和"拆村并居"，而缺乏农民的民主参与。当然，这一过程也实现了农村集中居住点基础设施与公共服务水平的提升，对农民生活水平和质量确实有很大的提升。但是有的地区搞集中居住却对农民的生产和生活带来了较大的困扰：一是原本农民的居住地离自己的耕地较近，且居住面积较大，可以存放农业生产器具和资料；但是集中居住以后农民被安排住进了楼房，居住地不仅离自留地较远，而且居住面积也变小了，生产资料无处安置。以成都为例，集中居住以后，政府规定自建房平均为$30m^2$/人，统建房平均为$35m^2$/人，这致使人均住房面积$35m^2$及以下的占比由集中居住前的21%上升到集中居住后的86.8%[①]。这极大影响了农民的农业生产效率。二是

---

① 蒋和胜，费翔，唐虹. 不同经济发展水平下集中居住前后农民的福利变化：基于成都市不同圈层的比较分析 [J]. 经济理论与经济管理，2016（4）：87-99.

相较于集中居住前农民的生活成本提升了。集中居住前可以自给自足的粮食、蔬菜等食品现在必须购买，增加了农民的消费支出。与此同时，在小区居住还要交水电费、物管费等，这些都大大提高了农民的生活成本。以江苏省为例，农民户均日常生活支出从 1.161 7 万元/年增加到 1.570 6 万元/年，增加了 4 000 元左右，增幅达 35%以上[①]。

（2）由于村庄整治及建设新型农村社区需要大量资金，因此当村庄整治的收益小于成本时，政府不得不让农民自己掏钱买房，增加了农民的负担。例如，河南省濮阳市宅基地整治成本为 357.01 亿元，整治潜力价值为 359.79 亿元，政府财政的实际净收益仅为 2.78 亿元[②]。但是，一般投资数亿元才能建成一个容纳 5 000 人口规模的新型农村社区[③]，而河南省濮阳市宅基地整治涉及 227.14 万人[④]，2.78 亿的净收益一定覆盖不了上百万人的新型农村社区建设。

（3）在北方平原地区为了获得计划之外的建设用地指标，一些地方政府将原本居住就比较集中的农村的宅基地复垦来新增耕地，同时，强迫农民"上楼"、暴力拆迁等行为，致使民怨沸腾[⑤]，完全违背了"土地增减挂钩"的初衷。

三、中央启动改革：部署宅基地管理制度的试点改革

为了回应以上社会制度需求，党的十八届三中全会明确提出，要"保障农户宅基地用益物权，改革完善农村宅基地制度，选择若干试点，慎重稳妥

---

① 郑风田，傅晋.农民集中居住：现状、问题与对策［J］.农业经济问题，2007（9）：4-7，110.

② 王玮，陈英，张仁陟.农村宅基地整治潜力和整治成本测算方法：以河南省濮阳市为例［J］.地域研究与开发，2017，36（4）：125-129.

③ 宋志红.中国农村土地制度改革研究：思路、难点与制度建设［J］.北京：中国人民大学出版社，2017：289.

④ 王玮，陈英，张仁陟.农村宅基地整治潜力和整治成本测算方法：以河南省濮阳市为例［J］.地域研究与开发，2017（4）：125-129.

⑤ 宋志红.中国农村土地制度改革研究：思路、难点与制度建设［J］.北京：中国人民大学出版社，2017：289.

推进农民住房财产权抵押、担保、转让，探索农民增加财产性收入渠道。"很
显然，要落实以上改革任务，为社会提供有效的制度供给，并非直接修改政
策规定或法律条文那样简单。根据本书的分析框架可知，若要使制度变革取
得成功，必须要使达到临界规模的利益相关者共同修改主观认知，或者说必
须要经历凝聚共识的过程，否则顶层精心设计的制度可能面临超过制度收益
的实施成本。凝聚共识最有力的方式是"实践出真知"，然而实践也并不是没
有方向、底线和目标的，中央必须平衡实践的统一性和多样性才能确保取得
改革的合力，否则可能导致社会总体效用的下降。因此，中央制度创新经历
了三个步骤。

（1）启动新政策可行集，确保改革的统一性，以快速收敛预期形成改革
合力。具体来说，启用新的（或扩大的）政策可行集，给出明确支持和明令
禁止的行为边界，并留出一定的灰色地带，给予地区发挥多样性的创新性空
间。边界、底线、方向的存在可以帮助地方政府快速收敛预期形成改革合力。
例如，2014 年，中央出台了相关文件对改革方向、改革底线以及改革任务等
内容进行了部署。第一，指明了要坚持社会主义市场经济的改革方向。第二，
明确地划定了农村土地制度改革的三条底线[1]。第三，强调了始终把实现好、
维护好、发展好农民土地权益作为改革的出发点和落脚点。第四，强调了改
革的方法是要坚持循序渐进和注重改革协调，综合各方关切，凝聚社会共识，
寻求最大公约数，既审慎推进，也大胆探索。第五，布置了改革任务，指出
要解决农户宅基地取得困难、利用粗放、退出不畅等问题。探索完善宅基地
权益保障和取得方式、宅基地有偿使用制度、宅基地自愿有偿退出机制以及
宅基地管理制度。

（2）依法设立地方试点，力图发现新的决策以确保政策的有效性和多样
性。改革本质是对原有法律的突破，是破旧立新的过程，因此中央若不依法
授权调整法律实施，那么地方政府搜寻、发现、试验新的有效决策的实践可

---

[1] 农村土地制度改革的三条底线为"公有性质不改变""耕地红线不突破""农民利益不受损"。

能走入地下或流于形式。因此，依法设立试点授权调整法律实施，有利于在控制风险的前提下，激励试点地区大胆探索。得到授权的各试点地区应力图发现新的决策机会，并产生大量创新决策相互竞争，如果某一创新决策被实践证明是成功的，进而引发其他地区竞相模仿，使创新决策扩散到临界规模的程度，制度变革的共识就达成了。关于这一点，在此次改革中，全国人大常委会在 2015 年授权国务院在 33 个试点县（市、区），突破《中华人民共和国土地管理法》中的相关法律条款进行试点。暂时调整实施的条款有：第四十四条第三款、第四款、第六十二条第三款①。在 33 个试点县中，最早进行宅基地管理制度改革试点的有 15 个县市。考虑到一个试点地区只开展一项试点任务不容易形成改革合力，不利于系统总结制度性成果，会对深化改革形成一定的制约，2016 年 9 月 12 日，中央改革办批准征地制度改革试点的范围推广到 33 个试点县（市、区）。试点工作经由两次延期调整，于 2019 年 12 月 31 日结束。

（3）制定试点实施细则，加强组织领导力量，以确保改革的系统性和协调性。土地制度的改革往往牵一发而动全身，涉及多个领域、多个部门、多个环节协调配合、协同推进，因此，加强组织领导是土地制度试点试验工作顺利完成的保障。关于这一点，在此次改革中可以观察到中央的决策做法有：由国土资源部牵头，会同相关部门建立共同推进试点的工作机制，统筹协调和指导试点各项工作。

---

① 1998 年修订的《中华人民共和国土地管理法》暂时调整实施的条款为第四十四条第三款、第四款和第六十二条第三款。第四十四条第三款、第四款规定："在土地利用总体规划确定的城市和村庄、集镇建设用地规模范围内，为实施该规划而将农用地转为建设用地的，按土地利用年度计划分批次由原批准土地利用总体规划的机关批准。在已批准的农用地转用范围内，具体建设项目用地可以由市、县人民政府批准。""本条第二款、第三款规定以外的建设项目占用土地，涉及农用地转为建设用地的，由省、自治区、直辖市人民政府批准。"第六十二条第三款："农村农民住宅用地，经乡（镇）人民政府审核，由县级人民政府批准；其中，涉及占用农用地的，依照本法第四十四条的规定办理审批手续。"

四、地方试点试验：深化宅基地管理制度改革的实践经验

（一）浙江省义乌市

义乌市按照中央的改革要求，从以下三个方面对宅基地制度进行了改革创新[①]：

1. 完善宅基地权益保障方式

①对宅基地取得方式的探索：为了确保"户有所居"、落实"一户一宅"，义乌市制定了《义乌市农村宅基地取得置换暂行办法》，将村庄划分为在城镇规划红线范围内和范围外两类，并针对不同类型的村庄采取不同的取得或安置方式。针对在城镇规划红线范围内的村庄，农民以合法住宅面积确定置换权益面积，置换权益面积可以是高层公寓、产业用房、商业用房和商务楼宇等[②]。同时，义乌市允许农民在政府成立的农村产权交易所内自由交易宅基地面积置换权益。针对在城镇规划红线范围外的村庄：政府按照"零征地"模式实行"空心村"改造。以赤岸镇黄路村为例，该村将建筑质量老化的危旧房统一拆除，拆旧区占地面积6 630平方米；采取统一改造统一安置的思路，另择新地建设新区，集约的1 962平方米就可以作为城市建设用地指标。②对农民住房财产权抵押制度的探索：义乌试点启动后，区域内金融机构可以向农民提供以住房财产权为抵押的贷款，截至2016年12月底，义乌市25家金融机构累计发放贷款5 605万元[③]。

2. 探索宅基地有偿退出机制

义乌市提供了两种宅基地退出模式：一种是政府主导下的宅基地退出。

① 沈国民，关涛，蒋明利，等.浙江义乌市农村宅基地取得与置换方式探索［M］// 高延利，李宪文，唐健，等.中国土地政策研究报告.北京：社会科学文献出版社，2017：134-143.

② 叶剑锋，吴宇哲.宅基地制度改革的风险与规避：义乌市"三权分置"的实践［J］.浙江工商大学学报，2018（6）：88-99.

③ 中华人民共和国国家发展和改革委员会.义乌市改革完善农村宅基地制度的做法及成效［ER/OL］.（2016-10-13）［2023-11-24］. https://www.ndrc.gov.cn/xwdt/ztzl/xxczhjs/dfdt/201610/t20161013_972456_ext.html.

政府将通过三种不同安置模式退出宅基地复垦①，并折算成"集地券"。"集地券"是建设用地指标，其属于农民个人，农民可以通过平台进行交易或向金融机构抵押融资，也可以将其以40万元/亩的价格出售给政府。另一种是村级集体经济组织主导下的宅基地退出。集体经济组织成员可以选择参加集中安置项目，也可以选择获得退出补偿。退出补偿的单位价格以宅基地基准地价为基础通过协商确定；在此基础之上，政府额外给予每平方米1 200元的补助②。

3. 探索宅基地有偿使用机制

义乌市出台相关文件，鼓励在农村更新改造当中，采用宅基地有偿竞价选位。以赤岸镇黄路村为例，在建新区一个占地96平方米的标准地基平均价格3万元左右，即312.5元/平方米③。但一个地理环境优越、区位优势较高的地基最高价可达6 000元/平方米，即一个标准地基的价格可达57.6万元。赤岸镇黄路村仅依靠有偿选位就可以获得价款40万元。自宅基地有偿选位实施以来，义乌市村级经济组织累计收取选位费76亿元，选位费主要用于建新区基础设施建设④。

（二）云南省大理市

云南省大理市坚持宅基地制度改革与洱海流域综合整治相结合，在"户与宅认定、完善退出制度和权益保障方式、有偿使用"三个重点领域取得了新突破⑤。

---

① 义乌的安置模式包括城乡新社区集聚建设、"空心村"改造以及"异地奔小康"工程。

② 中华人民共和国国家发展和改革委员会. 义乌市改革完善农村宅基地制度的做法及成效［ER/OL］.（2016-10-13）［2023-11-24］. https://www.ndrc.gov.cn/xwdt/ztzl/xxczhjs/dfdt/201610/t20161013_972456_ext.html.

③ 沈国民, 关涛, 蒋明利, 等. 浙江义乌市农村宅基地取得与置换方式探索［M］// 高延利, 李宪文, 唐健, 等. 中国土地政策研究报告. 北京：社会科学文献出版社, 2017：139.

④ 中华人民共和国国家发展和改革委员会. 义乌市改革完善农村宅基地制度的做法及成效［ER/OL］.（2016-10-13）［2023-11-24］. https://www.ndrc.gov.cn/xwdt/ztzl/xxczhjs/dfdt/201610/t20161013_972456_ext.html.

⑤ 大理市农村土地制度改革三项试点工作调研课题组. 农村土地制度改革：大理试点的探索实践［M］. 北京：中国社会科学出版社, 2018：41-104.

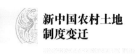

1. 明确"户""宅"认定标准

2019 年修订的《中华人民共和国土地管理法》规定一户农户只能拥有一处宅基地，但是，目前国家和地方均没有具体的"户"与"宅"认定标准。大理市在这方面做了一些探索，确定了"户"和"宅"的具体标准①。在此基础之上，明确了宅基地违规占用的 6 种情况，即一户多宅、未批先占、主体资格不符、少批多占、继承取得以及住房困难户，这为探索实施一户多宅、未批先占、主体资格不符等宅基地分类有偿使用和有偿退出奠定了基础。

2. 探索宅基地退出机制

在坚持"保障权益、农民受益、尊重民意、公平和谐、自愿和有偿相结合"的基本原则下，大理市探索了宅基地退出制度，首先明确了退出类型，包括一户一宅超出批准占用的面积、一户多宅部分或批新未退旧超出一户一宅标准的面积。其次，制定了有偿退出的措施：一是对居住面积不足且符合宅基地申请条件而自愿放弃，仍然在村内居住的，经与村集体签订永久性自愿放弃申请资格承诺书后，可从村集体资金中对不足的居住面积部分进行一次性补偿；二是对村内没有宅基地且符合申请条件而自愿放弃申请资格，准备进城居住的，经与村集体签订永久性自愿放弃申请资格承诺书后，可从村集体经济收益中获得一次性奖励；三是集体经济组织回购闲置宅基地价格由集体经济组织与宅基地使用权人协商确定，经协商达不成协议的，由集体经济组织召开成员大会或成员代表会议按照"民事主管、一事一议"的原则，依法处理。

3. 探索建立宅基地有偿使用机制

大理市制定了相关文件，规定宅基地使用面积应严格按照法律法规确定的标准执行，因历史原因违规占用宅基地的，在农村集体经济组织主导下，分门别类征收有偿使用费②。

---

① "户"是指具有本村组常住户口，取得本集体经济组织成员资格的自然户；"宅"是指能基本满足生产生活需求的宅基地，主要包括住房、厨房、圈房、天井等的宅院。

② 此处的文件为《大理市农村宅基地有偿使用指导意见（试行）》（2015）。参见：大理市农村土地制度改革三项试点工作调研课题组.农村土地制度改革：大力试点探索实践［M］.北京：中国社会科学出版社，2018：94.

（三）四川省泸县

四川省泸县按照中央改革要求，从以下三个方面对宅基地制度进行了改革创新[1]：

1. 对宅基地取得方式的创新

2019 年修订的《中华人民共和国土地管理法》虽明确规定"一户农户只能拥有一处宅基地"，但是，目前国家没有明确的"户"与"宅"的认定标准。这给地方政府核定农民宅基地使用面积带来了较大的不便。为此，泸县的创新做法是，以人头为单位来核定宅基地的使用面积，规定村民可以无偿取得 50 平方米/人的宅基地[2]，且宅基地面积会根据"生增死减"而动态调整。

2. 对宅基地有偿使用制度的创新

泸县建立了"法定无偿、跨区有偿、节约有奖"的宅基地有偿使用制度。一是法定无偿，即指在以人头确定的使用面积内不需要缴纳任何使用费，而超占的面积需要向村集体缴纳使用费用。例如，由一户多宅、未批先占、主体资格不符等导致的超占和违占宅基地，按城镇规划区内外不同标准收费。由分户引起的宅基地面积净增加部分[3]，农户以 20 元/平方米每年的标准支付有偿使用费[4]。二是跨区有偿，即是指农民可以跨村有偿取得法定面积内的合法宅基地。三是节约有奖，即指农户新建住宅，在法定面积内有节余的，集体经济组织给予 100 元/平方米的奖励。

3. 对宅基地有偿退出制度的创新

一是明确退出条件，规定已进城购房农户、扶贫搬迁困难户可自愿退出的宅基地。二是将退出的宅基地复垦，并折算为建设用地指标，该指标首先用于安置农民集中居住；村集体可以将结余指标用于本村基础设施等公共事

---

[1] 案例素材来源于作者的调研资料，包括《泸县农村宅基地使用和管理暂行办法》《泸县农村宅基地有偿退出管理暂行办法》《泸县农村宅基地有偿退出房屋拆迁补偿安置指导意见》《泸县农村宅基地有偿使用指导意见》等。

[2] 每人 50 平方米的宅基地包括人均 30 平方米的住宅、20 平方米的附属设施用地。

[3] 由分户引起的宅基地面积净增加部分，是指新分户农民申请的宅基地面积与以人头核定的法定面积之差。

[4] 刘守英，熊雪锋. 经济结构变革、村庄转型与宅基地制度变迁：四川省泸县宅基地制度改革案例研究 [J]. 中国农村经济，2018（6）：2-20.

业建设或入市流转；若结余指标未被竞买，县政府则以 12 万～14 万元/亩的价格回购。三是根据砖混结构、砖瓦、土墙房屋等不同类型的房屋类型给予拆除补偿、拆除残值补助以及房屋补偿。四是建立不同类别的农村宅基地退出保障机制。愿意在城镇购房，且承诺不再回村建房的农民，政府给予一次性货币补偿以及进城购房补助；在城镇规划区外自愿退出全部宅基地的农户，其可以采取统规统建、统规自建、统规联建等方式建设住宅，也可以在农村新型社区、农民公寓或农民小区购房。扶贫搬迁困难户由政府兜底，统规统建安置房集中无偿安置。

五、农民个体响应：获得农民的广泛支持

（一）多元化的组织模式提高了农民的参与度和退出意愿

当前我国各试点的宅基地退出的组织模式主要分为三类：一是政府主导型，即政府以项目推动的方式，进行集中连片的土地综合整治，大规模地推动农户甚至整个村集体进行宅基地退出；二是村民自组织主导型，即村集体自发地进行土地综合整治，推动宅基地退出，并将节约出来的建设用地用于经济发展或指标交易；三是市场主导型，即村集体与市场主体合作，进行联合开发。上述三种模式各有优缺点，因此大部分的试点通常都是采用政府、自组织和市场三个主导者中的两个甚至三个结合的模式。例如，浙江佛堂蟠龙花园项目就是采用政府、自组织和市场三者相结合的模式。在项目前期的宅基地退出阶段，村委会专门派相关工作人员深入农村做农户思想工作，予以耐心劝说，"老人会"资历较高的农民甚至也参与其中，他们凭借其在村中的威望与心存疑虑的农户交谈。在新社区集聚高层公寓建设过程中，政府发挥了主导作用。从开发商的选取，到高层公寓的选址，均由政府负责实施。新社区集聚小区建设完成之后，市场机制对宅基地权益置换指标交易、房屋出租出售、房屋抵押和商铺厂房出租等，发挥了主要作用[1]。宅基地退出的多

---

[1] 浙江省土地勘测规划院，浙江大学土地与国家发展研究院. 农村土地制度改革：浙江故事 [M]. 北京：科学出版社，2018：71.

元化组织模式不仅提高了村民的参与度,还允许农民可以以市场价格出售、出租宅基地权益置换指标,甚至对其进行抵押,赋予了农民充分的财产权。杨丽霞等研究发现,义乌市近郊村宅基地退出中农户的参与意愿较高,占比为64%①。

(二)宅基地有偿使用制度改革得到了村集体和农民的支持

宅基地有偿使用改革使得村集体能够收取有偿使用费,这明显增加了村集体的集体经济积累,解决了集体经费紧张问题,实现了农村的事"有人管、有钱办"的目标。例如,云南磻溪村仅2017年征收的宅基地有偿使用费用就高达137.4万元②;浙江新后傅村仅针对宅基地超占部分收取的有偿使用费就高达524万元③。宅基地有偿使用改革实现了村集体内部宅基地配置的公平公正。农村宅基地是村民作为集体经济组织成员所享受的一项福利。就社会公平角度而言,超占宅基地是对集体内部其他成员权益的侵占。因此,通过对少批多占、未批先占的宅基地使用权人征收有偿使用费,并将这笔费用反馈用于村集体经济组织成员的社会保障、村内基础设施建设、农田水利建设、公益事业、增加积累、集体福利等公共事务,能够较好地体现出宅基地这一集体公共资源配置的公平性、公正性。因此,宅基地有偿使用改革也得到了村民的大力支持。

但也有一小部分农民反对宅基地有偿退出。例如,有些农户担心集中居住会破坏了原来的人际关系网络,以及随意自由的生活状态,害怕不能融入城镇的文化环境;还有农户担心集中居住后,生活的小区离承包地的距离变远,并且小区住房面积相对减小而没有足够的空间来存放劳作工具,不方便耕种;也有些农户担心"百年"之后不能"落叶归根"。另外,韩文龙和刘璐指出,农民对宅基地的权属意识可能对有偿退出态度具有显著影响,表现

---

① 杨丽霞.基于供给侧改革的农户宅基地退出意愿及福利变化分析:以浙江省义乌市为例[J].中国土地科学,2018,38(1):37-43.

② 大理市农村土地制度改革三项试点工作调研课题组.农村土地制度改革:大理试点的探索实践[M].北京:中国社会科学出版社,2018:102.

③ 浙江省土地勘测规划院,浙江大学土地与国家发展研究院.农村土地制度改革:浙江故事[M].北京:科学出版社,2018:73.

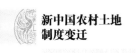
为权属意识越强，越不愿有偿退出[①]。

六、中央制度决策：将成功的实践经验上升为正式制度

作为对 33 个试点县（市、区）4 年探索成熟经验的提炼与总结，2019 年 8 月，我国通过了新一轮《中华人民共和国土地管理法》修正案，完成中央决策的法制转化，解决了近年来宅基地难取得、使用和退出制度不完整、用益物权难落实等问题。中央对宅基地制度的创新主要包括以下三个方面。一是完善了宅基地取得方式。在原来一户一宅的基础上，增加户有所居的规定，明确了人均土地少、不能保障一户拥有一处宅基地的地区，在充分尊重农民意愿的基础上可以采取措施保障农村村民实现户有所居。这是对一户一宅制度的重大补充和完善。二是允许农户有偿退出宅基地。考虑到农民变成城市居民真正完成城市化是一个漫长的历史过程，新《中华人民共和国土地管理法》规定，国家允许进程落户的农村村民自愿有偿退出宅基地，这一规定意味着地方政府不得违背农民意愿强迫农民退出宅基地。三是完善了相关管理制度。例如新《中华人民共和国土地管理法》下放了宅基地审批权限，明确了农村村民住宅建设由乡镇人民政府审批。

本章小结

"三块地"试点改革以来，国家以极大的政治决心和政治勇气继续赋权于农民，努力破除城乡二元结构，推动城乡融合发展，探索农村土地增值收益在中央、地方与农民之间的合理分配机制，力图形成"地利共享"的分配格

---

① 韩文龙，刘璐. 权属意识、资源禀赋与宅基地退出意愿 [J]. 农业经济问题，2020 (3)：31-39.

局。例如，国家拓展了农村集体经营性建设用地使用权权能，使农民获得了更多土地转让收益；政府征地以区片综合地价取代原来的年产值倍数法，提高了对农民的补偿标准；通过调节金或税收对土地转让（使用权交易）收益进行调节等。本章讨论的重点是"地利共享"的"三块地"改革是如何形成的，并通过对改革历程的回顾，把中央—地方—农民的互动行为引入"三块地"改革的制度创新过程。本章共分为四部分：

第一部分，本章分析了"地利共享"的"三块地"改革的原因。一是因为我国破除城乡二元结构进入攻坚克难阶段，"我国发展最大的不平衡依然是城乡发展不平衡，最大的不充分依然是农村发展不充分"，要想在实质上突破城乡二元结构，就要明晰"土地转让"的产权界定，触及更深层次的利益格局调整。二是因为地方政府"以地谋发展"模式不可持续。"三块地"改革的第一大阻力来自地方政府，但随着近年来城镇化率越来越高，以地谋发展模式的地方政府收益正面临边际递减，尤其是东部沿海发达地区，已频频遭遇困境。三是数量庞大的农村土地隐形交易倒逼改革。

第二部分，本章探讨了集体经营性建设用地入市改革中，中央—地方—农民的互动创新过程。①农民制度需求涌现：经济变化要求加快资源转让，而现行法律远远不能满足农村经济实践要求。②地方政府早期探索：一些地方政府很早就意识到了这一问题，率先开始对集体建设用地流转进行改革探索。③中央回应改革需求：党的十八届三中全会决定提出"在符合规划和用途管制前提下，允许农村集体经营性建设用地出让、租赁、入股，实行与国有土地同等入市、同权同价。"2014 年年底，中央出台相关文件正式布置集体经营性建设用地入市的改革任务①。④授权地方试点试验：2015 年 2 月中央正式授权北京市大兴区等 33 个试点行政区域推进农村"三块地"改革试点。本书观察并总结了四川省郫都区、贵州省湄潭县和浙江省德清县三个试点的改革实践经验。⑤农民的制度响应：集体经营性建设用地入市受到农村集体经济组织

---

① 该文件为中共中央办公厅、国务院办公厅《关于农村土地征收、集体经营性建设用地入市、宅基地制度改革试点工作的意见》（2014 年）。参见：全国人民代表大会常务委员会办公厅. 中华人民共和国第十三届全国人民代表大会第二次会议文件汇编［M］. 北京：人民出版社，2019：59.

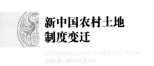

和广大农民的广泛欢迎。⑥上升为正式制度：作为对改革试点成熟经验的提炼总结，2019年，我国通过了新《中华人民共和国土地管理法》修正案。新法允许集体经营性建设用地通过出让、出租等方式对外流转，为城乡融合发展扫清了制度性障碍。

第三部分，本章探讨了农村土地征地制度改革中，中央—地方—农民的互动创新过程。①农民制度需求涌现：农民对征地制度更加公平的迫切需求。②地方政府早期探索：针对以上社会制度需求，国土资源部早在1999—2002年，就开始组织专门力量着手研究征地制度改革问题，启动了两批试点城市进行征地制度改革，鼓励地方政府从提高征地补偿、改进征地程序、缩小征地范围三个方面进行制度创新，为征地制度改革提供实践经验。③中央回应改革需求：党的十八三中全会对深化征地制度改革作出重要部署，提出"提高农民在土地增值收益中的分配比例"的改革任务。2014年，中央出台相关文件正式布置征地制度的改革任务①。④授权地方试点试验：2015年2月，中央正式授权北京市大兴区等33个试点行政区域推进农村"三块地"改革试点。本书观察并总结了内蒙古自治区和林格尔县、河北省定州市和四川省成都市郫都区三个试点的改革实践经验。⑤农民的制度响应：征地制度改革受到农村集体经济组织和广大农民的广泛欢迎。⑥上升为正式制度：作为对改革试点成熟经验的提炼总结，2019年8月26日，新《中华人民共和国土地管理法》修正案被表决通过。新《中华人民共和国土地管理法》对土地征收制度做出了多项修改完善，明确界定了土地征收的公共利益范围、修改征收补偿标准和改革了土地征收程序。

第四部分，本章探讨了宅基地管理制度改革中，中央—地方—农民的互动创新过程。①农民制度需求涌现：封闭性的宅基地管理制度无法满足农村实际流转需求和农户的财产需求。②地方政府早期探索：一些地方政府变通地运用了《中华人民共和国土地管理法》的占补平衡政策工具，通过折抵、

---

① 该文件为中共中央办公厅、国务院办公厅《关于农村土地征收、集体经营性建设用地入市、宅基地制度改革试点工作的意见》（2014年）。参见：全国人民代表大会常务委员会办公厅. 中华人民共和国第十三届全国人民代表大会第二次会议文件汇编 [M]. 北京：人民出版社，2019：59.

复垦指标有偿调剂等政策,整理农村居民点引导村民集中居住,腾退闲置、低效的宅基地,获得建设指标以满足快速增长的城镇建设用地需求。后来这一政策演变为城乡建设用地增减挂钩,然而,地方政府普遍有激进实施这一政策的冲动,致使宅基地换房、农民上楼、承包地流转等举措备受批判,甚至引发激烈的社会矛盾。③中央回应改革需求:党的十八届三中全会明确提出,要"保障农户宅基地用益物权,改革完善农村宅基地制度,选择若干试点,慎重稳妥推进农民住房财产权抵押、担保、转让,探索农民增加财产性收入渠道。"2014 年,中央出台相关文件正式从布置宅基地制度的改革任务①。④授权地方试点试验:2015 年 2 月,中央正式授权北京市大兴区等 33 个试点行政区域推进农村三块地改革试点。本书观察并总结了浙江义乌、云南大理和四川泸县三个试点的改革实践经验。⑤农民的制度响应:宅基地制度改革受到农村集体经济组织和广大农民的广泛欢迎。⑥上升为正式制度:作为对改革试点成熟经验的提炼总结,2019 年我国通过新《中华人民共和国土地管理法》修正案。新《中华人民共和国土地管理法》对土地宅基地管理制度做出了多项修改完善,包括自愿有偿退出宅基地、宅基地有偿使用、下放宅基地审批权限等方面内容。

政策效果及改革评述

---

① 该文件为中共中央办公厅、国务院办公厅《关于农村土地征收、集体经营性建设用地入市、宅基地制度改革试点工作的意见》(2014 年)。参见:全国人民代表大会常务委员会办公厅. 中华人民共和国第十三届全国人民代表大会第二次会议文件汇编 [M]. 北京:人民出版社,2019:59.

第八章
中国特色的农村土地制度的变迁规律、
路径特征与改革经验

新中国成立以来，历经 70 余年的独立探索，取得了巨大成就，不仅为中国经济增长奠定了坚实的基础，同时为农业生产经营者提供了有效激励，极大地提高了农业生产率，促进了农业增长，并通过农业剩余劳动力的转移加速了工业化和城镇化进程，最终使得 7.7 亿人脱贫[①]，中国贫困发生率从 1978 年的 97.5% 降至 2020 年的 0[②]。因此，总结中国特色的农村土地制度的变迁规律、路径特征与改革经验，有利于明晰改革优势，增强"道路自信"，进一步推动改革方法的完善。

第一节　新中国成立以来农村土地利益格局的演变

本节以马克思主义地租理论作为分析工具，在前文历史考察的基础上，对新中国成立以来农村土地利益格局的演变规律进行了总结。

一、马克思主义地租理论视域下土地利益的组成结构

本书根据马克思主义地租理论的观点，认为土地收益指经济主体凭借其拥有的土地权利而获得的地租，即从农村土地上可获得农业地租，从建设用地上可获得非农业地租[③]。一言以蔽之，地租是土地收益的本质，地租的资本化是地价。

---

① 数据来源：国家统计局.中国统计年鉴（2020 年）［M］.北京：中国统计出版社，2020：204.

② 截至 2020 年年底，在中国现行农村贫困标准下，我国农村的绝对贫困实现历史性消除。参见：国家统计局.中华人民共和国 2020 年国民经济和社会发展统计公报［ER/OL］.（2021-02-28）［2023-11-24］.http://www.stats.gov.cn/sj/zxfb/202302/t20230203_1901004.html?eqid=da1e6be9000 d3988000000036463b6d8.

③ 其他不依赖土地权利而因参与土地开发利用而获得的收益，属于非土地收益范畴，例如劳动收入、人力资本收入、利息收入，等等。

（一）农用地地租

马克思认为，土地所有者凭借土地私有制参与社会总产品或总利润的分配，从而获取地租[①]。地租是剩余价值的一部分，包括绝对地租和级差地租。绝对地租是土地所有者凭借对土地的垄断性占有而获得的剩余价值。绝对地租的本质可表示为：绝对地租=农产品价值-社会生产价格。级差地租的来源是土地经营者对土地自然力的垄断[②]，其本质可表示为：级差地组=社会生产价格-个别农产品的生产价格。级差地租根据土地自然力的差异、生产率的差别又可以被分为级差地租Ⅰ和级差地租Ⅱ。

（二）非农用地租

马克思构建的农业地租理论模型是一个静态局部的理论，其对地租的分析也将农用地与建设用地分离开来，没有涉及农村土地非农化后的地租变化问题。但马克思提供了研究非农业地租的线索，他认为，非农业地租遵循与农业地租相同的规律。因此，本书在马克思地租理论模型的基础上，结合卡波扎（Capozza）和赫尔斯利（Helsley）构建的简易单极城市动态模型[③]，探讨非农业地租的构成。

1. 农地到市地的地租增值

农地非农化变为建设用地有多种情况，为了便于分析和聚焦典型，本书仅讨论大城市郊区的农地转为市地的地租增值情形。根据马克思地租理论的观点，结合卡波扎和赫尔斯利的研究论证，城市郊区农村土地转用的地租如图8.1所示。

---

① 马克思，恩格斯.马克思恩格斯选集：第二卷［M］.北京：人民出版社，1995：604-642.

② 此处的"自然力"包括土地肥沃程度和地理位置。

③ CAPOZZA D R，HELSLEY RW. The fundamentals of land prices and urban growth［J］. Journal of urban economics，1989，26（3）：295-306.

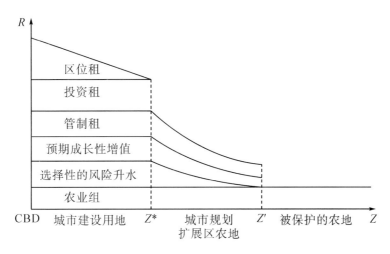

图 8.1　农地转用的地租分解

在图 8.1 中，CBD 表示城市的中心区域，Z^* 表示城市边界，Z^* 与 Z' 之间的区域为城市规划扩展区的农村土地，Z' 与 Z 之间的区域为偏远农村土地保护区。偏远农地保护区的农村土地离城市遥远，土地农用的机会成本最低，是土地利用的最佳方式，因此，此处的农村土地价格仅为农业租金的资本化。城市规划扩展区的农地处于城市边缘，农地转化为建设用地，相比城市土地来说，交通不便利且基础设施配套差，属城市建设用地中的劣等地。在考虑"土地管制"和"未来不确定性"的情况下，城市边缘的建设用地市场价格至少等于或高于城市边缘地区农村土地价格。如图 8.1 所示，城市边缘的农村土地价格由四部分组成。一是农业地租，包括农业绝对地租和农业级差地租。二是选择性的风险升水构成的农用地转用开发的机会成本[1]，这成为非农化建设用地价值的一部分[2]。三是预期成长性增值，经济发展、人口增长和城市边界的扩张会导致距离城市边界较近的农用地产生预期成长性增值价值。四是管制金租，在现实经济生活中，自由放任的土地市场是不存在的，几乎

①　由于农用地转用开发后将面临不可逆的风险，或复垦代价很高，与这一风险相对应的风险升水构成农村土地非农化的机会成本。

②　周立群，张红星. 从农村土地到市地：地租性质、来源及演变：城市地租的性质与定价的政治经济学思考 [J]. 经济学家，2010（12）：79-87.

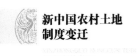

所有国家都会进行土地利用管制，其中最常见的是土地用途管制和规划管制。土地用途管制会使建设用地相对于农村土地产生管制性增值，从而形成管制金租。例如，近郊农村在空间上连续分布的耕地和建设用地存在较大的租金差异，该差异就来自于用途管制。随着城市边界的扩展，城市边缘的农村土地越来越多的转化为建设用地，成为城市的一部分。城市内部的土地价格除了以上四部分外，还包括由位置差异和连续投资差异而造成的区位租和投资租。区位租又可称为级差地租Ⅰ，是由土地位置差异带来的地租增值，在极端情况下，例如假定建筑容积不变时，若城市以"摊大饼"式向外扩张，可将区位租简化为运输成本和时间成本的节约或产业规模聚集效应所产生的超额利润。投资租又可称为级差地租Ⅱ，由农村土地转为建设用地时，需要对土地追加投资，例如实施"三通一平"或"七通一平"以及进行道路、各类管线等基础设施建设，使单位土地的生产率提高以获得超额利润，从而转化为投资租。

2. 非农用地绝对地租

根据马克思主义地租理论可知，绝对地租是由土地所有权垄断带来的，只要存在土地所有权，就会有绝对地租。因此，和农村土地一样，建设用地也存在绝对地租。由上文的地租分解可知，农村土地之所以会转化为城市可用的建设用地，至少受到四部分地租增值的影响，即绝对地租至少等于农业地租、选择性风险升水、预期成长性增值以及管制地租之和。这表明，除强制性征地外，农村土地所有者的所得收益在不能弥补这四部分价值损失的前提下是绝不可能转化为建设用地而出让的。因此，本书认为，农村土地转为城市建设用地的绝对地租的量的大小，受到农业地租、选择性风险升水、转用预期以及土地管制的影响，随着城市经济的发展和城市边界的扩展，建设用地的绝对地租呈上升趋势。另外，值得特别说明的是，预期成长性增值的实现受到规划管制的制约，处于规划区外的农村土地或划定为基本农田的农村土地，由于只能用于农业用途，不存在城市化的可能性，因此，相应的预期成长性增值就不能反映到农村土地价格之中。

3. 非农用地级差地租

级差地租 I，即区位租，是由土地的区位差异所产生的地租，它的贴现值是区位价值。区位对城市地租的影响可以分为两个方面：①土地区位的通达性。假设区位租被简化为交通成本，且城市以"摊大饼"的方式发展。那么，在城市化的早期，只有距离中心城区最近的土地（第一等土地）被开发利用，由于在这些地理位置最好的土地上不需要支付交通费，所以这些土地不用支付地租。随着城市的不断扩展，中心城区周围的土地（第二等土地）也被开发利用，从这些地区到中心城区就会产生交通费。因此，相对于其他城区的土地所有者而言，中心城区的土地所有者就可以要求更高的土地租赁费用，因为在中心城区租赁土地可以节省一定的交通费，这些节省下来的交通费用就形成了地租。由此可见，区位价值只与土地到中心城区的距离正相关，即离中心城区越近，区位价值越高。②城市建设用地的集聚效应。经济活动根据特定原则在空间上集聚在一起，进而形成规模效应以降低成本。例如中心商业区聚集了种类繁多的商品、服务项目，几乎能够满足消费者的所有需求，从而降低了消费者的交通成本、交易成本、机会成本等多种成本。因此，中心商业区吸引的顾客及盈利水平要比分散布局的商业区高得多。这些超额利润是由区位条件改善所获得，所以其会转化成级差地租 I。

级差地租 II，即投资租，是农用地转化为城市建设用地所花费的投资，它的贴现值就是投资价值。投资价值也是农用地转化为城市建设用地的条件之一，即土地开发成本或转用成本。因此，投资租可能来源于两方面：①农用地改造成建设用地所耗费的成本[1]。土地所有者或使用者对其储备的尚未出让的土地进行通路及各类管线等基础设施建设，实施"n 通一平"带来的投资租增加。相较于农用地，那些进行了基础设施建设的土地，这些基础设施的投资能够带来超额利润，从而转变为级差地租 II。②在改造好的建设用地上继续追加投资[2]。由于土地的有限性和位置的固定性，必须对土地进行集约

---

① 朱道林. 土地增值收益分配悖论：理论、实践与改革 [M]. 北京：科学出版社，2017：27.

② 杨奇才，杨继瑞. 空间级差地租：基于马克思地租理论的研究 [J]. 当代经济研究，2017（3）：62-68，99.

化利用。例如，在城市建成面积一定的条件下，满足大量人口在城市居住和
工作的办法就是追加投资修建更高的楼宇。

二、新中国成立以来农村土地利益格局演变的动态过程

本书所指的土地利益是经济主体凭借其拥有的土地权利而获得的地租，
理解土地利益分配至少要厘清以下三个含义：第一，地租的分配要以其拥有
的土地权利为基础。"权利"和"地租"是同一硬币的两面，地租是权利的
目的，行使一定的权利就是为了获得一定的地租；权利是地租的手段，有什
么样的权利就有什么样的地租，那些不通过行使土地权利而获得的土地收益
不是"地租"[①]。第二，财产权利可以分解，并可归属于不同的经济主体，从
而获得对应的"地租"。例如农户凭借"农村土地承包经营权"可获得农业
绝对地租、农业级差地租Ⅰ和农业级差地租Ⅱ，当"农村土地经营权"从
"农村土地承包经营权"中分离出来时，农业经营者可凭借"农村土地经营
权"在租赁期内获得农业级差地租Ⅱ。第三，同一土地权利的权能，在不同
时期和不同制度环境下都有较大的差异，会根据国家的赋权程度变化而变动。
例如"农村土地集体所有权"，在传统计划经济时期，其权能较大；改革开放
以后，"农村土地集体所有权"经历了数次分离，所有权权能大大缩减。总
之，不同的土地产权配置结构会形成相应的土地利益分配格局。

在厘清以上概念的基础上，结合第三章至第七章的分析，本书描绘了中
国农村土地收益分配格局的演变趋势。如图8.2所示，横轴实线是时间维度，
描述了各项典型的农村土地制度变迁的时间顺序；横轴虚线是土地的地租分
解区域；分割了各项改革的纵向虚线表示正式规则的建立；实线曲线代表农
民拥有的土地产权变化，曲线向上波动表示农民获得更完整的产权；灰色区
域是农民随着地权变化相应可以获得的地租种类[②]。总体而言，新中国成立以

---

① 周跃辉.按权能分配农村集体土地增值收益论［D］.北京：中共中央党校，2014：52-27.

② 尽管这里的地权曲线和地租分解的对应并不完全严谨，因为存量建设用地和新增农转非建设用地、
城郊农村土地与城中村土地的价格组成并不完全相同，另外改革初期的乡镇企业用地是禁止流转
的，不可能在交易上体现地租（实质上被农民集体的乡镇企业占有），但是能在总体上体现出其
变化趋势。

来，我国农村土地收益分配格局的演变过程为：农民利益倾向→国家利益倾向→农民利益倾向（农用地）→地方利益倾向（建设用地）→中央、地方与农民三者之间地利共享。

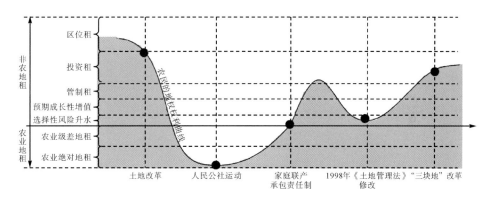

图 8.2　新中国成立以来农地利益格局演变的动态过程

（一）第一阶段：农民利益倾向的土地利益分配格局

第一阶段，土地改革时期，国家为了"以地均利"激励农民支援革命，开始赋权于农民，呈现出农民利益倾向的土地利益分配格局。土地改革完成后，农民土地私有制正式确立[①]，农民获得了较为完整的农村土地权能和相应完整的土地收益，如图 8.2 所示，此时农民的地权曲线位于最高位置。其特征表现为①农民个体凭借较为完整的个人所有权及自由经营权，获得了大部分农业地租。根据有关学者的估计，革命前中国农民提供的农业剩余占农业总产出的 30% 左右，分别通过税收（田赋）和地租上缴给政府和地主[②]。而新中国成立初期，中央将税率维持在 11% 左右，那么剩下部分就被农民所占有。②农民个体凭借较为完整的转让权，获得了大部分非农业地租。第一，非公益性质的土地转让，地价由土地使用者和土地所有者双方商定，并在地

---

① 　由人民政府发给土地所有证，承认一切土地所有者自由经营、买卖及出租其土地的权利。

② 　LIPPIT V D. Land reform and economic development in China：a study of institutional change and development finance［M］. New York：Routledge，1974：34-92.

政管理机关办理登记和缴纳契税。例如，中共中央山东分局规定，土地转让
价格由买卖双方自行协商，土地买卖经过契税后，政府保障购买者的土地所
有权①。第二，1953 年《国家建设征用土地办法》出台以前，征地补偿时地
价由土地使用者和土地所有者商定，一般情况下地价会高出当地市场价格②。
例如，1950—1951 年颁布的《铁路留用土地办法》和《城市郊区土地改革条
例》，均体现了"征购"的因素，尤其是《城市郊区土地改革条例》规定：
当因公共事业建设等需要向农民征收农地时，国家既可以给予农民适当征地
补偿，也可以给农民置换一块与被征土地面积相等的土地。

（二）第二阶段：国家利益倾向的土地利益分配格局

第二阶段，农业合作化运动时期，为了"以地控利"支援国家工业建设，
国家开始限权于农民个体，呈现出国家利益倾向的土地利益分配格局。农业
合作化运动后期，尤其是到人民公社运动阶段，农村建立起了公有化程度极
高的公社所有制度，完成了农民土地私有向土地集体所有的转变。由此，农
民个体丧失了占有、使用和转让等所有农村土地权能，以及相应的凭借农村
土地权利而获得的土地收益，如图 8.2 所示，该时期农民的地权曲线位于最
低位置，其特征表现为①农民个体失去农业地租。第一，农民个体在土地使
用上，遵从计划指令进行土地集体经营。第二，在分配方式上，实行"一平
二调"的分配原则，即在个人分配的基础上搞平均主义，否定了人与人之间、
社与社之间的经济差别，否定了按劳分配和等价交换的原则，试图在人民公
社内部实现无贫富差距和绝对公平与平等。同时，上级政府和人民公社可以
无偿调走生产队的产品、劳动力和资金等生产资料。②农民个体失去非农地
租。第一，土地转让和转用被严格禁止，因此非农地租自然无从谈起。例如
1961 年的《农业六十条》规定："生产队的所有土地一律不能出租或买卖，
且不经审查和批准，任何单位和个人都不得占用。"第二，在 1953 年和 1958

① 中共中央山东分局.关于土地改革后农村土地租佃、买卖、雇佣关系办法的意见（1951 年 10 月 25
日）.山东省档案，档案号：A001-01-42.
② 河北省地方志编纂委员会.河北省志：土地志［J］.北京：方志出版社，1997：78.

年的相关文件中都规定，征地补偿费是以土地的产量为标准①。

（三）第三阶段：农民利益倾向的土地利益分配格局

第三阶段，家庭联产承包责任制改革时期，国家通过"以地还利"激励农民发展农业生产，赋权于农民个体，呈现出农民利益倾向的农村土地利益分配格局，农民个体逐渐获得较为完整的农业地租。家庭联产承包责任制改革后，农用地的四大权能在集体和农民个体之间进行了重新地配置②：第一，在农村土地的占有权方面，反复强调发包方不得收回或调整承包地③。第二，在使用权方面，反复强调发包方不得干预承包方进行正常的生产经营活动④。第三，在收益权方面，实行"交够国家的、留足集体的，剩下都是自己的"。第四，在处分权方面，反复强调可有偿流转或自找对象协商转包。总的来说，两权分离以来的改革趋势是农用地的各项权能不断由集体让渡给农民个体承包户⑤。由此，农民个体逐渐获得更为完整的农用地产权权能和相应农业地租，如图 8.2 所示，该时期农民的地权权利曲线逐渐上升。

农民集体在实质上获得了一部分非农村土地租。第一，家庭联产承包责任制改革后，在 1998 年《中华人民共和国土地管理法》修改之前，农民集体拥有部分农村土地转用权（土地开发权），他们可以在集体土地上创办乡镇企业，自主进行工业化和城市化⑥。根据前文对非农村土地租的分解可以观察

---

① 1958 年版《国家建设征用土地办法》是在 1953 年版《国家建设征用土地办法》的基础之上修订而得。关于被征用土地的补偿费，1953 年版《国家建设征用土地办法》中规定："一般土地以其最近三年至五年产量的总值为标准"；1958 年版《国家建设征用土地办法》中规定："对于一般土地，以它最近二年至四年的定产量的总值为标准"。

② 家庭联产承包责任制改革后，农用地的集体所有权与农户承包经营权开始发生分离，农用地的占有、使用、收益、处分四大权能同时在集体所有权与农户承包经营权之间进行重新地分割。

③ 例如 1984 年中央 1 号文件提出土地承包期一般应在 15 年以上，1993 年中央 11 号文件提出再延长 30 年不变，提倡承包期内"增人不增地，减人不减低"。参见：中共中央. 中共中央国务院关于"三农"工作的一号文件汇编（1982—2014）[M]. 北京：人民出版社，2014：39；中共中央文献研究室. 十四大以来重要文献选编：上册 [M]. 北京：中央文献出版社，1996：13.

④ 例如，1985 年中央 1 号文件规定，任何单位都不得再向农民下达指令性生产计划。参见：中共中央. 中共中央国务院关于"三农"工作的一号文件汇编（1982—2014）[M]. 北京：人民出版社，2014：55.

⑤ 叶兴庆. 农村集体产权权利分割 [M]. 北京：中国金融出版社，2016：16-18.

⑥ 程雪阳. 中国地权制度的反思与变革 [M]. 上海：上海三联书店，2018：142.

到，农民在自主开发的过程中，农村土地转化为建设用地的价值要超过农业
地租、选择性风险升水与预期成长性增值三部分地租价格之和①，否则是不可
能将其转化为建设用地的。由此可见，虽然该时期农民集体没有农村土地转
让权，但有农村土地转用权，农村土地开发使他们在实质上获得了一部分非
农村土地租，如图 8.2 所示，该时期农民的地权权利曲线逐渐上升至非农地
租的预期性成长性增值区域。第二，在征地补偿方面，虽然 1982 年《国家建
设征用土地条例》和 1986 年《中华人民共和国土地管理法》仍然规定按照耕
地年产值标准进行补偿，但是要求对被征地农民进行妥善安置，符合条件的
甚至可以安排就业、招工和转户口。另外，《国家建设征用土地条例》和《中
华人民共和国土地管理法》还明确地将征地范围缩小到"公共利益"范围，
并强调要与被征地单位签订协议。这在一定程度上保障了农民获得农业地租
以上的征地收益。

（四）第四阶段：地方利益倾向的土地利益分配格局

第四阶段，自 1998 年《中华人民共和国土地管理法》修改以来，国家通
过财政分权和行政分权等政策工具，加大力度赋权于地方政府，使得地方政
府有动力和能力"以地分利"，进行城市建设和发展地方经济，而这一过程在
实质上形成了对农民的限权，呈现出地方利益倾向的农村土地利益分配格局，
如图 8.2 所示，该时期农民的地权权利曲线靠近农业地租区域。其特征表现
为：①对被征地农民的补偿依然以农业地租为标准。例如，1998 年《中华人
民共和国土地管理法》规定，征用耕地的补偿和安置补助费按该耕地被征用
前三年平均年产值的倍数计算。②地方政府获得大部分非农地租。1998 年
《中华人民共和国土地管理法》修改后，国家通过土地用途管制、关闭集体土
地市场、国有土地独占建设用地市场和国有土地有偿出让等一系列制度安排，
实现了政府对土地一级市场的垄断，获得了大部分非农地租收益。同时，农
民丧失了农村土地转用转让权，以及相应地的非农地租。例如，在 1998 年
《中华人民共和国土地管理法》修改之前，农民可以将属于集体的一部分农村

①　该时期政府未对农村土地进行用途管制，所以此处没有管制租。

土地转为建设用地创办乡镇企业，自主进行工业化和城市化，而政府征收集体所有的土地必须以"公共利益"为目的，虽然"公共利益"的界定较为模糊。然而，1998 年修改后的《中华人民共和国土地管理法》将政府通过征地的形式供给土地作为城市建设用地的唯一来源①，并将协议征地转为公告征地，规定征地争议不影响征地实施的内容，进一步在实质上削弱了农民的土地权利。

（五）第五阶段：地利共享的农村土地利益分配格局

第五阶段，"三块地"试点改革以来，国家以极大的政治决心和政治勇气继续赋权于农民，努力破除城乡二元结构，推动城乡融合发展，探索农村土地增值收益在中央、地方与农民之间的合理分配机制，力图形成"地利共享"的分配格局。①国家拓展了农村集体经营性建设用地使用权权能，使农民获得了更多非农地租。例如，在 2019 年对 2004 年版《中华人民共和国土地管理法》进行修订之后，通过政府征地供给土地的模式不再是城市建设用地的唯一来源，新《中华人民共和国土地管理法》允许在经过村集体成员民主投票且赞成票超过 2/3 的前提下，符合相关法律规定的集体经营性建设用地入市流转。这意味着集体经营性建设用地流转价格将遵从市场价格的形成机制，根据前文对非农地租的分解可知，集体经营性建设用地的流转市场价格至少包括了农业地租、选择性风险升水、预期成长性增值和管制地租，随着城市的扩展和建设投资的增加，还包含了区位租和投资租，因此，相比于以往征地的农业地租标准，极大地提高了农民土地收益。②政府征地提高了对农民的补偿标准，使农民获得了更多非农地租。2019 年修改后的《中华人民共和国土地管理法》规定以区片综合地价作为计算征地补偿的基准②。区片综合地价不再只考虑土地的原用途，而是将土地的市场价值、产值等多种因素结合在一起测算出的综合基准价格。同时，新的补偿方法还增加了农村村民住宅

---

① 1998 年修改后的《中华人民共和国土地管理法》第四十三条规定："任何单位和个人进行建设，需要使用土地的，必须依法申请使用国有土地。"
② 征地区片综合地价是在考虑了地类、产值、土地区位、农用地等级、人均耕地数量、土地供求关系、当地经济发展水平和城镇居民最低生活保障水平等因素的情况下测算征地综合补偿标准。

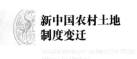
补偿费用和被征地农民社会保障费用，这些规定都显著提高了农民的非农地租收益。③政府通过调节金或税收对非农地租进行调节。正如本书在地租分解中的分析，非农地租中预期成长性增值、管制地租、区位租和投资租中很大一部分都来源于人类的经济社会发展产生的增长性增值、各级政府利用财政收入进行基础设施和公共设施等建设产生的投资性增值、国家作为整个社会的公共管理者采用规划土地用途管制产生的规划性增值或者整体社会经济生态环境改善所引起的环境增值和稀缺性增值，因此，按照地利共享的原则，国家应通过调节金或税收对非农地租进行调节，在本次三块地改革试点中，调节金的征收范围为 20%~50%①。

第二节　中国特色的农村土地制度变迁规律

基于以上历史考察，本节对中国特色的农村土地制度变迁规律进行了总结，主要包括"上下"互动创新决定了农村土地制度变迁轨迹、有效的制度变迁取决于"上下"的有效互动、制度变迁的根本决定力量是生产力发展、制度变迁的联结点是旧制度引发的利益冲突。前面两条是中国农村土地制度变迁的特殊规律，而后面两条是制度变迁的一般规律。

一、"上下"互动创新决定了农地制度变迁轨迹

中国特色的农村土地制度变迁，既不能用单方向的强制性制度变迁来解释，也不能用单方向的诱致性变迁来解释，其典型的规律是"自上而下"与

---

① 财政部，国土资源部. 农村集体经营性建设用地土地增值收益调节金征收使用管理暂行办法［ER/OL］.（2016-06-13）［2023-11-24］. http://www.gov.cn/xinwen/2016—06/13/content_5081507.htm.

"自下而上"相结合的互动创新，既是党和政府的创新，也是农民群众的创新。"自上而下"与"自下而上"的互动创新体现了农村土地制度变迁规律的"中国特色"，是制度变迁一般规律中的特殊规律。与西方国家相比可知，中国特色的制度变革是社会利益整合的结果，体现了整体利益与个体利益协同兼容的中国特色，而西方国家的制度变革是社会利益对抗的结果。也就是说，西方国家的制度变革，通常是各党派代表不同利益集团争夺设计特定制度安排权力的结果，制度创新表现为具有优势地位的精英集团直接通过修法（修宪）实现特定的制度安排，然后强制在全国实施[1]，制度变迁轨迹体现了不同时期资本利益集团的力量对抗。而中国特色的农村土地制度创新是在中国共产党的带领下，与地方和农民广泛互动，通过"实践—认识—再实践—再认识"的过程实现改革。农村土地制度变迁轨迹体现了不同时期国家发展战略与社会诱致性需求的整合。

　　具体而言，本书认为中国农村土地制度变迁的动态轨迹，是中央、地方、农民围绕利益调整相互适应、协同演进的结果，即国家发展战略转变引致中央对土地利益调整的需求变化、地方政府激励特征转变引致地方对土地利益调整的需求变化、现存制度的外部土地利益变化引致农民对土地利益调整的需求变化。依据第三章至第七章的历史分析，本节描述了新中国成立以来的农村土地制度动态变迁轨迹（见图8.3）。在图8.3中，横轴实线是时间维度，描述了各项典型的农村土地制度变迁的时间顺序；横轴虚线是土地的地租分解区域，分割各项改革的纵向虚线表示正式规则的建立；实线曲线代表农民拥有的土地产权变化，曲线向上波动表示农民获得更完整的产权；灰色区域是农民随着地权变化相应可以获得的地租种类[2]。

　　首先，国家发展战略转变引致了中央对土地利益调整的需求变化。我国

---

[1]　王绍光. 中式政道思维还是西式政体思维 [J]. 人民论坛，2012（12）：64-66.

[2]　尽管这里的地权曲线和地租分解的对应并不完全严谨，因为存量建设用地和新增农转非建设用地、城郊农村土地与城中村土地的价格组成并不完全相同，另外改革初期的乡镇企业用地是禁止流转的，不可能在交易上体现地租，不过在实质上被农民集体的乡镇企业占有，因此能在总体上体现出其变化趋势。

发展战略的演变过程为：民族独立和国民经济恢复（1949—1952 年）→重工业优先发展战略（1953—1977 年）→"以经济建设为中心"发展战略的经济高增长阶段（1978—2016 年）[①]→"以经济建设为中心"发展战略的经济高质量发展阶段（2017 年至今）[②]。我们知道，中央关于土地政策的决策显著地受到国家发展战略的影响，这是由我国国家性质和中国共产党的历史使命决定的。我国作为社会主义大国，社会主义的本质是解放生产力，发展生产力，消灭剥削，消除两极分化，最终达到共同富裕。这些目标的达成，是通过若干个"阶段性发展战略"前后关联，逐步实现的。因此，国家发展战略的演变对各领域的其他政策具有决定性作用。其次，地方政府激励特征转变会引致地方对土地利益调整的需求变化。我国地方政府实施特征的演变过程为：以政治忠诚为考核内容的晋升激励+创新实施（土地改革）→规避政治惩罚+激进实施（农业合作化运动）→以政治忠诚为考核内容的晋升激励+变通实施（家庭联产承包责任制改革）→财政激励和以 GDP 为主要考核内容的晋升激励+激进实施（1998 年《中华人民共和国土地管理法》修改）→财政激励和以 GDP 为主要考核内容的晋升激励+创新实施。最后，现存制度的外部土地利益变化会引致农民对土地利益调整的需求变化。即农民会随着社会生产力发展，不断要求获取、扩大和稳定土地权利束。

综上所述，在中央、地方、农民围绕着土地利益调整的互动过程中，我国农村土地收益分配格局的演变过程为农民利益倾向（以地均利）→国家利益倾向（以地控利）→农用地农民利益倾向（以地还利）→非农用地地方利益倾向（以地分利）→国家、地方与农民三者之间地利共享（非农用地）。相应地，我国农村土地产权制度的演变表现为一系列赋权和限权的过程：农民土地私有制（赋权于农）→农民集体所有制（限权于农）→家庭联产承包责任制（赋权于农）→1998 年《中华人民共和国土地管理法》修改（限权于农）→"三块地"改革（赋权于农）。在这个过程中，农村土地所有制从

[①] 高帆. 中国城乡土地制度变迁演变：内在机理与趋向研判［J］. 社会科学战线，2020（12）：62.

[②] 此处"高质量发展"是 2017 年中国共产党第十九次全国代表大会首次提出的表述，表明中国经济由高速增长阶段转向高质量发展阶段。

"单一形式"走向"二元结构"，土地公有制的实现形式从"单一权利"走向"权利结构"，土地转让从"政府配置"走向"市场配置"。

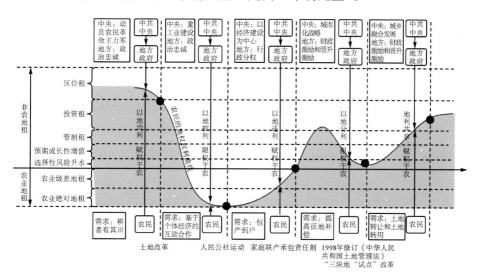

图 8.3　新中国成立以来中国农村土地制度的动态变迁过程

二、有效的制度变迁取决于"上下"的有效互动

基于第三章至第七章的历史考察，本书发现并验证了有效的中国农村土地制度变迁取决于中央决策—地方实施—农民需求之间的有效互动。①中央的科学决策是有效互动的基本前提。②中央对农民诉求的强回应性，是有效互动的关键。③地方政府根据实际情况的创新性实施增加了制度适应环境和需求的灵活性，是有效互动的重要环节。④农民参与创新的过程，是有效互动的动力源泉。

（一）中央的科学决策是有效互动的基本前提

首先，中央制定农村土地改革政策，主要受到"国家发展战略"和"农村制度需求"两个变量及其权重的影响，当"国家发展战略"与"农村制度需求"方向一致时，改革更容易成功；其次，中央对农村土地政策可行集大小的设置受到改革的不确定性、复杂性和风险性的影响。一是中央政策可行集的大小设置要与改革的不确定性程度相适应，不确定性越高、复杂程度越

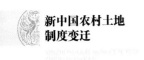

高、改革风险越大，则越需要放松政策可行集，鼓励地方多元化探索，通过地方实践降低改革的不确定性和控制改革风险，否则制度创新更容易失败。二是随着改革经验的累积，改革重点、难点也逐渐清晰，改革不确定性降低，中央应加强顶层设计，明确改革目标，提出清晰的改革路径、日程表，适当缩小政策可行集，有利于减少实践检验代价。总之，有效的制度变迁不应"归功"于部分学者所谓的"政府退出"，而应归功于政府以提高决策水平和治理水平的"归位"。

（二）中央对农民需求的强回应是有效互动的关键

从新中国成立以来农村土地制度的改革历程中，尤其是改革开放以后，可以容易地观察到，中央对农民的制度需求，在较高程度上保持了持续性回应，家庭联产承包责任制、不得调地政策、"三权分置"改革、"三块地"改革均是如此。事实上，新中国成立初期的土地改革和农业合作化运动的互助组阶段，也是以农民的诱致性需求为前提的。正是中央对农民需求的持续性强回应，让中国特色的农村土地制的改革，没有在各种"左倾"主义与右倾主义的理论争论中迷失方向。因为，这种回应性的改革，总是以谦虚的姿态、务实的精神，去应对和解决改革中的实践难题，遇到一个具体问题，解决一个具体问题，而不是抽象地卷入意识形态或各种理论的争论中，从而避开了"照抄照搬"和"非此即彼"的陷阱。

但值得思考的是的，"自上而下"的制度变迁在什么条件下会与"自下而上"的制度变迁保持方向一致的变动呢？换句话说，有效的制度变迁，需要国家总是扮演"扶持之手"的角色，为社会诱致性需求提供制度供给。然而，正如诺斯所说，国家既是经济增长的关键，也是人为经济衰退的根源，国家兼具统治者租金最大化以及交易费用最小化的双重目标，这两种目标相互冲突，因此，国家既可以是"扶持之手"，也可以"攫取之手"。可以说，如何使国家在制度变迁中总是扮演"扶持之手"的角色是制度研究的永恒难题。

（三）地方政府创新性实施是有效互动的重要环节

从新中国成立以来我国农村土地制度的改革历程来看，地方政府的创新性实施是有效互动的关键环节。中央决策必须要通过地方实施来落实，而行政分权和财政分权下的地方政府有其独特的行为目标，针对中央某项具体的改革决策，地方政府拥有四种实施策略：冒进实施、消极实施、变通实施和创新实施。冒进实施不仅会导致政策失败，还可能会延误中央对政策调试的时机，造成更加严重的损失，人民公社运动中地方政府的冒进实施就是一个典型的例子。消极实施和变通实施不仅迫使中央消耗更大的监督资源，还可能累积社会矛盾和风险。只有创新实施的作用是积极的，它要求地方政府在解读中央政策目标时，明确中央政策鼓励、禁止的部分，并根据地区资源禀赋、经济社会发展状况和地方利益偏好等因素进行地方性探索和创新，这样既保证了地方政策实施与中央政策目标的基本一致，又增加了中央政策对地方环境和需求的适应性。

（四）农民参与创新的过程是有效互动的动力源泉

从我国农村土地制度的改革历程来看，许多重大的制度变革，都是来自基层干部和农民群众的自发探索。从包产到户、乡镇企业、土地股份合作制、适度规模经营到最近的农村土地"三权分置"等，都是农民在实践中不断总结创造出来的。邓小平指出："农村改革中的好多东西，都是基层创造出来，我们把它拿来加工提高作为全国的指导"[1]。事实上，农民参与改革的过程是有效互动的动力源泉。一方面，中国农村地域辽阔，区域差异较大，沿海农村与内地农村，城市近郊与农村腹地，第二、第三产业发达地区与传统农区情况各不相同，中央决策者总是面临决策信息不足的困境。另一方面，农村土地制度又作为国家基础性制度，改革风险较大且改革复杂程度较高，使中央决策者总是处于不同程度的不确定环境中。如果仅仅从某种理论所描述的一般规律推演出改革决策，就容易陷入本本主义或教条主义，最终导致改革决策无法自我实施。正如新中国成立以来的农村改革历史所证明的那样，什么时候土地制度和政策顺应民意、符合民情，什么时候农村社会生产力就得到解放和发展，什么时候改革决策尊重农民的首创精神，什么时候改革创新才获得磅礴的力量。

---

① 邓小平. 邓小平文选：第三卷 ［M］. 北京：人民出版社，1993：238.

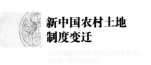
三、制度变迁的根本性决定力量是生产力的发展

根据历史唯物主义的观点，制度变迁的根本性决定力量是生产力的发展，即生产力的性质与水平决定了生产关系，生产关系的调整与改变要符合生产力发展的要求，这是制度变迁的一般规律。马克思指出，只有当生产力水平发展到以机器大生产的阶段，工厂制度的建立才具有了现实基础。为了更好地适应机器大生产的发展要求，必须在生产组织制度上实现变革，用一种新的生产组织制度来取代工场手工业制度，这就是在工场手工业制基础上发展起来的工厂制度。就中国农村土地制度变迁而言，我国从正反两方面的历史经验了解马克思主义所揭示的这一制度变迁规律。例如，人民公社时期，我国建立了高度集中的农民集体土地所有制，虽然这一制度形式更加先进，有利于大规模采用机械技术和社会大生产，但无法调动农民的生产积极性，导致了严重的损失。而改革开放后，我国从实际国情和生产力发展现状出发，进行了家庭联产承包责任制，形成了均平的小农经济。虽然这种制度形式使农业生产规模更加细小、生产资料占有数量受到限制，看似与机械化技术进步和社会化大生产背道而驰，但是实际上高度适应了当时中国农村生产力发展状况和要素禀赋特征，调动了农民的生产积极性，促进了生产力的发展。随着社会生产力的提高，我国农村土地制度在公有制框架下，呈现出不断被界定的动态变化的状态，并通过土地权利的多元化细分组合，逐步为中国社会主义农业发展的"第二次飞跃"做好准备。

四、制度变迁的联结点是旧制度引发的利益冲突

制度变迁的联结点是旧制度引发的矛盾和冲突，这是制度变迁的一般规律。事实上，马克思早在一个半世纪前就揭示了制度变迁这一规律。他沿着自利人假设→利益冲突→利益关系治理→制度形成与调整的逻辑，论证了利益冲突在制度变迁中所起的作用。马克思认为，人们从事经济活动的目的是为了实现自己的利益，一方面人们为了生存而生产，因此不得不与其他人展

开合作；另一方面，不同的人具有不同的利益追求，利益的冲突和矛盾会阻碍人与人之间的合作。因此，为了解决这个困境，就必须建立、调整和改变制度安排，通过制度规范人们的行为，从而使合作关系保持稳定①。同时，马克思还指出了国家在治理整体利益和个体利益冲突中所起的重要作用，他认为，正是由于私人的特殊利益和共同利益之间存在矛盾冲突，共同利益才采取"国家"这种脱离于私人而独立存在的"虚幻共同体"形式约束私人特殊利益②。根据马克思的观点可知，制度的本质是人与人之间利益矛盾的社会治理方式，制度建立、调整和改变是为了解决经济利益问题。

就中国农村土地制度变迁而言，基于第三章至第七章的历史考察可知，沿着马克思的自利人假设→利益冲突→利益关系治理→制度形成与调整的论证逻辑，可以再次验证马克思所揭示的这一制度变迁规律。首先，由自利人分析可知，中央政府、地方政府、农民个体，分别代表了整体利益、部分利益、个体利益，三者利益不总是一致的。中央作为代表国家整体利益的制度决策者，面临国家发展战略、地方经济发展和个体权益保护等多重目标，中央希望从既赋权又限权的农村土地制度安排中获得包容性改革的优势。但是地方政府作为制度实施者，主要受到晋升激励和财政激励的影响，希望通过对农地的限权来扩大地方利益和发展地方经济；而农民以个体利益最大化和短期利益最大化为行为目标，也想利用赋权与限权相结合的产权构建来争取自身利益最大化。因此，中央、地方和农民的各种利益取向相互交织，在客观上总是存在某种程度的利益矛盾和冲突。其次，按照利益冲突演变→利益关系治理演变→制度调整浓缩归纳中国特色的农村土地制变迁过程：①新中国成立初期，国家、贫雇农与"三座大山"③的利益矛盾激化→土地改革→农民个体土地所有制。②20 世纪 50 年代中后期，国家、农民与帝国主义的矛盾激化→农业合作化运动→农民集体土地所有制。③改革开放后，国家外部

---

① 中共中央马克思恩格斯列宁斯大林著作编译局. 马克思恩格斯全集：第一卷 [M]. 北京：人民出版社，2003：449.

② 中共中央马克思恩格斯列宁斯大林著作编译局. 马克思恩格斯全集：第一卷 [M]. 北京：人民出版社，2003：536-537.

③ 此处"三座大山"是指帝国主义、封建主义和官僚资本主义。

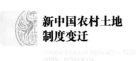
矛盾减弱，国家整体利益与农民个体利益矛盾逐步显化→"两权分离""不得调地""三权分置"改革→农民的土地使用权扩大。④21世纪前后，工业化、城镇化加速，地方部分利益与农民个体利益显化→1998年《中华人民共和国土地管理法》修订→政府垄断一级市场。⑤进入新时代，地方部分利益与农民个体利益矛盾加剧→"三块地"改革→农民获得了部分土地转让权。

第三节　中国农村土地制度变迁路径的特色表征

中国的农村土地制度改革，既没有沿着列宁提出的"国家辛迪加"模式变革，将国家所有制看作社会主义的唯一经济基础和制度，也没有按照主流经济学的理论标准，将私有产权视为市场经济的基础，进行全面、大规模、快速的"休克式"私有化改革，而是通过70余年的探索，逐渐走上一条具有中国特色的农村土地制度改革道路，这条道路具有以下四个显著特征。

一、公有制下赋权于民的双轨制路径

新中国成立的前30年中国对农村土地制度的社会主义改造进行了初步探索，奠定了农村土地生产资料的社会主义公有制基础。改革开放后，中国沿着"两权分离"的思路，逐渐走出了一条公有制下赋权于民的改革道路，具有典型的双轨制特征，即一方面始终坚持基于公共利益的限权逻辑，保障社会主义公有制底线不突破，保持国家或集体持有土地所有权；另一方面，始终坚持基于个体利益的赋权逻辑，不断地创新土地公有制的多种实现形式，使农民个体持有公有土地的使用权，并不断地扩大其使用权权能，按市场法则行事，追求土地资源利用效率最大化。其逻辑是在坚守公有制框架下，重构个体对公共财产进行独立支配的权利体系，赋予用益物权以处分权能，逐步建立起中国特色的用益物权体系，从而通过市场机制使公有财产得以物尽其用①。

　　在农村土地制度改革中，我国学习了西方的市场经济之长，利用个体产权的激励机制，重构个体独立支配公共财产的权利体系，发挥市场机制高效配置资源的长处，同时结合中国社会主义的优势走出了"公有制下赋权于民"的变迁路径，既具有市场支配资源的效率，也具有社会主义保证宏观平衡的优势。可以说，当前中国土地制度的改革路径在国际比较中具有显著优势，因为双轨制路径可以真正做到地尽其利、地利共享。这条改革路径历经新民主主义革命、社会主义改造和改革开放而逐步确立起来，凝聚了几代中国人的艰辛探索。其伟大之处在于它既消灭了附着在土地私有制基础上的既得利益者，又释放了土地要素的经济活力，为全体人民共同富裕奠定了坚实的制度基础，是中国崛起的"制度红利"，也是中国创造世界经济奇迹的一个重要原因。虽然双轨制度路径也存在各种各样的问题，但总体来讲，是具有社会主义和市场经济两方面优势的。

二、坚定而又渐进的市场化改革方向

　　中国农村土地制度市场化改革的起点是高度集中的计划经济体制，自改革开放以来，其变迁方向有着较为明晰的市场化特征。从农用地的市场化路径来看，经历了禁止市场交易→限制市场交易→保护市场交易→鼓励市场交易→激发市场交易的渐进过程（见表8.1）。①禁止市场流转。改革初期，政府对农用地设置了禁止性的市场交易规则，农民丧失了农用地处分权。②限制市场交易。中央赋予了农民少量处分权，给农用地市场交易开了一个小口子，将禁止性规定改为限制性规定。③保护市场交易。中央进一步对农民赋权，将限制市场交易变为保护市场交易，使农民拥有了更多处分权。④鼓励市场交易。中央赋予农民更加充分的处分权，鼓励市场交易。⑤激发市场交易。中央加强对农民的赋权，建立起了较为完整的承包经营权能体系，进一

---

① 吴次芳，董祚继，叶艳妹，等.中国农村土地制度改革总体研究［M］.浙江大学出版社，2018：
　　84.

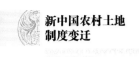

步加快了农用地市场流转速度和加大了农用地市场流转规模。同样，农地非农化的市场化路径，也经历了全面禁止市场流转→限制市场流转→保护市场流转的渐进过程（见表8.2）。

表8.1 农用地的渐进市场化路径

渐进逻辑	典型文件
禁止市场交易	1982 年版《中华人民共和国宪法》规定："任何组织或者个人不得侵占、买卖、出租或者以其他形式非法转让土地"
限制市场交易	1984 年1 号文件规定："为鼓励土地逐步向种田能手集中，可以经集体同意，由社员自找对象协 商转包"；1988 年《中华人民共和国宪法》经修改规定："土地的使用权可以依照法律的规定转让"
保护市场交易	2002 年8 月颁布的《中华人民共和国农村土地承包法》规定："在坚持土地集体所有和不改变土地农业用途的前提下，经发包方同意，允许承包方在承包期内，对承包标的依法转包、转让、互换、入股，其合法权益受法律保护"
鼓励市场交易	2008 年《中共中央关于推进农村改革发展若干重大问题的决定》指出："加强土地承包经营权 流转管理和服务，建立健全土地承包经营权流转市场，按照依法自愿有偿原则，允许农民以转包、出租、互换、转让、股份合作等形式流转土地承包经营权，发展多种形式的适度规模经营"
激发市场交易	2019 年开始实施的新《中华人民共和国农村土地承包法》按照"三权分置"要求重构农用地产权体系，承包户除了获得以上权利以外，还有在承包期交回承包地获得收益的权利（有偿退出）、可以用土地经营权设定融资担保的权利和承包地被征收、征用、占用获得补偿的权利等。同时，土地经营权人依法享有再流转土地经营权和土地经营权设定融资担保的权利等

资料来源：该表由作者根据国家相关政策文件整理而成。

表8.2 农地非农化的渐进市场化路径

渐进逻辑	典型文件
禁止市场流转	1982 年《中华人民共和国宪法》规定："任何组织或者个人不得侵占、买卖、出租或者以其他形式非法转让土地"；1986 年《中华人民共和国土地管理法》规定："国家为了公共利益的需要，可以依法对集体所有的土地实行征用。被征地单位应当服从国家需要"；1998 年修订的《中华人民共和国土地管理法》规定："任何单位和个人进行建设，需要使用土地的，必须依法申请使用国有土地"

表8.2(续)

渐进逻辑	典型文件
限制市场流转	2003 年，中共中央和国务院《关于做好农业和农村工作的意见》规定："各地要通过集体建设用地流转、土地置换、分期缴纳出让金等形式，合理解决企业进镇的用地问题"；2004 年，国务院发布的《关于深化改革严格土地管理的决定》提出："在符合规划的前提下，村庄、集镇、建制镇中的农民集体所有建设用地使用权可以依法流转"；2008，中共中央国务院《中共中央关于推进农村改革发展若干重大问题的决定》指出："在土地利用规划确定的城镇建设用地范围外，经批准占用农村集体土地建设非公益性项目，允许农民依法通过多种方式参与开发经营并保障农民合法权益"
保护市场流转	2019 年通过新《中华人民共和国土地管理法》，破除了农村集体建设用地进入市场的法律障碍，允许集体经营性建设用地在符合规划、依法登记，并经本集体经济组织 2/3 以上成员或者村民代表同意的条件下，通过出让、出租等方式交由集体经济组织以外的单位或者个人直接使用。土地使用者取得集体经营性建设用地使用权后，还可以转让、互换、出资、赠与或者抵押；2019 年新《中华人民共和国土地管理法》的颁布结束了多年来集体建设用地不能与国有建设用地同权同价、同等入市的二元体制

资料来源：该表由作者根据国家相关政策文件整理而成。

可见，中国的农村土地制度改革是渐进的，正如邓小平所说是"摸着石头过河"的。中国在改革开放的时候，对农村土地制度的改革并没有什么蓝图，也没有明确是往市场经济的方向前进。邓小平面对当时的农村制度危机，并没有采用如同苏联、波兰、捷克等社会主义国家所推行的顶层创新的方式，也没有依据主流经济学理论的建议，精心设计全面、大规模、快速实现私有化的"休克疗法"。而是以一种解放思想、实事求是解决问题的态度，出现一个问题，解决一个问题，始终保持了对社会需求的强回应。例如，面对群众对包产到户的质疑，邓小平回应到："那些对包产到户会影响集体经济的担心是不必要的，重要的是从当地具体条件和群众意愿出发。"① 但就是这种在开始的时候目标并不明确的回应式改革，开启了中国特色的顶层与基层互动的制度创新之路。与顶层创新的激进式变革不同，互动创新决定了改革的渐进

---

① 邓小平. 邓小平文选：第二卷 [M]. 北京：人民出版社，1993：315-317.

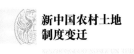
性。因为互动式创新承认了顶层设计是有限理性的主体在不确定条件下的决策行为，具有信息不完全性和知识的有限性，因此哪怕是再精巧的经济理论，也必须要经过实践的检验。从这个角度出发，本书认为邓小平所说的"摸着石头过河"中的"石头"指的就是人民群众的意见和实践，以及在实践中产生的亟待解决的新问题、亟待回应的新需求。可以说，互动创新的底层逻辑是实践，因为它要求解放思想、实事求是根据基层人民提出的新问题和新需求探索新的解决方案。这样一来，不管中央最初是否有清晰的顶层蓝图，改革的结果就是一步一步朝着市场经济方向迈进。

三、兼顾稳定与发展的制度变迁速度

从我国农村土地制度变迁的历史进程来看，在农村土地制度内部，承包地制度、宅基地制度和农地转用制度的变迁速度是不一样的，其中，承包地制度改得快，农地转用制度改得慢，宅基地改革长期停滞。承包地改革的是以赋权改革为主，从 1978 年家庭联产承包责任制改革以来，通过"长久不变"政策、"确权颁证"政策、"三权分置"改革，总的趋势是收缩集体所有权，扩张农户使用权，承包地的各项权能不断由集体让渡给承包农户和经营农户。而对农地转用是限权为主，甚至可以说自农村土地社会主义改造以来，很长一段时间里基本取消了农民集体所有权和使用权，直到 2014 年"三块地"改革启动，才在实质上推动农地转用制度的改革。宅基地同样也是限权为主，宅基地制度的集体所有权长期保持了较强地位，使用权的保障在制度构架里面是缺乏的，农户宅基地产权的改革长期停滞，同样是直到 2014 年才在实质上启动改革。

"三块地"的改革速度不一样，一方面与制度变迁的难易度有关，承包地改革是帕累托改进，而农地转用和宅基地是卡尔多改进，面临更加复杂的利益博弈。另一方面，从更本质的层面来看，这是国家对稳定与发展的权衡结果。土地并非普通商品，具有包括促进社会稳定、社会公平、生产效率等多重价值，其中，社会稳定价值是第一位的。中国人口众多而人均资源有限，人们围绕资源的竞争异常激烈，容易引发不稳定因素，一旦发生内乱，其破坏性是致命的。而农村土地稳定价值的发挥，关键在于保证农村"耕者有其田"和"住者有所居"。新中国成立 70 余年来，中国通过土地改革、农业合作化运动、"两权分离"改革以及"三权分置"改革，建立和始终保持了均平的农业社会，保证了农村居民"耕者有其田"和"住者有所居"，提高了社会和政治的稳定性，构成了经济快速发展的基础。正如贺雪峰所强调的，宅基地产权设计通常在较长一段时期保持稳定的作用，他认为这种具有封闭性特征的产权设计，最早是出于对宅基地保障功能的实现，保障农民住有所居，不会因决策失误或者其他原因而流离失所，可以有效避免工商资本进入农村宅基地市场，也能使进城失败的农民可以返乡生活。事实上，截至 2019 年年底，我国依然有 5.5 亿农村常住人口，如此庞大的人口规模的生存稳定性极大地提高了中国应对经济周期和各种危机的能力[①]。反观印度、墨西哥等国家的快速私有化改革，不但没有取得改革预期效果，反而造成大量游击队闹革命。由此可见，社会稳定在中国土地改革中的重要性。土地改革的公平价值的重要性次之。新中国从一个贫穷的农业国迈向现代化国家的转型期，是一个大开发、大建设的关键时期。在这个关键时期，如果个体无偿或低价获得土地，拥有土地全部的财产权，那么政府利用土地融资搞城市建设的机会将不复存在。历史表明，当私人土地所有者认识到自己对土地拥有绝对所有权时，他们一般不愿意与政府（或其他任意一方）分享土地价值[②]。可见，在一个关键时期（大规模城镇化未完成的时期），发挥土地的社会公平价值，关键在于社会地利共享。因此，可以观察到，我国的农地转用是以限权为主，甚至在很长一段时间里基本取消了农民集体所有权和使用权，直到 2014 年"三块地"改革启动，才在实质上推动农村土地转用制度的改革。最后是土地改革的效率价值。在处理好稳定与发展的基础上，要充分地发挥土地的效率价值，其关键是不断打破既有利益固化，使制度变迁的速度与社会主义市场经济发展速度相适应。

①　贺雪峰. 论土地资源与土地价值：当前土地制度改革的几个重大问题 [J]. 国家行政学院学报，2015：31-38.

②　北大—林肯中心. 土地制度的国家经验及启示 [M]. 北京：科学出版社，2018：59.

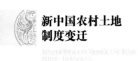

四、共同富裕为制度变迁的价值取向

实现全体人民的共同富裕是社会主义的本质要求，是中国共产党始终不渝的奋斗目标。走共同富裕道路还是走两极分化道路，是区别中国道路与资本主义发展道路的根本标准。同时，共同富裕的价值取向也是中国制度改革的根本优势。将中国与西方改革的价值取向相比较可知，中国追求共同富裕，而西方国家追求部分富裕，造成这个区别的根本原因在于中国共产党是整体利益党，而西方的政党是部分利益党①。因此，西方国家大量的人力、物力和财力被政客用来搞政治、搞对抗，这导致西方国家的制度变迁通常是社会利益对抗的结果，而中国的制度变迁通常是社会利益整合的结果。

就农村土地制度改革而言，中国共产党带领人民对"什么是共同富裕，怎么实现共同富裕的问题"进行了接力探索。毛泽东通过农业合作化运动对共同富裕的实现路径进行了初步探索。毛泽东指出，共同富裕的实现只能通过实行合作化的方法来解决②。但由于这个时期对共同富裕的认识还不成熟，在实践中过于强调"一大二公"的平均主义，实行单一的分配制度，挫伤了广大劳动者的积极性，最后人民公社运动失败了。但失败中也蕴含着财富，毛泽东对共同富裕理想的执着追求、探索和努力，为中国农村提供了社会主义公有制这个宝贵的"国家公益性产品"，为日后能够保护和增进全体农民的利益奠定了基础。邓小平在总结历史经验教训的基础上，认识到企图超越发展阶段，消灭一切差别而达到共同富裕，必然会造成共同贫穷。因此，他提出让一部分人、一部分地方先富起来，然后再先富带后富，逐步实现全体人民的共同富裕③。在农村土地制度改革上，确立了"两权分离"的改革思路，在公有制下赋权于民，有力地调动了农民积极性，使生产力以前所未有的速

---

① 张维为. 中国特色社会主义 [M]. 上海：上海人民出版社，2020：146.
② 毛泽东指出："逐步地实现对整个农业的社会主义改造，即实行合作化，在农村中消灭富农经济制度和个体经济制度，使全体农村人民共同富裕起来。"参见：中共中央文献研究室. 毛泽东文集：第六卷 [M]. 北京：人民出版社，1999：437.
③ 邓小平. 邓小平文选：第三卷 [M]. 北京：人民出版社，1993：373.

度发展起来，农民群众的生活水平也发生了翻天覆地的变化。进入新时代，习近平总书记进一步指出，要保证全体人民在共建共享发展中有更多获得感，不断促进人的全面发展、全体人民共同富裕①。就农村土地制的改革而言，在追求农村内部的共同富裕和城乡之间的共同富裕方面，进行了更加深入的探索。第一，促进农村内部的共同富裕，进行"三权分置"制度创新的同时，更加强调防止土地过度集中②，以及巩固和完善农村基本经营制度，走共同富裕之路③。第二，促进城乡之间的共同富裕。强调实现城乡区域协调发展、赋予农民更多财产权利、推进城乡要素平等交换和公共资源均衡配置，要解决土地增值收益长期"取之于农、用之于城"的问题，破解"农村的地自己用不上、用不好"的困局④。

第四节　中国特色农村土地制度创新的基本经验

基于以上历史考察，本节对中国特色农村土地制度创新的基本经验进行了总结，主要包括中国共产党领导是中国制度创新的最大优势、制度创新遵从于实事求是的实践理性、协同政府与市场两只手的积极作用、坚持"自上而下"与"自下而上"的互动创新四个方面。总结起来，本书认为，中国特

---

① 习近平.决胜全面建成小康社会 夺取新时代中国特色社会主义伟大胜利：在中国共产党第十九次全国代表大会上的报告［ER/OL］.（2017-10-27）［2023-11-24］.http://cpc.people.com.cn/19th/n1/2017/1027/c414395—29613458.html？from＝groupmessage&isappinstalled＝0.

② 习近平.在中央城镇化工作会议上的讲话［M］//中共中央文献研究室.十八大以来重要文献选编：上册.北京：中央文献出版社，2014：598.

③ 习近平.走中国特色社会主义乡村振兴道路［M］//中共中央党史，文献研究院.论坚持全面深化改革.北京：中央文献出版社，2018：397.

④ 习近平.走中国特色社会主义乡村振兴道路［M］//中共中央党史，文献研究院.论坚持全面深化改革.北京：中央文献出版社，2018：395-396.

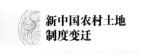

色农村土地制度改革最根本的经验是，通过"上下"互动创新，逐步走出了农村土地制度改革的中国道路，即"公有制下赋权于民的共同富裕之路"。

一、中国共产党领导是中国制度创新的最大优势

"中国特色社会主义最本质的特征是中国共产党的领导，中国特色社会主义制度的最大优势是中国共产党领导"[①]。就中国农村土地制度改革的经验来说，中国共产党的领导是制度创新的最大优势。著名的诺斯难题表明，"国家既是经济增长的关键，也是人为经济衰退的根源"。事实上，国家兼具统治者租金最大化以及交易费用最小化的双重目标，两种目标相互冲突，因此，国家既可以是"扶持之手"，也可以"攫取之手"。如何使国家的效用函数接近社会的效用函数，使"自上而下"制度决策与"自下而上"的制度需求保持方向一致的变动，从而保证国家始终是"扶持之手"，是制度研究的永恒难题。本书认为，在解决这个难题时，由实质民主制度产生的执政党明显优于程序民主制度产生的执政党。实际上，人类任何制度形式都会面临这个永恒难题，再好的制度，都会面临停滞、僵化问题，形成既得利益集团，从而使"自上而下"的制度设计与"自下而上"的制度需求背道而驰。若要不断地打破利益集团固化，使国家的效用函数与社会的效用函数保持动态一致，就需要一种代表人民整体利益，而非部分利益的政治力量，即全心全意为人民服务的精神动力和信仰力量，这种体现人民性的政治力量和信仰力量是实质民主的核心。而这种人民性是任何一种具体的制度安排，哪怕看起来再公正的程序民主制度，都是无法永远保证的。中国共产党一直秉持着"为人民服务"的精神信仰，自我革新、自我批判的主动精神，以及认清历史趋势、承担历史责任的领导力，其执政合法性建立在体现"人民性"的实质民主之上。因此，中国共产党能够成为不断突破制度僵化、打破利益集体固化、协调社会利益矛盾、协同社会改革合力，不断推动制度创新的力量源泉。从这个角

---

① 习近平. 中国共产党领导是中国特色社会主义最本质的特征 [J]. 求是，2020（14）：5.

度可以说，中国共产党在解决这个永恒难题上具有显著优势。

二、制度创新遵从于实事求是的实践理性

中国农村土地制度创新遵从于实践理性的逻辑，以实事求是为指导思想，坚持一切从实际出发，不搞本本主义和教条主义，不断地总结和汲取自己和别人的经验教训，通过"实践—认识—再实践—再认识"的方法，大胆而又慎重地推动改革和创新。从思想根源上看，实事求是是马克思主义的基本观点和根本方法，"坚持唯物主义，反对唯心主义"是马克思进行思想革命的基本原则。正是在这个原则的指引下，他对德国的意识形态家们进行了无情的批判，特别是针对费尔巴哈那种"半截子唯物主义"，马克思指出，人应该在实践中证明自己思维的真理性[1]，全部社会生活在本质上是实践[2]。由此可见，马克思主义既不是直观唯物主义，也不是机械唯物主义；既不是经验主义，也不是实用主义，而是基于对人的"实践—认识—再实践—再认识"的系统总结的基础上形成的辩证唯物主义，这种唯物主义是一种新的世界观和方法论，它首先强调社会实践的第一性，其次重视在实践基础上的主观世界和客观世界的互动作用。在此基础上，马克思主义终结了全部的旧形而上学，明确反对孤立、静止、片面地认识事物，因为这种认识方法只会导致主观主义，让我们的思想脱离实际，在此情况下，我们的思想认识就会丧失针对性、缺乏生命力，甚至指引自己走向错误的方向，最终付出巨大的代价。

中国共产党带领人民进行的农村改革，不满足于西方所推崇的基于"存在论"和"规范论"的推演的价值理性，也不满足于西方话语中对"什么是社会主义""什么是市场经济""什么是市场经济的产权基础"等论述，而是力求通过"实践"对现存观点进行独立思考和独立评判[3]。因此，从我们的农村改革历程中可以看到，中国率先通过"两权分离"改革实践，创新性地

---

① 马克思，恩格斯.马克思恩格斯选集：第一卷 [M].北京：人民出版社，1995：137.
② 马克思，恩格斯.马克思恩格斯选集：第一卷 [M].北京：人民出版社，1995：85.
③ 张维为.中国模式的哲学观 [J].社会观察，2010（11）：91.

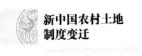

结合了社会主义和市场经济两种元素，发挥了"公有制+有激励的微观市场主体"的两种优势，经过40余年的持续探索，沿着公有制下赋权于民的路径，逐步在公有财产之上重构个体对公有财产进行独立支配的权利体系，赋予用益物权以处分权能，逐步建立起中国特色的用益物权体系，从而通过市场机制使公有财产得以物尽其用。中国运用"实践—认识—再实践—再认识"的唯物主义认识论，以"实践真理"重新回答了"什么是社会主义""什么是市场经济""什么是市场经济的产权基础"，并以此颠覆了西方的一些所谓的"价值真理"。

正是由于中国与西方在认识论上的巨大差异，西方国家主导的制度创新总是从具有优势地位的权力精英，首先通过自上而下的"修法"和"修宪"开始，然后修改有关配套政策规定，最后再强制性推广实施。然而，中国的做法正好相反，从中国农村土地制度改革的过程可以看到，中国总是从"默许"或"鼓励"基层创新开始，然后进行地方试点试验，让改革措施首先在小范围内实践成功了再推广，最后再将成熟的经验上升为正式制度，同时完成相关的法制转化。这是符合中国国情的，中国人口众多，规模巨大，改革环境异常复杂，决策者面临的最大挑战是信息不足，因此，我们更多地使用归纳法，而非演绎法，即从试验和实践中总结经验产生理论，这是我国应对环境复杂性和未来不确定性的有效方法。中国农村土地制度改革遵从实践理性的逻辑，使中国避免了土地私有化陷阱，在社会经济转型的关键时期，既保障了在农村耕者有其田、住者有其居，又较好地释放了农业生产者激励，促进了农村经济的发展。

三、协同政府与市场"两只手"的积极作用

自15世纪末开始，政府与市场的关系就逐步成为学界争论不休的核心话题。但就现实历史发展进程来看，政府与市场之间并没有一个恒定的边界，尤其对于土地财产权来说，它的扩大或缩小与经济发展的需要息息相关。但在土地权利中，财产权并非在最优先的地位，更重要的是附属在土地上的生

存权，其比财产权有着更丰富的内涵。例如，1999 年联合国粮农组织和环境规划署在总结了世界各国对土地的认识和开发利用的经验教训后，在《土地的未来》一书中归纳出了土地的十一个属性：位置的固定性、供给的无弹性、资源的有限性、利用的外部性、资产的巨额性、开发的整体性、需求的诱致性、生存的基础性、生产的根基性、生态的广泛性、文化的情感性等。在这些功能中，商品或资产属性只占全部土地属性的十一分之一。由此可见，提高资源的配置效率，并不是土地改革的唯一目标，更重要的是发挥好土地的"稳定—公平—效率"等多重价值，这就有赖于发挥好政府与市场两只手的协同作用。

中国农村土地制度改革较好地处理了政府与市场的关系。首先，中国政府通过土地制度改革，在维持农村社会稳定上发挥了更重要的作用。新中国成立的前 30 年奠定了农村土地生产资料的社会主义公有制基础，后 40 余年沿着"两权分离"的思路，逐渐走出了一条公有制下赋权于民的改革道路，既确保了社会主义宏观整合的优势，又发挥了市场机制高效配置资源的长处。西方新自由经济理论认为，土地资源应该彻底地实现私有化改革，国家权力应从农村土地控制中彻底退出，才是真正的市场经济，但是中国人多地少，是世界上人均耕地面积最低的国家之一，当城市化水平还无法吸纳全部进城农民条件下，土地私有化改革的直接后果就是大规模土地兼并，失地农民陷入贫困，其生存权受到极大冲击。因此，我国没有照搬西方主流经验模式，而是创造性地将土地所有权与使用权分离，把公有制与市场机制结合起来，将整体利益与个体利益整合起来，形成了世界上最快的城市化进程、最大的高速铁路网和世界第二大高速公路网，并实现了高于发达国家的住房自有率，绝大多数农民的居住条件也大为改善。反观印度和墨西哥等国家的土地制度改革，虽然在理论上完全符合西方经济学的逻辑，但是在市场机制的作用下，不断地有村庄失去土地，最后造成大量游击队开始闹革命。其次，中国政府通过正当干预，在维持社会公平上发挥了更重要的作用。土地具有某些一般商品或资产的属性，但从本质上看，土地完全不同于一般的商品或资产，因为土地利用具有严重的负外部性。如果说，个人会基于自身利益最大化而不假思索地使用公共资源是因为他们不需要对公共资源枯竭的后果承担单独的责任的话，那么个人同样也会为了使自己的财产效益最大化而对公共资源造成损害，二者的区别在于前一种损害是直接的，而后一种损害是间接和隐形的。土地利用的负外部性可分成四种类型：生产对生产所产生的负外部性，例如一个工厂的开发会造成附近交通的拥挤，也会增加其他工业企业的运输成本；生产对消费所产生的负外部性，例如一个工厂的开发会造成空气污染，降低附近居民的舒适性；消费对消费所产生的负外部性，例如一幢与附近景观格局不协调的建筑物，会给附近居民带来厌恶感；消费对生产所产生的负外部性，例如对城市住宅、交通道路和公园的过度消费，会导致优质耕地减少和农民的收入降低。因此，我国政府在土地利用管理上发挥了更加重要的作用。例如，实行土地用途管制制度，严格限制农用地转为建设用地，实施世界上最严格的耕地保护政策。这些政府的合理干预，在避免土地利用的负外部性发挥了重要作用。

中国通过公有制下赋权于民的产权改革，使市场在土地资源配置上发挥了更重要的作用。公有制下赋权于民的改革逻辑是在坚守公有制框架下，重建个体对公有财产独立支配的权利体系，从而通过市场机制使公有财产得以物尽其用。以承包地的改革为例，改革开放之初，在小岗村等地农民的创新实践基础上，国家按照土地"两权分离"的改革思路，逐步确立了以家庭承包经营为基础、统分结合的双层经营体制，给予了农民有效激励，对粮食等农产品产量持续稳定增长发挥了重要作用。随着城镇化发展吸收农业人口能力不断增强，为新型经营主体实现规模化经营创造出有利条件，在实践中，土地承包权与经营权分离的现象越来来普遍。中央回应农民的诱致性需求，有创新性实施了"三权分置"改革，将所有权、承包权、经营权有效分离，进一步使市场机制在配置农用地资源时发挥决定性作用。截至 2019 年年底，全国家庭承包耕地流转面积 5.54 亿亩，流转出承包耕地的农户达 7 321 多万户[1]。

---

[1] 数据来自中华人民共和国农业农村部数据库，网址为：http://zdscxx.moa.gov.cn:8080/nyb/pc/index.jsp。

自上而下的改革是对制度进行顶层设计的过程，由中央计划和组织对制度进行系统性、全局性设计，在最高层次上寻求问题的解决之道。自下而上的改革是对制度进行基层创新的过程，是指在没有中央计划和组织的情形下，由地方政府、社会团体或基层群众先在实践中解决局部问题。

制度创新需要顶层设计，但单方向自上而下强制性推动制度变迁是很难成功的。中国农村土地制度作为国家的基础性制度之一，农业生产经营、集体经济组织、村民自治民主等一系列经济活动都建立在集体土地所有制之上，工业化、城镇化、农业现代化发展进程也与其紧密相关。因此，国家必须通过顶层设计与统筹安排，才能在具体的改革操作中坚持全国"一盘棋"，防止政策碎片化、规则紊乱化、行为短期化[1]。然而，单方向自上而下强制性推动制度变迁是很难成功的。因为信息不充分、知识不完备和未来不确定是人类面对制度创新的共同难题。正如本书在分析框架中所论证的，单方向强制性的制度变迁对中央决策者在决策信息收集、预期形成、后果推断和决策制定方面具有极高的理性要求，以至于通过演绎推理充分地预期到地方政府和农民个体关于未来的行动计划，从而跨期协调其决策规则，做出针对预期的最佳政策决策，否则中央的政策决策将无法自我实施。在政策无法自我实施的情况下，中央或许可以采用高压模式推动改革，投入大量的监督资源，来传递更高的可信性承诺信息，但是监督机制的运行同样消耗社会资源，从而相应减少直接为政策目标做贡献所需的资源。因此，顶层设计必须以充分的实践经验为前提；否则，虽然改革中的社会总收益与中央政策目标方向高度一致，但收益总量将大打折扣。例如，我国的人民公社运动虽然通过政府计划对农村经济剩余的动员达到了最大程度，资金也能按照政府的意愿投资于重工业，但是我们付出了极大的代价，包括产业结构失衡、全要素生产率低下、

① 宋亚平. 40 年农业农村改革的基本经验 [J]. 华中师范大学学报（人文社会科学版），2018，57（6）：9-14.

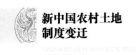
人民生活水平徘徊不前等。

因此，尊重基层实践和农民的首创精神至关重要。1978 年以来，我国农村土地制度改革的许多重大的制度变革，都是来自基层干部和农民群众的自发探索①。这是因为：一方面，中国农村地域辽阔，区域差异较大，沿海农村与内地农村，城市近郊与农村腹地，第二、第三产业发达地区与传统农区情况各不相同，中央决策者总是面临决策信息不足的困境。另一方面，农村土地制度作为国家基础性制度，改革风险较大和改革复杂程度较高，使中央决策者总是处于不同程度的不确定环境中。如果仅仅从某种理论所描述的一般规律，推演出改革决策，就容易陷入本本主义或教条主义，最终导致改革决策无法自我实施。因此，尊重农民的实践和首创精神，是尊重马克思主义认识规律的体现。正如新中国成立以来的农村改革历史所证明的那样，什么时候改革决策尊重农民的首创精神，什么时候改革创新才获得磅礴的力量。可以说，农村土地制度改革的宝贵经验，是要充分相信农民、依靠农民和发动农民。

然而，单方向自下而上诱致性推动制度变迁也是困难的，政府在制度变迁的过程中发挥着重要作用，哪怕仅仅是默许性保护。例如，有的学者将家庭联产承包责任制简单概括为自下而上的诱致性制度变迁，事实上，这一概括并不准确，因为在这之前，包产到户的群众创新实践已经历"三起三落"均未成功，而 1978 年发端于安徽小岗村的包产到户改革浪潮则为第四起。小岗村"先斩后奏"搞包产到户的成功，离不开政府所发挥的积极作用，包括政治家释放的"放松信号"、中央设置"软规则"的决策智慧和地方政府提供的政治保护。例如，在小岗村搞包产到户之前，邓小平首先推动了思想路线的拨乱反正，支持开展真理标准问题的讨论。安徽省委书记万里出台了第一个否定阶级斗争的文件"省委六条"，公开支持生产队实行责任制。在小岗村搞包产到户的过程中，得到了安徽省委为其提供的政治保护和邓小平的明确支持。正是有了这些积极信号，底层制度创业者才敢冒险赌一把，毕竟如

---

① 从包产到户、乡镇企业、土地股份合作制、适度规模经营到最近的农村土地"三权分置"等，都是农民在实践中不断总结创造出来的。正如邓小平所说："我们改革开放的成功，不是靠本本，而是靠实践，靠实事求是。农村搞家庭联产承包，这个发明权是农民的。农村改革中的好多东西，都是基层创造出来"。参见：邓小平. 邓小平文选：第三卷 [M]. 北京：人民出版社，199：238.

果确切地知道冒险没有丝毫机会和得不偿失，那么逃荒、要饭、吃救济粮或许是更好的选择。

总之，在实践中，"自上而下"与"自下而上"作为解决社会问题的两种方式，二者具有关联性和制约性。只有上下联动、上下结合、上下一致，最终才能成功。当改革的不确定性、复杂性和风险性越高，中央越要放松政策可行集，给基层留足创新性与适应性空间，以自下而上为主、自上而下为辅的方法来解决问题会更容易成功；反之，则可以采用自上而下为主、自下而上为辅的方法使政策趋向统一性。

五、改革应根据国情选择适合自己的道路

（一）不宜轻信西方土地私有制的普世价值

按照西方经济学的理论逻辑，在市场经济条件下，土地产权界定不明晰会导致土地资源利用的无效率，产生公地悲剧。因为当土地产权没有被清楚地界定给任何一个主体时，土地资源将处于"公共领域"，在这个模糊的权利空间里，每一个人都有动力去争夺其中的利益，从而可能造成公共资源的过度利用，产生公地悲剧现象。新自由主义甚至认为，只要实行私有化、市场化和自由化，就可以大大提高土地资源的配置效率，避免公地悲剧的发生。对于农村土地问题，在现在的一些教科书上，已经约定俗成的话语体系就是：只要把农村土地私有化了，自由交易了，就会形成大户，就会形成农场主，就会形成规模效益，由此就可以让那些失地农民进入城市，推进城市化，提高发展水平[①]。

可是，大量实践和理论研究表明，土地私有制并不具有普世价值。不仅如此，很多结果对新自由经济理论逻辑完全是颠覆性的。第一，私有化改革不一定能促进土地利用的效率。例如，在菲律宾，虽然进行了土地私有化改革，但在实践中，过时的土地管理法律、低效的土地行政和裁决体系、落后

---

① 吴次芳. 中国农村土地制度改革总体研究［M］. 杭州：浙江大学出版社，2018：138.

的土地信息系统，导致土地掠夺时有发生，同时还使土地权利人在维护自身土地流转权利方面承担了很高的交易成本，无法实现土地的高效配置。第二，私有化改革可能带来社会贫困和动荡。例如，在 20 世纪中后期，墨西哥执政精英深受国际盛行的新自由主义思潮的影响，坚信私有化改革将提高国家经济体制的效率，并能引导墨西哥快速地拥抱世界市场，因此，他们进行了以土地私有化为核心的改革。然而，1992 年土地私有化法案一经出台，墨西哥80%的村社土地被大地主和外国人买入，大量农民失去土地，纷纷破产流离失所，国家陷入动荡①。类似的情形还发生在印度和巴西，他们的私有化实践证明，农民在面临经济危机或生活窘迫时，更容易轻易地出卖土地，尤其是在人多地少的国家，私有化的结果就是大量土地被兼并，农民失去土地，失去生活来源，他们极端贫困而不得不拖家带口来到城市，变成城市贫民窟贫民。第三，私有化改革可能造成私地悲剧。例如，在印度泰米尔纳德邦和古吉拉特邦，农民为了追求土地利用经济效率的最大化，不断开采地下水，导致地下水枯竭，大片的土地变得荒芜。

从理论上看，土地私有制之所以产生上述悲剧，具有多种原因。第一，制度实施比制度决策更加重要。土地私有制的确立并不能孤立地促使土地利用效率的提高，很大程度上还取决于具体的土地使用制度、政府管理方式、社会体制、文化传统和资源国情等，因此，土地改革应该将重点放在被实践证明可行的土地管理和土地利用模式上，而不是照搬经济学理论。第二，土地具有多重价值，而对农民来说生存价值是第一位的，对国家来说稳定价值是第一位的，在不能保障农民基本生存的条件下，谈资源配置效率是买椟还珠。第三，从根本上说这些悲剧是源于个人的自利和短视。一方面，私地的拥有者往往是理性、自利的经济人，他们在决策时将个人利益最大化，即把个人经济利益最大化作为最重要的准则，在决策时往往会忽视自身决策对邻里、社会的外部性，从而造成私地悲剧。另一方面，个人在决策时往往存在短视现象，即很难关照长远利益和整体利益。正是人短视性的存在，使得人

---

① 释启鹏，杨光斌.墨西哥暴力政治的新自由主义政策根源［J］.当代世界与社会主义，2019（2）：122.

们在进行资源开发利用时陷入盲目，造成资源的浪费，从而形成私地悲剧现象。即使是哈耶克，这个世界上最彻底的私有产权捍卫者，也不得不承认私有财产权或契约自由的一般原则并不能为土地的开发利用提供直截了当的答案。因此，土地制度改革必须根据各国自己的国情、文化和历史，选择最适合自己的道路，而不是依据所谓的"普世价值"或"华盛顿共识"进行选择。

（二）我国形成了农地制度改革的中国道路

毛泽东首先提出了"中国道路"的命题，他在1956年《论十大关系》一文中告诫国人：照抄别国的经验是要吃亏的，照抄是一定会上当的，这是一条重要的国际经验[①]。邓小平是"中国道路"最经典的倡导者，他多次强调："我们要学习和借鉴外国经验，但不要照搬西方的做法，也不要照搬其他社会主义国家的做法，更不能丢掉我们制度的优越性。"[②] 但对于何谓"中国道路"，"中国道路"的本质特征是什么，是一个极其复杂和宏大的命题，当下还需要更深入、更持续、更科学的探索。就本书的理解而言，这条道路是围绕着"什么是社会主义、怎样建设社会主义"这个基本问题形成和发展起来的[③]，它至少包含四方面的因素：一是中国共产党的领导；二是社会主义公有制；三是共同富裕的价值取向；四是实事求是的根本方法。

根据以上对"中国道路"的理解，本书认为，我国农村土地制度历经70余年的独立探索，其根本经验总结起来，就是逐步走出了农村土地制度改革的中国道路。本书将其定义为"公有制下赋权于民的共同富裕之路"。即一方面集体组织持有土地所有权，作为共同富裕的制度基础，保障分配正义和公共利益；另一方面，农民个体持有集体土地的使用权，利用市场机制实现土地要素的高效配置。国家沿着"两权分离"的思路，借用益物权制度，在公有制框架下为农民设立包括土地用益物权和土地担保物权在内的他物权，以

---

① 中共中央文献研究室. 毛泽东文集：第七卷. 北京：人民出版社，1999：64.
② 邓小平. 邓小平文选：第三卷［M］. 北京：人民出版社，1993：256.
③ 习近平. 在纪念邓小平同志诞辰110周年座谈会上的讲话［N］. 人民日报，2014-08-21（1）.

满足市场微观主体对土地要素市场化流动的要求①。其逻辑是，在公有制前提下，重构个体对公有财产的独立支配权力体系，从而通过市场机制使公有财产得以物尽其用。它的优势是政府和市场在改革中发挥了协同作用，不仅提供了持续改善的激励和资源配置，也避免了大规模的土地兼并和社会对抗，更为重要的是，它使政府能在避免土地利用负外部性，保护生态环境，维护人类发展的整体利益和长远利益中发挥更好的作用。"两权分离"→"三权分置"是观察和解构中国农村土地制度改革道路的逻辑主线，也是今后深化中国农村土地制度改革不可改变的道路选择。

农村土地制度变迁的中国道路是在中央—地方—农民的互动式制度创新中逐步形成。也就是说，农村土地制度变迁的中国道路是党的创新与人民（农民）的创新有机结合在一起的互动创新，这是中国道路的实质。中央在中国道路的探索中起领导作用，决定了中国道路的形成。在立场上，代表社会整体利益，协调整体利益、部分利益、个体利益之间关系，努力形成改革合力；在理论上，突破了社会主义与市场经济相对立的教条主义，正确地揭示了"什么是社会主义、怎么建设社会主义"的基本规律，努力促成改革共识；在决策上，以问题为导向，坚持对社会/农民需求的强回应，不断推动改革，及时提供制度供给。地方政府在中国道路的探索中起协同作用，通过制度的创新性实施，协同制度设计与制度实践，增加了制度对环境和需求的适应性，推动了中国道路的完善。农民群众积极参与中国道路的探索，在千千万万的实践中创造了历史，不断地赋予中国道路更丰富的内涵。

---

① 董祚继."三权分置"：农村宅基地制度的重大创新 [J]. 中国土地，2018（3）：4-9.

本章小结

　　本章的主要任务是对中国农村土地制度的演变规律与改革经验进行总结。主要包括对中国农村土地制度变迁的动态过程、中国农村土地制度变迁的路径特征和改革经验的总结。第一，总结了中国农村土地制度变迁的动态过程。本书在历史考察的基础上认为，中国农村土地制度变迁的动态过程是一系列"变化的组件"相互适应、共同演进的结果。这些"变化的组件"包括：国家发展战略转变引致中央对土地利益调整的需求变化，地方政府激励特征转变引致地方对土地利益调整的需求变化，现存制度的外部土地利益变化引致农民对土地利益调整的需求变化。具体而言，我国农村土地收益分配格局的演变过程为：农民利益倾向（以地均利）→国家利益倾向（以地控利）→农用地农民利益倾向（以地还利）→非农用地地方利益倾向（以地分利）→国家、地方与农民三者之间地利共享（非农用地）。我国农村土地产权制度的演变表现为一系列赋权和限权的过程为：农地土地私有制（赋权于农）→集体土地所有制（限权于农）→家庭联产承包责任制（赋权于农）→1998 年《中华人民共和国土地管理法》修改后的农地转让权残缺至最大限度（限权于农）→"三块地"改革（赋权于农）。中央与农民互动程度的变化为：政府主导：国家战略与农民需求方向一致（土地改革）→政府主导：国家战略与农民需求相冲突（农业合作化运动）→农民发起+政府领导：国家战略与农民需求方向一致（家庭联产承包责任制）→政府主导：国家战略与农民需求方相冲突（1998 年《中华人民共和国土地管理法》修订）→农民发起+政府领导：国家战略与农民需求方向一致（"三块地"改革）。地方政府的政策实施行为变化过程是：以政治忠诚为考核内容的晋升激励+创新实施（土地改革）→规避政治惩罚+激进实施（农业合作化运动）→以政治忠诚为考核内容的晋升激励+变通实施（家庭联产承包责任制改革）→财政激励和以 GDP 为主要考核内容的晋升激励+激进实施（1998 年《中华人民共和国土地管理法》修订）→财

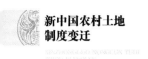
政激励和以 GDP 为主要考核内容的晋升激励+创新实施。中国农村土地制度改革之间的联结点是旧制度引发的矛盾和冲突，即原有制度的政策效果影响了中央、地方、农民三者的需求、行为以及资源禀赋的改变，而这些塑造了新制度的变迁路径。

第二，说明了中国农村土地制度变迁路径的特色表征。这些表征主要包括：公有制下赋权于民的双轨制路径；坚定而又渐进的市场化改革方向；兼顾稳定与发展的制度变迁速度；共同富裕为制度变迁的价值取向。总体来说，这条道路是成功的，它不仅为中国经济增长奠定了坚实的基础，同时为农业生产经营者提供了有效激励，极大地提高了农业生产率，并通过农业剩余劳动力的转移加速了工业化和城镇化进程。

第三，总结了中国农村土地制度改革的经验。这些经验主要包括第一，坚持中国共产党的领导；第二，遵从实践理性的改革创新；第三，协同政府与市场两只手的积极作用；第四，坚持"自上而下"与"自下而上"的持续互动创新。总结起来，农村土地制度改革成功最根本的经验是逐步形成了农村土地制度改革的中国道路，这条道路是围绕"什么是社会主义、怎样建设社会主义"这个基本问题形成和发展起来的，其含义是走公有制下赋权于民的改革道路。它的逻辑是在公有财产之上，重建了个体对公有财产进行独立支配的权力体系，从而通过市场机制使公有财产得以物尽其用。

第九章
研究结论

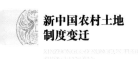

　　70 余年风雨兼程，70 余载砥砺前行，中国农村土地制度改革始终在中国共产党的领导下以中国特色的方式进行，它既没有沿着列宁提出的"国家辛迪加"模式变革，将国家所有制看作社会主义的唯一经济基础和制度，也没有按照西方经济学的理论逻辑，将私有产权视为市场经济的基础，进行全面、大规模、快速地"休克式"私有化改革。而是通过 70 余年的探索，逐渐走上一条公有制下赋权于民的"中国道路"。在 20 世纪 90 年代，这条改革道路并不被国外经济学界看好；但是，中国的农村改革却在一片非议声中取得了让世人为之惊叹的成果。而苏联、印度、菲律宾、墨西哥等国家根据当时所谓土地私有的"普世价值"进行土地制度改革，却并未取得预期中改革绩效，甚至导致大量游击队闹革命。

　　长期以来，国际上通常以"强制性/诱致性"二分法为框架来解读中国的农村土地制度变迁，该方法非但不能客观地进行分析判断，其观点还经常掺杂着意识形态和政治偏见。这说明国外学界对社会主义国家的制度创新、改革、变迁规律的实质认识不足。因此，正如中国农村土地制度改革不能"照搬西方的做法"，对中国农村土地制度变迁的研究也不能"照搬西方的分析范式"，应该在深入考察中国农村土地制度变迁历史的基础上，既吸收西方分析范式有益成分，又不丢掉马克思主义分析范式的优越性。

　　按照以上逻辑，本书以马克思主义制度变迁理论的基础上，批判吸收其他制度理论的合理成分，在认真观察中国农村土地改革实践的基础上，采用虽更受限制但更易处理的方法，构建了"中央—地方—农民"互动创新的制度变迁分析框架，对中国特色的农村土地制度变迁规律进行探讨。本书重点关注了以下几个问题：一是中国特色的农村土地制度变迁的基本规律是什么？二是"自上而下"与"自下而上"的互动创新是如何进行的？尤其是中央决策是如何做出的？三是有效的制度变迁是如何形成的？四是"自上而下"与"自下而上"的互动创新如何形塑了中国特色的变迁路径？此外，本书还总结了中国农村土地制度改革经验和提炼了农村土地制度改革的中国道路。本节以对这些问题的回答为线索，总结本书的研究结论。

　　（一）中国特色的农村土地制度变迁的基本规律

　　中央政府、地方政府与农民个体围绕农村土地利益调整的互动决定了中国农村土地制度变迁轨迹。制度变迁表现为制度决策—制度实施—制度需求相互适应的互动过程。有效的农村土地制度变迁取决于中央、地方、农民之间的有效互动。制度变迁的根本性决定力量是生产力发展。制度变迁的联结点是旧制度引发的利益冲突。

（二）"自上而下"与"自下而上"的互动创新是如何进行的？

第一阶段：需求涌现。农民个体为了获取现有制度条件下无法获得的外部利益，产生改革需求，自发进行基层制度创新。第二阶段：地方探索。地方政府对底层制度创新提供局部政治保护。第三阶段：中央决策。中央回应农民的制度需求，结合国家发展战略调整土地利益格局，制定相应的农村土地改革政策。但是中央面临信息不完全问题，因此中央对政策可行集的设置策略可分为严格模式和宽松模式两种。第四阶段：地方实施。地方政府贯彻中央改革要求，推进改革，其行为方式可分为冒进实施、变通实施和创新实施三种。第五阶段：个体响应。农民响应政策的方式分为积极响应、消极响应、变通响应和创新响应四种。第六阶段：中央决策。从多种可能制度中"择优"，同时协调利益、调试政策、促成共识，进而"上升"为正式制度，或通过法制转化加速推进改革。

（三）中央决策的影响因素

中央制定农村土地改革政策，主要受到"国家发展战略"和"农村制度需求"两个变量及其权重的影响，当"国家发展战略"与"农村制度需求"方向一致时，改革更容易成功。中央对农村土地政策可行集大小的设置受到改革的不确定性、复杂性和风险性程度的影响。一是中央政策可行集的大小设置要与改革的不确定性程度相适应，不确定性越高、复杂程度越高、改革风险越大，则越需要放松政策可行集，鼓励地方多元化探索，通过地方实践降低改革的不确定性和控制改革风险，否则制度创新更容易失败。二是随着改革经验的累积，改革重点、难点也逐渐清晰，改革不确定性降低，中央应加强顶层设计，明确改革目标，提出清晰的改革路径和日程表，适当缩小政策可行集，有利于减少实践检验代价。

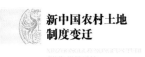
（四）有效的制度变迁是如何形成的？

本书认为有效的中国农村土地制度变迁，取决于中央决策、地方实施、农民需求之间的有效互动，其中中央对农民制度变迁需求做出积极回应，是有效互动关键；地方政府的创新性实施增加了制度对环境和需求的适应性，是有效互动的重要环节；人民（农民）参与权力（谈判权/参与权）的过程，是有效互动的制度保障。

（五）"自上而下"与"自下而上"在什么条件下形成了方向一致变动？

这是制度研究的永恒难题，正如诺思所说："国家既是经济增长的关键，也是人为经济衰退的根源"。在事实上，国家兼具统治者租金最大化以及交易费用最小化的双重目标，两种目标相互冲突，因此，国家既可以是"扶持之手"，也可以"攫取之手"。换句话说，这个问题的实质是需要回答国家在什么条件下会发挥"扶持之手"的作用，而非"攫取之手"？本书认为，这可能与一国的民主模式有关，在解决这个难题上，"实质民主"模式明显优于"程序民主"模式。实际上，从历史上看，人类任何制度形式都面临这个永恒难题，再好的制度，都会面临停滞、僵化问题，形成既得利益集团，从而使"自上而下"的制度设计与"自下而上"的制度需求背道而驰。若要不断地打破利益集团固化，使国家的效用函数与社会的效用函数保持动态一致，就需要一个代表人民整体利益，而非部分利益的政治力量，即"全心全意为人民服务"的精神动力和信仰力量，这种体现人民性的政治力量和信仰力量是"实质民主"的核心。而这种人民性是任何一种具体的制度安排，哪怕看起来再公正的"程序民主"，都无法永远保证的。中国共产党一直秉持着"为人民服务"的精神信仰，自我革新、自我批判的主动精神，以及认清历史趋势、承担历史责任的领导力，其执政合法性建立在体现"人民性"的实质民主之上。因此，中国共产党能够成为不断突破制度僵化、打破利益集体固化、协调社会利益矛盾、协同社会改革合力，不断推动制度创新的力量源泉。从这个角度可以说，中国共产党在解决这个永恒难题上具有显著优势。

（六）"自上而下"与"自下而上"的互动创新如何形塑了中国特色的变迁路径？

概言之，中央—地方—农民的互动创新形塑了中国特色的农村土地制度变迁路径。其特色表现为公有制下赋权于民的双轨制路径；社会主义市场化改革方向；兼顾稳定与发展的制度变迁速度；以共同富裕为制度变迁目标。与西方国家相比较可知，中国特色的制度变革是在中国共产党领导下，中央、地方、农民广泛互动，通过实践—认识—再实践—再认识的过程推动改革。我国的制度变迁体现了不同时期"国家发展战略"和"社会诱致需求"的整合，体现了整体利益与个体利益协同兼容的中国特色。但是，西方国家的制度变革通常是各党派代表不同利益集团争夺制度设计权力的结果，体现了不同时期社会力量的对抗。

（七）中国特色农村土地制度改革的经验及中国道路的提炼

历经70余年的探索，中国农村土地制度改革的根本经验，概括起来，就是逐步走出了农村土地制度改革的中国道路，即"公有制下赋权于民"走向共同富裕的改革之路。这条道路既是中国共产党的创新，也是中国农民的创新，还是"自上而下"与"自下而上"互动创新的有机结合。政府和市场在改革中发挥了协同作用，不仅提供了持续改善的激励和资源配置，也避免了大规模的土地兼并和社会对抗，更为重要的是，它使政府能在避免土地利用负外部性，保护生态环境，维护社会发展的整体利益和长远利益中发挥更好的作用。

政策建议：坚持走农村土地制度改革的中国道路

参考文献

［1］马克思，恩格斯. 马克思恩格斯全集：第一卷［M］. 中共中央马克思恩格斯列宁斯大林著作编译局，译. 北京：人民出版社，2003.

［2］马克思，恩格斯. 马克思恩格斯全集：第三卷［M］. 中共中央马克思恩格斯列宁斯大林著作编译局，译. 北京：人民出版社，2003.

［3］马克思，恩格斯. 马克思恩格斯全集：第四十六卷［M］. 中共中央马克思恩格斯列宁斯大林著作编译局，译. 北京：人民出版社，2003.

［4］马克思，恩格斯. 马克思恩格斯选集：第一卷［M］. 中共中央马克思恩格斯列宁斯大林著作编译局，译. 北京：人民出版社，1995.

［5］马克思，恩格斯. 马克思恩格斯选集：第二卷［M］. 中共中央马克思恩格斯列宁斯大林著作编译局，译. 北京：人民出版社，1995.

［6］马克思，恩格斯. 马克思恩格斯选集：第三卷［M］. 中共中央马克思恩格斯列宁斯大林著作编译局，译. 北京：人民出版社，1995.

［7］毛泽东. 毛泽东选集：第一卷［M］. 北京：人民出版社，1991.

［8］毛泽东. 毛泽东选集：第二卷［M］. 北京：人民出版社，1991.

［9］毛泽东. 毛泽东选集：第三卷［M］. 北京：人民出版社，1991.

［10］毛泽东. 毛泽东选集：第四卷［M］. 北京：人民出版社，1991.

［11］毛泽东. 毛泽东选集：第五卷［M］. 北京：人民出版社，1977.

［12］中共中央文献研究室. 建国以来毛泽东文稿：第二册［M］. 北京：

中央文献出版社，1987.

　　[13] 中共中央文献研究室.毛泽东文集：第五卷 [M].北京：人民出版社，1996.

　　[14] 中共中央文献研究室.毛泽东文集：第六卷 [M].北京：人民出版社，1999.

　　[15] 中共中央文献研究室.毛泽东文集：第七卷 [M].北京：人民出版社，1999.

　　[16] 周恩来.周恩来选集：下卷 [M].北京：人民出版社，1984.

　　[17] 邓小平.邓小平文选：第一卷 [M].北京：人民出版社，1993.

　　[18] 邓小平.邓小平文选：第二卷 [M].北京：人民出版社，1993.

　　[19] 邓小平.邓小平文选：第三卷 [M].北京：人民出版社，1993.

　　[20] 陈云.陈云文选（1949—1956）[M].北京：人民出版社，1984.

　　[21] 中共中央文献编辑委员会.刘少奇选集：下卷 [M].北京：人民出版社，1985.

　　[22] 刘少奇.刘少奇论新中国经济建议 [M].北京：中央文献出版社，1993.

　　[23] 中共中央文献研究室，中央档案馆.建国以来刘少奇文稿：第二册 [M].北京：中央文献出版社，2005.

　　[24] 陈独秀.陈独秀文章选编：中 [M].北京：生活·读书·新知三联书店，1984.

　　[25] 薄一波.若干重大决策与事件的回顾：上卷 [M].北京：中国党史出版社，1991.

　　[26] 中共中央文献研究室.习近平关于社会主义社会建设论述摘编 [M].北京：中央文献出版社，2017.

　　[27] 习近平.论坚持全面深化改革 [M].北京：中央文献出版社，2018.

　　[28] 习近平.习近平谈治国理政：第一卷 [M].北京：外文出版社，2014.

　　[29] 习近平.习近平谈治国理政：第二卷 [M].北京：外文出版社，2017.

　　[30] 习近平.习近平谈治国理政：第三卷 [M].北京：外文出版社，2020.

［31］习近平.习近平重要讲话单行本［M］.北京：人民出版社，2021.

［32］中共中央文献研究室.毛泽东传（1949—1976）［M］.北京：中央文献出版社，2003.

［33］中共中央党史研究室.中国共产党历史：第二卷［M］.北京：中共党史出版社，2010.

［34］杜润生.杜润生自述：中国农村体制变革重大决策纪实［M］.北京：人民出版社，2005.

［35］顾钰民.马克思主义与西方新制度经济经济理论比较研究［M］.上海：复旦大学出版社，2014.

［36］林毅夫.制度、技术与中国农业发展［M］.3版.上海：格致出版社，2008.

［37］林毅夫.解读中国经济［M］.北京：北京大学出版社，2012.

［38］黄季琨.制度变迁和可持续发展：30年中国农业与农村［M］.上海：格致出版社，上海人民出版社，2008.

［39］陈锡文，赵阳，罗丹.中国农村改革30年回顾与展望［M］.北京：人民出版社，2008.

［40］姚洋.作为制度创新过程的经济改革［M］.上海：格致出版社，2008.

［41］张红宇.新中国农村的土地制度变迁［M］.长沙：湖南人民出版社，2014.

［42］林刚，张宇.马克思主义与制度分析［M］.北京：经济科学出版社，2001年。

［43］姚洋.自由、公正和制度变迁［M］.郑州：河南人民出版社，2002.

［44］李慧中.征地利益论［M］.上海：复旦大学出版社，2011.

［45］文贯中.中国当代土地制度制度论文集［M］.长沙：湖南科技出版社，1994.

［46］周其仁.产权与制度变迁：中国改革的经验研究（增订本）［M］.北京：北京大学出版社，2004.

［47］周其仁. 产权与中国变革［M］. 北京：北京大学出版社，2017.

［48］温铁军. 三农问题与制度变迁［M］. 中国经济出版社，2009 年。

［49］钟怀宇. 中国土地制度变革的历史与逻辑［M］. 成都：西南财经大学出版社，2014.

［50］刘守英，周飞舟，邵挺，等. 土地制度改革与转变发展方式［M］. 北京：人民出版社，2012.

［51］诺思. 经济史中的结构与变迁［M］. 陈郁，译. 上海：上海人民出版社，1994.

［52］诺思. 制度、制度变迁与经济绩效［M］. 杭行，译. 上海：格致出版社，2008.

［53］诺思，托马斯. 西方世界的兴起［M］. 厉以平，蔡磊，译. 北京：华夏出版社，2009.

［54］青木昌彦. 比较制度分析［M］. 周黎安，译. 上海：上海远东出版社，2016.

［55］凡勃仑. 有闲阶级论：关于制度的经济研究［M］. 上海：上海译文出版社，2019.

［56］康芒斯. 制度经济学（上、下册）［M］. 北京：华夏出版社，2017.

［57］科斯，等. 财产权利与制度变迁［M］. 上海：上海人民出版社，2002.

［58］科斯，王宁. 变革中国：市场经济的中国之路［M］. 北京：中信出版社，2013.

［59］纳尔逊，温特. 经济变迁的演化理论［M］. 北京：商务印书馆，1997.

［60］哈耶克. 通往奴役之路［M］. 王明毅，冯兴元，译. 北京：中国社会科学出版社，1997.

［61］哈耶克. 自由秩序原理（上、下册）［M］. 上海：三联书店，1997.

［62］布坎南，塔洛克. 同意的计算：立宪民主的逻辑基础［M］. 上海：上海人民出版社，2017.

［63］卢瑟福. 经济学中的制度：老制度主义与新制度主义［M］. 北京：

中国社会科学出版社，1999.

［64］奥尔森.国家兴衰探源经济增长、滞胀与社会僵化［M］.陈光金，译.北京：商务印书馆，1999.

［65］奥尔森.集体行动的逻辑［M］.陈郁，郭宇峰，李素新，译.上海：格致出版社、上海人民出版社，2014.

［66］唐世平.制度变迁的广义理论［M］.北京：北京大学出版社，2016.

［67］林刚，张宇.马克思主义与制度分析［M］.北京：经济科学出版社，2001.

［68］何·皮特.谁是中国土地的拥有者［M］.林韵然，译.北京：社会科学文献出版社，2014.

［69］周雪光.中国国家治理的制度逻辑：一个组织学的研究［M］.上海：生活·读书·新知三联书店，2017.

［70］刘世定.经济社会学研究：第五辑［M］.北京：社会科学文献出版社，2018.

［71］程雪阳.中国地权制度的反思与变革［M］.上海：上海三联书店，2018.

［72］傅高义.共产主义下的广州：一个省会的规划和政治（1949—1968）［M］.广州：广东人民出版社，2008.

［73］中共中央党史研究室科研编译处.国外中共党史中国革命史研究译文集：第一集［M］.北京：中共党史出版社，1991.

［74］费正清，费维恺，易秀逸，等.剑桥中华民国史：下卷［M］.北京：中国社会科学出版社，1993.

［75］陈北鸥.人民学习辞典［M］.上海：广益书局，1952.

［76］王立诚.中国农业合作简史［M］.北京：中国农业出版社，2009.

［77］高化民.农业合作化始末［M］.北京：中国青年出版社，1999.

［78］陈吉元，陈家骥，杨勋，等.中国农村社会经济变迁（1949—1989）［M］.太原：山西经济出版社，1993.

［79］高王凌.人民公社时期中国农民的"反行为"研究［M］.北京：中

共党史出版社，2006.

[80] 真红，李庭辉. 复兴之旅：新中国 70 年生产力发展理论与实践 [M]. 上海：上海交通大学出版社，2019.

[81] 田传浩. 土地制度兴衰探源 [M]. 杭州：浙江大学出版社，2018.

[82] 托克维尔. 旧制度与大革命 [M]. 北京：商务印书馆，2013.

[83] 叶兴庆. 农村集体产权权利分割问题研究 [M]. 北京：中国金融出版社，2016.

[84] 宋志红. 中国农村土地制度改革研究：思路、难点与制度建设 [M]. 北京：中国人民大学出版社，2017.

[85] 伍振军. 农村地权的稳定与流动 [M]. 上海：上海远东出版社，2017.

[86] 刘守英. 直面中国土地问题 [M]. 北京：中国发展出版社，2014.

[87] 刘守英. 土地制度与中国发展 [M]. 北京：中国人民大学出版社，2018.

[88] 韩俊，宋洪远. 新中国 70 年农村发展与制度变迁 [M]. 北京：人民出版社，2019.

[89] 清华大学国情中心. 国情报告（第十三卷 2010 年下）[M]. 北京：社会科学文献出版社，2011.

[90] 韩树杰. 中国土地收益分配研究 [M]. 北京：经济管理出版社，2016.

[91] 张清勇. 中国农村土地征收制度改革：回顾与展望 [M]. 北京：中国社会科学出版社，2018.

[92] 石晓平. 我国土地出让制度改革及收益共享机制研究 [M]. 北京：经济科学出版社，2019.

[93] 曹振良. 房地产经济通论 [M]. 北京：北京大学出版社，2003.

[94] 甘藏春. 中国社会转型与土地管理制度改革 [M]. 北京：中国发展出版社，2014.

[95] 蒋省三，刘守英，李青. 中国土地政策改革：政策演进与地方实施

［M］.上海：上海三联书店，2010.

　　［96］北大-林肯中心.土地制度的国家经验及启示［M］.北京：科学出版社，2018.

　　［97］胡平.中国农村土地征收制度变迁及改革展望［M］.北京：中国社会科学出版社，2016.

　　［98］沈国明，关涛，谭荣.农村土地制度改革：浙江故事［M］.北京：科学出版社，2018.

　　［99］浙江省土地勘测规划院，浙江大学土地与国家发展研究院.农村土地制度改革：浙江故事［M］.北京：科学出版社，2018.

　　［100］大理市农村土地制度改革三项试点工作调研课题组.农村土地制度改革：大理试点的探索实践［M］.北京：中国社会科学出版社，2018.

　　［101］朱道林.土地增值收益分配悖论：理论、实践与改革［M］.北京：科学出版社，2017.

　　［102］樊纲，许永发.新经济与旧体制［M］.北京：中国经济出版社，2018.

　　［103］玛雅.中国道路与中国学派［M］.北京：中信出版社，2016.

　　［104］吴次芳，靳相木.中国土地制度改革三十年［M］.北京：科学出版社，2009.

　　［105］钱忠好.中国农村土地制度变迁和创新制度研究［M］.北京：中国农业出版社，1999.

　　［106］本书选编组.第二次国内革命战争时期土地革命文献选编（一九二七—一九三七）［M］北京：中共中央党校出版社，1987.

　　［107］中共中央文献研究室.十八大以来重要文献选编（上）［M］.北京：中央文献出版社，2014.

　　［108］中共中央党史，文献研究院.论坚持全面深化改革［M］.北京：中央文献出版社，2018.

　　［109］中央档案馆.解放战争时期土地改革文件选编（1945—1949 年）［M］.北京：中共中央党校出版社，1981.

［110］中央档案馆，中共中央文献研究室.中共中央文件选集：第十六册［M］.北京：中共中央党校出版社，1992.

［111］中国社会科学院，中央档案馆.中华人民共和国经济档案资料选编（1949-1952）：农村经济体制卷［M］.北京：社会科学文献出版社，1992.

［112］中央文献研究室.建国以来重要文献选编：第一册［M］.北京：中央文献出版社，1992.

［113］中央文献研究室.建国以来重要文献选编：第十册［M］.北京：中央文献出版社，1992.

［114］河北省档案馆.河北土地改革档案史料选编［M］.石家庄：河北人民出版社，1990.

［115］当代中国农业合作化编辑室.建国以来农业合作化史料汇编［M］.北京：中共党史出版社，1992.

［116］国家农委办公厅.农业集体化重要文件汇编［M］.北京：中共中央党校出版社，1981.

［117］中共中央办公厅.中国共产党第八次全国代表大会文献［M］.北京：人民出版社，1957.

［118］中共永嘉县委党史研究室，永嘉县农业局，永嘉县档案馆.中国农村改革的源头：浙江省永嘉县包产到户的实践［M］.北京：当代中国出版社，1994.

［119］施昌旺.安徽改革开放口述史［M］.北京：中共党史出版社，2019.

［120］高延利，唐健，靳相木，等.中国土地政策研究报告（No.3）［M］.北京：社会科学文献出版社，2018.

［121］吴次芳，高延利，唐健，等.中国土地政策研究报告［M］.北京：社会科学文献出版社，2019.

［122］河北省地方志编纂委员会.河北省志·土地志［M］.北京：方志出版社，1997.

［123］成都市金牛区国土志编纂委员会.成都市金牛区国土志［M］.成

都：西南交通大学出版社，2000.

[124] 习近平.中国共产党领导是中国特色社会主义最本质的特征 [J].
求是，2020（14）：5.

[125] 王国敏.中国农村经济制度的变迁与创新 [J].四川大学学报（哲
学社会科学版），1999（3）：38-42.

[126] 王国敏，邓建华.重塑农民主体性是破解"三农"问题的关键
[J].现代经济探讨，2010（9）：64-68.

[127] 宋志红.美国征收补偿的公平市场价值标准及对我国的启示 [J].
法学家，2014（6）：171.

[128] 骆友生，张红宇.家庭承包责任制后的农地制度创新 [J].经济研
究，1995（1）：69-80.

[129] 刘守英.中国土地制度改革：上半程及下半程 [J].国际经济评
论，2017（5）：29-56.

[130] 刘守英.以地谋发展模式的主要弊端 [J].经济导刊，2013（Z4）：59.

[131] 刘守英.以地谋发展模式的风险与改革 [J].国际经济评论，2012
（2）：7，92-109.

[132] 刘守英，王志锋，张维凡，等."以地谋发展"模式的衰竭：基于
门槛回归模型的实证研究 [J].管理世界，2020，36（6）：80-92，119，246.

[133] 刘守英，熊雪锋.经济结构变革、村庄转型与宅基地制度变迁：四
川省泸县宅基地制度改革案例研究 [J].中国农村经济，2018（6）：2-20.

[134] 刘守英.搁置集体所有制的土改面临挑战 [J].农村工作通讯，
2014（22）：44

[135] 丰雷，郑博文，张明辉.中国农村土地制度变迁70年：中央-地方
-个体的互动与共演 [J].管理世界，2019（9）：36-54.

[136] 丰雷，张明辉，韩松，等.个体认知、权威决策与中国农地制度变
迁：一个动态演化博弈模型的构建及检验 [J].政治经济学评论，2020，11
（2）：156-180.

[137] 丰雷，任芷仪，张清勇.家庭联产承包责任制改革：诱致性变迁还

是强制性变迁 [J]. 农业经济问题, 2019 (1)：32-45.

[138] 丰雷, 蒋研, 叶剑平. 诱致性制度变迁还是强制性制度变迁?：中国农村土地调整的制度演进及地区差异研究 [J]. 经济研究, 2013, 48 (6)：4-18, 57.

[139] 丰雷, 江丽, 郑文博. 农户认知、农地确权与农地制度变迁：基于中国 5 省 758 农户调查的实证分析 [J]. 公共管理学报, 2019, 16 (1)：124-137, 174-175.

[140] 丰雷, 张清勇. 20 世纪 90 年代中后期以来的征地制度变迁：兼论 1998 年《土地管理法》修订的影响 [J]. 公共管理与政策评论, 2020, 9 (3)：29-48.

[141] 丰雷, 蒋妍, 叶剑平, 等. 中国农村土地调整制度变迁中的农户态度：基于 1999—2010 年 17 省份调查的实证分析 [J]. 管理世界, 2013 (7)：44-58.

[142] 冯海发, 李溦. 试论工业化过程中的工农业关系 [J]. 经济研究, 1989 (12)：44-49.

[143] 谭秋成. 集体农业解体和土地所有权重建：中国与中东欧的比较 [J]. 中国农村观察, 2001 (3)：2-12, 80.

[144] 孙圣民. 游说、权力分配与制度变迁：以 1978 年中国农村土地产权制度变迁为例 [J]. 南开经济研究, 2007 (6)：17-32.

[145] 姚洋. 集体决策下的诱导性制度变迁：中国农村地权稳定性演化的实证分析 [J]. 中国农村观察, 2000 (2)：11-19, 80.

[146] 陈志刚, 曲福田. 农地产权制度变迁的绩效分析：对转型期中国农地制度多样化创新的解释 [J]. 中国农村观察, 2003 (2)：2-9, 13-80.

[147] 龚启圣, 周飞舟. 当前中国农村土地调整制度个案分析 [J]. 二十一世纪, 1999 (10)：136-146.

[148] 马贤磊, 曲福田. 农地非农化过程中收益分配制度变迁：博弈论视角的分析 [J]. 制度经济学研究, 2009 (2)：143-156.

[149] 周黎安. 中国地方官员的晋升锦标赛模式研究 [J]. 经济研究,

2007（7）：36-50.

[150] 周黎安.晋升博弈中政府官员的激励与合作：兼论我国地方保护主义和重复建设长期存在的原因 [J].经济研究，2004（6）：33-40.

[151] 洪名勇.中国农地产权制度变迁：一个马克思的分析模型 [J].经济学家，2012（7）：71-77.

[152] 郑淋议，张应良.新中国农地产权制度变迁：历程、动因及启示 [J].西南大学学报（社会科学版），2019（1）：46-54，193-194.

[153] 杜焱强，王亚星，陈利根.中国宅基地制度变迁：历史演变、多重逻辑与变迁特征 [J].经济社会体制比较，2020（5）：90-99.

[154] 陈胜祥.农民土地所有权认知与农土制度创新：基于1995—2008年实证研究文献的统计分析 [J].中国土地科学，2009，23（11）：21-26.

[155] 汤谨铭，朱俊峰.农户认知对农地制度变迁的影响及作用机制：基于重庆市的实证研究 [J].农业经济问题，2013，34（7）：71-77，111-112.

[156] 罗必良，汪沙，李昌蒲.交易费用、农户认知与农地流转：来自广东省的农户问卷调查 [J].农业技术经济，2012（1）：11-21.

[157] 郑佳佳，何炼成.政府认知视角下我国农地制度的历史变迁 [J].贵州财经学院学报，2009（4）：81-85.

[158] 徐美银，钱忠好.农民认知与我国农地制度变迁研究 [J].社会科学，2009（5）：62-69，188.

[159] 钱忠好，牟燕.中国土地市场化改革：制度变迁及其特征分析 [J].农业经济问题，2013，34（5）：20-26，110.

[160] 郭强.要素相对价格变动与制度变迁：基于中国农村土地制度变迁的实证 [J].农村经济，2014（1）：87-90.

[161] 许庆，等.合久必分，分久必合：新中国农村土地制度的一个分析框架 [J].农业经济问题，2019（1）：46-60.

[162] 李江，孙京洲.新中国农地制度的变迁分析与启示 [J].求是学刊，2016，43（2）：69-78.

[163] 袁铖.中国农村土地制度变迁：一个产权的视角 [J].中南财经政

法大学学报，2006（5）：18-22，109，142：81-84.

[164] 郭哲，曹静. 中国农村土地制度变迁70年：历程与逻辑-基于历史制度主义的分析 [J]. 湖湘论坛，2020，33（2）：116-128.

[165] 王敬尧，魏来. 当代中国农地制度的存续与变迁 [J]. 中国社会科学，2016（3）：73-92，206.

[166] 郑文博，丰雷. 制度变迁中的冲突与协调：理论发展回顾与探讨 [J]. 经济学动态，2020（7）：85-99.

[167] 周其仁. 中国农村改革：国家和所有权关系的变化（上）：一个经济制度变迁史的回顾 [J]. 管理世界，1995（3）：178-189.

[168] 周其仁. 中国农村改革：国家和所有权关系的变化（下）：一个经济制度变迁史的回顾 [J]. 管理世界，1995（4）：147.

[169] 刘国新. 怎样认识土地改革 [J]. 前线，2019（9）：17-20.

[170] 叶明勇. 土地改革政策与"和平土改"问题评析：兼与何之光《土地改革法的夭折》一文商榷 [J]. 当代中国史研究，2007（4）：54-56.

[171] 郭德宏. 第二次国内国内战争时期党的土地政策的演变 [J]. 中国社会科学，1980（6）：103-125.

[172] 唐凌鹰. 反动地主是怎样反抗和破坏土改的 [J]. 土改情况，1950（2）：24-35.

[173] 刘许生，廖翔如. 湖南土地改革风云之一：一张土地房产证背后的"土改1950" [J]. 国土资源导刊，2009，6（10）：92-93.

[174] 郭于华，孙立平. 诉苦：一种农民国家观念形成的中介机制 [J]. 中国学术，2002，3（4）：130-139.

[175] 陈益元. 诉苦、斗争和阶级划分：革命走入乡村实证研究：以湖南省土地改革运动为中心的考察 [J]. 史林，2016（4）：152.

[176] 高化民. 关于合作化运动步伐加快原因的历史考察 [J]. 中共党史研究，1997（4）：42-48.

[177] 林毅夫，玛雅. 中国发展模式及其理论体系构建 [J]. 开放时代，2013（5）：196.

[178] 林毅夫, 蔡防, 李周. 对赶超战略的反思 [J]. 战略与管理, 1994 (6): 1-12.

[179] 发展研究所综合课题组. 农民、市场与制度创新: 包产到户后农民发展面临的深层改革 [J]. 经济研究, 1987 (1): 3-16.

[180] 杜润生. 改革开放初期农村包产到户的经过 [J]. 书摘, 2006 (6): 69-72.

[181] 田传浩, 方丽. 土地调整与农地租赁市场: 基于数量和质量的双重视角 [J]. 经济研究, 2013, 48 (2): 110-121.

[182] 郑志浩, 高杨. 中央"不得调地"政策: 农民的态度与村庄的土地调整决策: 基于对黑龙江、安徽、山东、四川、陕西 5 省农户的调查 [J]. 中国农村观察, 2017 (4): 72-86.

[183] 陶然, 童菊儿, 汪辉. 二轮承包后的中国农村土地行政性调整: 典型事实、农民反应与政策含义 [J]. 中国农村经济, 2009 (10): 12-20, 30.

[184] 叶兴庆. 从"两权分离"到"三权分离": 我国农村土地产权制度的过去与未来 [J]. 中国党政干部论坛, 2014 (6): 7-12.

[185] 钟晓萍, 于晓华, 唐忠. 地权的阶级属性与农村土地"三权分置": 一个制度演化的分析框架 [J]. 农业经济问题, 2020 (7): 47-57.

[186] 冯玉华, 张文方. 论农村土地的"三权分离" [J]. 经济纵横, 1992 (9): 5-9.

[187] 沈叙元, 张建华. 农村土地承包经营权流转的思考: 以嘉兴市为例 [J]. 浙江经济, 2006 (2): 56-57

[188] 傅晨, 刘梦琴. 农地承包经营权流转不足的经济分析 [J]. 调研世界, 2007 (1): 22-24, 30

[189] 陈永志, 黄丽萍 农村土地使用权流转的动力、条件及路径选择 [J]. 经济学家, 2007 (1): 51-58.

[190] 杨继瑞. 我国城市土地使用制度创新的目标模式及基本框架中国房地产 [J]. 中国房地产, 1994 (5): 22-26.

[191] 盖凯程, 李俊丽. 中国城市土地市场化进程中的地方政府行为研究

［J］.财贸经济，2009（6）：123-128.

［192］盖凯程，于平.农地非农化制度的变迁逻辑：从征地到集体经营性建设用地入市［J］.农业经济问题，2017，38（3）：17-24.

［193］唐建.征地制度改革的回顾与思考［J］.中国土地科学，2011，25（11）：3-7.

［194］张芃.区片价制度对征地主体利益分配的影响［J］.中国土地科学，2012，26（3）：76.

［195］刘雪梅.土地承包经营权确股的"南海模式"研究［J］.国家行政学院学报，2016（4）：103-107.

［196］蒋省三，刘守英.土地资本化与农村工业化：广东省佛山市南海经济发展调查［J］.管理世界，2003（11）：88.

［197］肖唐镖.中国农民抗争的策略与理据："依法抗争"理论的两维分析［J］.河海大学学报（哲学社会科学版），2015，17（4）：27-34.

［198］祝天智.边界模糊的灰色博弈与征地冲突的治理困境［J］.党政视野，2014（2）：97-108.

［199］王军洋，金太军."依法抗争"的效力与边界：兼议农民抗争研究的走向［J］.社会科学战线，2016（1）：166-173.

［200］何柏希.乡村治理下的土地流转研究：以南海和昆山模式为例［J］.商情，2014（19）：309-309.

［201］朱明芬，常敏.农用地隐性市场特征及其归因分析［J］.中国农村经济，2011（11）：16.

［202］黄小虎.放开集体建设用地市场时机已经成熟［J］.国土资源导刊，2009，6（9）：52.

［203］陈莹，谭术魁，张安录.公益性，非公益性土地征收补偿的差异性研究：基于湖北省4市54村543户农户问卷和83个征收案例的实证［J］.管理世界，2009（10）：72-79.

［204］韩俊.加快破除城乡二元结构推动城乡发展一体化［J］.理论视野，2013（1）：19-21.

［205］汤林闽.中国土地出让金收支状况：2007—2014 年［J］.财经智库，2016（1）：83-100，142.

［206］杜启平.城乡融合发展中的农村人口流动［J］.宏观经济管理，2020（4）：64-70，77.

［207］曲卫东，闫珍.集体经营性建设用地入市税费征收现状及体系建设研究［J］.公共管理与政策评论，2020，9（1）：73-83.

［208］陈红霞，赵振宇.基于利益均衡的集体经营性建设用地入市收益分配机制研究［J］.农村经济，2019（10）：55-61.

［209］赵晶晶，李放，李力.被征地农民的经济获得感提升了吗？［J］.中国农村观察，2020（5）：93-107.

［210］汪险生，郭忠兴.被征地农民的收入下降了吗？：来自 CFPS 数据的证据［J］.农业技术经济，2017（6）：14-27.

［211］汪险生，郭忠兴，李宁.土地征收对农户就业及福利的影响：基于 CHIP 数据的实证分析［J］.公共管理学报，2019，16（1）：153-168.

［212］陈浩，葛亚赛.征地满意度、非农就业与失地农民市民化程度探析［J］.西北农林科技大学学报（社会科学版），2015，15（1）：65-71.

［213］刘向南，吕图，严思齐.征地过程中程序性权利保障与农民满意度研究：基于辽宁省6市30村的调研［J］.中国土地科学，2016，30（5）：21-28.

［214］齐睿，郭明晶，周涛.被征地农民征地听证会满意度影响因素研究［J］.中国土地科学，2017，31（6）：13-20.

［215］贺雪峰.论土地资源与土地价值：当前土地制度改革的几个重大问题［J］.国家行政学院学报，2015（3）：31-38.

［216］中央党校地厅级班（第52期）农村改革发展支部第三课题小组等.因地制宜推进农村宅基地流转［J］.农业经济研究，2009（12）：5-9.

［217］刘志昌，夏侠.城市化进程中多渠道增加农民财产性收入的比较研究［J］.社会主义研究，2015（02）：100-106.

［218］蒋和胜，费翔，唐虹.不同经济发展水平下集中居住前后农民的福

利变化：基于成都市不同圈层的比较分析［J］.经济理论与经济管理，2016（4）：87-99.

［219］郑风田，傅晋.农民集中居住：现状、问题与对策［J］.农业经济问题，2007（9）：4-7，110.

［220］王玮，陈英，张仁陟.农村宅基地整治潜力和整治成本测算方法：以河南省濮阳市为例［J］.地域研究与开发，2017，36（4）：125-129.

［221］叶剑锋，吴宇哲.宅基地制度改革的风险与规避：义乌市"三权分置"的实践［J］.浙江工商大学学报，2018（6）：88-99.

［222］杨丽霞.基于供给侧改革的农户宅基地退出意愿及福利变化分析：以浙江省义乌市为例［J］.中国土地科学，2018，38（1）：37-43.

［223］韩文龙，刘璐.权属意识、资源禀赋与宅基地退出意愿［J］.农业经济问题，2020（3）：31-39.

［224］周立群，张红星.从农村土地到市地：地租性质、来源及演变：城市地租的性质与定价的政治经济学思考［J］.经济学家，2010（12）：79-87.

［225］杨奇才，杨继瑞.空间级差地租：基于马克思地租理论的研究［J］.当代经济研究，2017（3）：62-68，99.

［226］黄贤金.论构建城乡统一的建设用地市场体系：兼论"同地、同权、同价、同责"的理论圈层特征［J］.中国土地科学，2019，33（8）：1-7.

［227］吴毅.农地制度变革的路径、空间与界限："赋权-限权"下互构的视角［J］.社会学研究，2015，30（5）：36-62.

［228］陈甦.城市化过程中集体土地的概括国有化［J］.法学研究，2000（3）：108-117.

［229］袁震.论集体土地所有权客体范围的确定［J］.河北法学，2012，30（11）：43-51.

［230］孙宪忠.土地在财产法中的概念［J］.法律科学，1992（3）：47-51.

［231］房绍坤，曹相见.集体土地所有权的权能构造与制度完善［J］.学习与探索，2020（7）：49-61.

［232］"农村土地问题立法研究"课题组（陈小君等）.农村土地法律制

度运行的现实考察：对我国 10 个省调查的总报告 [J]. 法商研究, 2010, 27 (1): 119-131.

[233] 陆剑. 集体经营性建设用地入市的实证解析与立法回应 [J]. 法商研究, 2015, 32 (3): 16-25.

[234] 王崇敏. 我国农村宅基地使用权取得制度的现代化构建 [J]. 当代法学, 2012, 26 (5): 81-88.

[235] 苏俊才. 闽西土地改革运动述评 [J]. 当代中国史研究, 2002 (1): 108-114.

[236] 薄一波. 农业社会主义改造加速进行的转折点（四）[J]. 农村经营管理, 1992 (7): 38-40.

[237] 张维为. 中国模式的哲学观 [J]. 社会观察, 2010 (11): 91.

[238] 宋亚平. 40 年农业农村改革的基本经验 [J]. 华中师范大学学报 (人文社会科学版), 2018, 57 (6): 9-14.

[239] 董祚继. "三权分置": 农村宅基地制度的重大创新 [J]. 中国土地, 2018 (3): 4-9.

[240] 周飞舟. 锦标赛体制 [J]. 社会学研究, 2009, 24 (3): 54-77, 244.

[241] 王汉生, 刘世定, 孙立平. 作为制度运作和制度变迁方式的变通 [J]. 中国社会科学季刊, 1997 (21): 78.

[242] 国土资源部征地制度改革研究课题组. 征地制度改革研究报告 [J]. 国土资源通讯, 2003 (11): 48-53.

[243] 庞清辉. 农地征收改革: 走出 "伪城镇化" 迷途 [J]. 中国新闻周刊, 2012 (46): 50-51.

[244] 胡元坤. 中国农村土地制度变迁的动力机制 [D]. 南京: 南京农业大学, 2003.

[245] 朱木斌. 集体非农建设用地流转制度变迁的动力机制 [D]. 南京: 南京农业大学, 2008: 132-134.

[246] 朱新华. 农村宅基地制度创新与理论解释: 基于 "要素相对价格变化、利益博弈与制度创新" 的分析框架 [D]. 南京: 南京农业大学, 2011.

［247］张悦.基于意识形态的中国农村土地制度变迁（1949—2009）［D］.沈阳：辽宁大学，2010.

［248］柳新元.利益冲突与制度变迁［D］.武汉：武汉大学，2000.

［249］刘棕会.制度变迁、利益主体与农村土地制度改革［D］.广州：中山大学，2009.

［250］周跃辉.按权能分配农村集体土地增值收益论［D］.北京：中共中央党校，2014.

［251］VIVIENNE S. Peasant chinain transition：the dynamics of development toward socialism，1949－1956［M］.Berkeley：Unibersity of Calofornia Press，1980.

［252］NORTH D C. Understanding the process of economic change［M］.Princeton：Princeton University Press，2005.

［253］THELEN K. How institutions evolve：insights from comparative historical analysis［M］.Cambridge：Cambridge University Press，2003.

［254］NORTH D C，THOMAS R P. The rise of the western world：a new economic history［M］.Cambridge：Cambridge University Press，1973.

［255］HAYAMI Y，RUTTAN V W. Agricultural development：an international perspective［M］.Baltimore：The Johns Hopkins University Press，1985.

［256］LIN J Y，NUGENT J B. Institutions and economic development［M］.Handbook of Development Economics，1995.

［257］BOWELS S. Microeconomics：behavior，institutions and evolution［M］.Princeton：Princeton University Press，2004.

［258］HURWIEZ L. Optimality and informational efficiency in resource allocation processes［M］.San Francisco：Stanford University Press，1960.

［259］RADNER R，MCGUIRE C B. Decision and organization：a volume in honor of jacob marschak［M］.Amsterdam：North-Holland，1972.

［260］YOUN G H P. Individual strategy and social structure［M］.Princeton：Princeton University Press，1998.

[261] YANG D. Remaking the Chinese leviathan: market transition and the politics of governance in China [M]. San Francisco: Stanford University Press, 2004.

[262] PEI M. China's Trapped transition: the limits of developmental autocracy [M]. Cambridge: Harvard University Press, 2006.

[263] ANG Y Y. How China escaped the poverty trap [M]. Ithaca: Cornell University Press, 2016.

[264] NISKANEN A W. Bureaucracy and representative government [M]. Chicago: Aldine-Atherton, 1971.

[265] LIPPIT V D. Land reform and economic development in China: a study of institutional change and development finance [M]. New York: Routledge, 1974.

[266] WEN G Z J. The current land tenure system and its impact on lone term performance of farming sector: the case of modern China [D]. Chicago: University of Chicago, 1989.

[267] LIEBERTHAL K, MICHEL O. Policy marking in China [M]. Princeton: Princeton University Press, 1988.

[268] LIN J Y F. An economic theory of institutional change: induced and imposed change [J]. Cato journal, 1989, 9 (1): 1-33.

[269] ZHANG Y J. China's evolution toward an authoritarian market economy-a predator-prey evolutionary model with intelligent design [J]. Public choice, 2012, 151 (1): 271-287.

[270] KREMER M. Population growth and technological change: one million B. C to 1990 [J]. Quarterly journal of economics, 1993, 108 (3): 681-716.

[271] ZHANG Y J. A view from behavioral poltical economy on China's institutional change [J]. China economic review, 2012, 23 (4): 991-1002.

[272] BRANDT L, ROZELLE S, TURNER M. Local government behavior and property right formation in rural China [J]. Journal of institutional and theoretical economics, 2004, 160 (4): 627-662.

［273］ KUNG J K S, YING B. Induced institutional change or transaction costs? The economic logic of land reallocations in Chinese agriculture ［J］. Journal of development studies, 2011, 47 （10）: 1510-1528.

［274］ ZHANG Y J, MEI W. Towards behavioral political economy of institutional change: with field facts from China ［J/OL］. CESIFO Working Paper No. 4956, 2014. https://www.ifo.de/DocDL/cesifo1_wp4956.pdf.

［275］ FENG L, BAO H, JIANG Y. Land reallocation reform in rural China: a behavioral economics perspective ［J］. Land use policy, 2014, 41 （1）: 246-259.

［276］ COASE R H. The nature of the firm ［J］. Economica, 1937, 4 （16）: 386-405.

［277］ DEMSETZ H. Toward a theory of property rights ［J］. The American economic review, 1967, 57 （2）: 163-177.

［278］ ALCHIAN A, DEMSETZ H. The property rights paradigm ［J］. Journal of economic history, 1973, 33 （1）: 16-27.

［279］ POSNER R A. An economic approach to legal procedure and judicial administration ［J］. The journal of legal studies, 1973, 2 （2）: 399-458.

［280］ EHRLICh I, POSNER R. An economic analysis of legal rulemaking ［J］. The journal of legal studies, 1974, 3 （1）: 257-286.

［281］ POSNER R A. A theory of primitive society, with special reference to law ［J］. Journal of law and economics, 1980, 23 （1）: 1-53.

［282］ POSNER R A. The law and economics movement ［J］. The American economic review, 1987, 77 （2）: 1-13.

［283］ JENSEN M C, MECKLING W H. Theory of the firm: managerial behavior, agency costs and ownership structure ［J］. Journal of financial economics, 1976, 3 （4）: 305-360.

［284］ WILLIAMSON O. The organization of work a comparative institutional assessment ［J］. Journal of economic behavior and organization, 1980, 1 （1）: 5-38.

［285］ WILLIAMSON O. The modern corporation：origins, evolution, attributes ［J］. Journal of economic literature, 1981, 19 （4）：1537-1568.

［286］ WILLIAMSON O. Organization form, residual claimants, and corporate control ［J］. The journal of law and economics , 1983a, 26 （2）：351-366.

［287］ WILLIAMSON O. Credible commitments：using hostages to support exchange ［J］. The journal of law and economics, 1983b, 73 （4）：519-540.

［288］ HALL P A, ROSEMSARY C R T. Political scienceand the three new institutionalisms ［J］. Political studies, 1996, 44 （5）：936-957.

［289］ JUNKO K. Institutions and rationality in politics-three varieties of neo-institutionalists ［J］. British journal of political science, 1996, 26 （4）：553-582.

［290］ MENARD C, SHIRLF Y M M. The future of new institutional econornics：frum early intuitions to a new paracligm? ［J］. Journal of institutional economics, 2014, 10 （4）：541-565.

［291］ SAFARZYNSKA K, J. C. JEROEN M B. Evolving power and environmental policy：explaining institutional change with group selection ［J］. Ecological economics, 2010, 69 （4）：743-752.

［292］ SAVOIA A, EASAW J, MCKAY A. Inequality, democracy, and institurions：a critical review of recent research ［J］. World development, 2010, 38 （2）：142-154.

［293］ MYERSON R. B. Incentive compatibility and the bargaining problem ［J］. Econometrica, 1979, 47 （1）：61-73.

［294］ MASKIN E S. Nash equilibrium and welfare optimality ［J］. The review of economic studies, 1999, 66 （1）：23-38.

［295］ DELLA V S. Psychology and economics：evidence from the field ［J］. Journal of economic literature, 2009, 47 （2）：315-372.

［296］ FAN Z Y, WEI X, ZHOU L A. Information distortion in hierarchical organizations：a study of China's great famine ［J/OL］. Princeton University Working Paper No. 2016-8, 2014. https://www. princeton. edu/~ wxiong/papers/Famine.pdf.

［297］LIN Y F. The household responsibility system in China's agricultural reform: a theoretic and empirical study ［J］. Economic development and cultural change, 1988, 36 (3): S199-S224.

［298］JACOBY G, Li G, ROZELLE S. Hazards of expropriation: tenure insecurity and investment in rural China ［J］. American economic review, 2002, 92 (5): 1420-1447.

［299］CAPOZZA D R, ROBERT W H. The fundamentals of land prices and urban growth ［J］. Journal of urban economics, 1989, 26 (3): 295-306.

［300］HO P. Myths of tenure security and titling: endogenous , institutional change in China's Developmen ［J］. Land use policy, 2015, 47 (1): 352-364.

后记

　　时光荏苒，白驹过隙，感谢一路走来所有帮助过我的人！这本书源自我的博士论文。2015 年我获得了硕博连读资格，我意气风发立于四川大学校门前，那一年我很幸运。他们说读博是炼狱、是清苦、是山海难平，我嗤之以鼻，海有舟可渡，山有路可行，学子自有一双脚，隔山隔海会归来，带着"红军不怕远征难"的信念与"万水千山只等闲"的豪情，吾往矣。可是，渐渐地，我意识到我的幼稚，读博不是"难"，而是"如此之难"！

　　困难从选题开始，一开始我准备研究当下的农村土地制度改革，但是我将研究的主要精力集中在论证什么样的制度是"好制度"，我起初认为只要把什么是"好制度"从理论上讨论清楚了，那我们就可以设计出更加完美的改革方案。但什么是"好制度"呢？应该用什么标准去衡量呢？马克思主义的精髓、罗尔斯"无知之幕"的公正、产权经济学的效率、还是帕累托最优？我翻阅各种理论去寻找答案，甚至试图建一个衡量标准的指标体系去解决这个问题。但随着研究的深入，我发现这种静态的、自上而下的设计思维使我的研究走入了歧途。因为人们对制度效用的评判总是基于自己的立场，正如马克思所说，人与人之间存在普遍的利益冲突。真实世界里制度的形成和改变从来不是哲学或经济学理论所揭示的标准答案，而是利益相关的多方"重复博弈"的结果。因此，制度改革也并不是在白纸上画画，理论上完美的改革方案可能在现实中无法实施。这迫使我去认真观察新中国成立以来我国农村土地制度改革的实践历史，我发现历史上凡是成功有效的农村土地制度改革都不是中央依据"好"的逻辑而自上而下设计出来的，而是要走入田野，走向农民群众，去发现他们需要什么样的制度，然后结合国家发展战略提供相应的制度供给。我想起了邓小平的告诫，"不要照搬西方的做法，也不要照搬其他社会主义国家的做法，更不能丢掉我们制度的优越性"，我们的改革可以"摸着石头过河"。我突然意识到，照抄、照搬别人经验的做法不正是从所谓"好"的逻辑出发吗，而这样的改革都失败了；而"摸着石头过河"里的"石头"不正是基层群众的制度需求吗，而这样的改革都成功了。它为什么能够成功、有什么优势、是否具有可持续性、与其他国家的改革有什么区别等问题引导我将研究的重点放在中国特色的农村土地制度变迁上，因为只有理解了中国特色的制度变迁历史和制度创新方式，才能真正为当下的改革难题提供解决思路。进入博士论文写作阶段后也并非一帆风顺，经历了研究的困境、积累的艰难到写作的折磨，特别是论文中马克思主义研究范式与跨学科研究范式比较和综合分析框架的构建所涉及的庞大知识量，让我的写作几经陷入僵局，徘徊不前。

更为艰难地是，在写作期间，我的父亲又突患癌症，我恍惚一夜间长大，做为独生女的我，体会到了从来没有过的不知所措、焦虑和难过。陪父亲治疗期间我暂停了论文写作工作，求医问药，精心陪护，直到父亲病情有所好转。回想这段时光虽然艰难，但我的导师、亲人、朋友都给予了我最温暖的支持，是他们让我觉得我仍然是幸运的。

感谢我的恩师王国敏教授，回想我刚考入马克思主义学院时，只有新闻学背景的我对马克思主义理论还是懵懵懂懂，而如今已是一个即将毕业的马克思主义中国化专业博士，可想而知，王老师在我的身上凝聚了多少心血。从读硕士开始，王老师就手把手带我搞农村调研、写论文、写课题，再到博士期间对我的论文从开题到定稿的精心指导，给予我极大的启迪和帮助，让我受益匪浅，其指导寓意之深远，薄纸几页远不能及。恩师治学严谨、视野开阔、知识渊博、学术厚重，让我深深敬佩。同时，感谢曹萍老师、蒋永穆老师、黄金辉老师、郑晔老师、高中伟老师的授业之恩。感谢同门兄弟姐妹

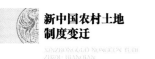

们、博士同学们对我的鼓励和帮助，正是有了他们，才让艰辛的求学时光变得温柔、温暖又美丽。尤其要感谢罗静师姐，当初考研时正是她的鼓励，我才鼓起勇气考马克思主义专业，她也作为榜样一直激励着我努力钻研。

感谢的我的父母、公公婆婆，他们是我背后最坚定最坚实的力量，在经济上、精神上都给予我巨大的支持，难以想象如果没有他们无私的关爱和付出，我将如何艰难地完成博士论文。感谢我的丈夫对我的体谅、包容和支持，每一次在我陷入困境、情绪低沉时帮我理清思路，寻找突破点，耐心的一遍遍听我讲述论文观点；在我论文完成后，又帮我认真地修订。感谢此生有你相伴相守，共享风雨。

马克思说，生活就像海洋，只有意志力坚强的人才能到达彼岸。因而也感谢自己风雨兼程、寒窗苦读、从未放弃。

最后，感谢清华大学中国农村研究院对我博士论文的资助。

唐虹

2024 年 7 月